我们都是语文人：解读名师专业成长的密码

WOMEN DOUSHI YUWENREN
JIEDU MINGSHI ZHUANYE CHENGZHANG DE MIMA

白金声 —— 著

北京师范大学出版集团
BEIJING NORMAL UNIVERSITY PUBLISHING GROUP
北京师范大学出版社

图书在版编目（CIP）数据

我们都是语文人：解读名师专业成长的密码／白金声著．——
北京：北京师范大学出版社，2022.8
（教育名家谈丛书）
ISBN 978-7-303-27231-0

Ⅰ．①我…　Ⅱ．①白…　Ⅲ．①语文教学－教学研究－中小学
－文集　Ⅳ．① G633.302

中国版本图书馆 CIP 数据核字（2021）第 187800 号

营　销　中　心　电　话　010-58802135　58802786
北师大出版社教师教育分社微信公众号　京师教师教育

出版发行：北京师范大学出版社 www.bnupg.com
　　　　　北京市西城区新街口外大街 12-3 号
　　　　　邮政编码：100088
印　　刷：三河市兴达印务有限公司
经　　销：全国新华书店
开　　本：710 mm×1000 mm　1/16
印　　张：17
字　　数：229 千字
版　　次：2022 年 8 月第 1 版
印　　次：2022 年 8 月第 1 次印刷
定　　价：65.00 元

策划编辑：伊师孟　　　　　责任编辑：冯　倩　王贺萌
装帧设计：焦　丽　　　　　美术编辑：焦　丽
责任校对：康　悦　　　　　责任印制：马　洁

群星璀璨　光耀长空（代序）

············

1949 年 10 月 1 日，中华人民共和国成立，标志着中华民族的历史进入了一个新的时期。

江山代有名师出，各领风骚数十年。中华人民共和国成立 70 多年以来，我国涌现出一大批小学语文名师。这些名师都是一本本精彩的"语文教科书"，为写好这本"书"，他们用语言播种，用粉笔耕耘，用汗水浇灌，用心血滋润，在教书育人中倾注了生命。如"文化大革命"前的老生代霍懋征、袁瑢、斯霞、丁有宽等，改革开放后的中生代李吉林、贾志敏、支玉恒、于永正、靳家彦、张化万等，世纪之交的新生代孙双金、王崧舟、窦桂梅、薛法根等。这些名师之所以能够从数以百万计的语文教师队伍中脱颖而出，光芒四射，为人景仰，是因为他们具有丰厚的文化底蕴、开阔的课程视野、高超的教育智慧和远大的职业境界。

"社会呼唤教育，教育呼唤名师。"追溯我国小语界这些名师所走过的道路，我们不难发现，每位名师都有特定的文化背景，他们都是特定文化背景影响下的人。每个时代的名师都深深地烙上了那个时代的印迹。一定的社会环境、政治氛围、时代精神、教育理念等都对名师人格特质的形成有着重要影响。

一、老生代：热爱孩子，热爱事业，他们把毕生心血倾注在学生身上

中华人民共和国的成立，开创了中华民族历史的新纪元，也揭开了中国教育事业发展的新篇章。那时学校学习苏联经验，苏联的《乡村女教师》（电影）和《女教师笔记》（书）在当时的中小学教师中产生了很大影响。

袁瑢回忆说："1952 年，学校里开始组织学习苏联的教学经验，我也怀着热情参加了。当时，除了到别的学校去听课外，自己还看了一些有关苏联教育方面的书籍，如《女教师笔记》《小学阅读教学法》。在这些书籍中，我学到了

不少有益的东西。"

　　"教育之没有感情，没有爱，如同池塘没有水一样。没有水，就不成其池塘；没有爱，也就没有教育。"这应该就是那个时代教育的真谛所在。

　　霍懋征的座右铭是"没有爱就没有教育"。她爱每一个孩子，她爱学生甚至胜过爱自己的孩子。北京第二实验小学原领导褚连山曾讲过这样一件事：1962 年 6 月，医院通知学校转告霍老师，她住院的女儿病危。当时霍老师正在上课，听到女儿病危的消息，仍坚持把课上完。待霍老师赶到医院时，女儿已经病故。大家安慰霍老师，她悲痛地说："我爱我的女儿，我也爱我的学生，我不能因为女儿一人，而耽误 40 个孩子的学习。"

　　"母爱教育"几乎是斯霞的代名词，她以一颗童心，满腔慈爱，爱学生之所爱，乐学生之所乐，悲学生之所悲；她爱所有的学生，甚至偏爱后进生；她把爱洒向学生成长的各个方面，不仅是德、智，还有体、美、劳。

　　诗人臧克家曾为斯霞写过一首诗："一个和孩子常年在一起的人，她的心灵永远活泼像清泉；一个用心温暖别人的人，她自己的心也必然感到温暖。"1963 年，新华社记者实地采访了斯霞，经过一个多月的调查访问，发表了介绍斯霞教育经验的文章《育苗人》，后又在《人民日报》上发表《斯霞与孩子》。文章发表后，在教育界引起了较大的反响。

　　广东省潮州市浮洋区六联小学教师丁有宽，被邓小平同志赞誉为"打不死的小学教师"。他出生于农村，成长于农村，任教于农村。半个多世纪，他为了破除农村孩子"难于教好"的传统观念，寻求让农村孩子成绩好起来的途径，不管是逆境还是顺境，一直坚持进行"教书育人"实验和研究。在长期的教育实验中，他先后转变了 22 个后进班为先进班，形成了"爱心是根，育人为本"的教育思想和"面向全体"的教育观点，出版了《我与顽童》。

　　教书育人是提高国民素质的一项伟大工程，需要一代又一代优秀人才为之付出艰苦的创造性的劳动。一个名师的人格集中在伟大的爱心和无私地奉献，如陶行知所说的"捧着一颗心来，不带半根草去"。奉献是教师的天职，教师应该在教育这块圣土上耕耘，以生命投入，奉献青春、心血和智慧，培养学生成长、成人、成才。

二、中生代：立足课堂，雕琢课堂，他们把小语教学演绎得出神入化

中生代名师成长于20世纪60年代前期，成熟于70年代后期，辉煌于80年代中期——正值中国语文教育处在第二次转变的大好时光。他们顺应时代的发展，面对封闭、灌输、单调、压抑儿童身心的教育现状，切中时弊，义无反顾地投身教育改革的热潮中。他们有着开放的意识、开放的情怀、开放的视野、开放的思维和开放的境界，给语文教学带来勃勃的生机与活力。李吉林的"以'情'为经，以'境'为纬，有情有境导童稚"教育体系，贾志敏的"以学生为主，以训练为主，以激励为主"教学风格，支玉恒的"新、实、活、深、巧"教学艺术，于永正的"重感悟，重积累，重迁移，重情趣，重习惯"教学思想，靳家彦的"语思统一，口书并重，内外相通，以读为本"教学方法，张化万的"玩玩写写"作文教学思想，无不体现了他们对语文价值的共同追求。

请看李吉林的教学。

李吉林教《小小的船》时，首先联系学生的生活经验，再现生活情境。她出示圆月图，学生说这是圆圆的月亮；她又出示半月图，学生说这是弯弯的月亮。接着，她由学生生活情境过渡到课文《小小的船》的情境中，说："晴朗的夜晚，一弯新月挂在蓝蓝的天上，该多美呀！难怪我们的小朋友喜欢看月亮！有一位老爷爷还特地把我们小朋友看月亮的情景写成了一首诗《小小的船》。"学生读课文。为了让学生更好地走进课文情境，李吉林再次引导学生联系生活经验。针对弯弯的月儿，学生联想到了香蕉、镰刀和小船，也明白了这小小的船实际上指的是弯弯的月亮，弯弯的月儿像小小的船。为了让学生置身于课文的情境中，她启发学生："课文中的小朋友看着弯弯的月儿，为什么觉得像小船，而不像香蕉和镰刀呢？"学生说，香蕉只好吃，不好坐，小船就可以坐上去了。于是，她把学生带上了"船"："小朋友讲得真好！如果现在正是夜晚，你坐在院子里抬头看着蓝天，蓝天上有星星，又有月亮。你看着这弯弯的月儿，觉得它多像一只小船。你们听着琴声（弹《小小的船》曲子）眯着眼、听着，好像飞上了蓝天，坐在月亮上了。"《小小的船》这一乐曲在教室里回荡，听着李老师弹的乐曲，小朋友们都入了迷，有的果真眯上了眼睛。

请看支玉恒的教学。

　　支玉恒不是一位科班出身的语文教师。体育学校毕业后，支玉恒大部分时间任体育教师，年近 40 才开始教语文，正式上课仅有七年时间。但是，凡是听过他上课的老师，都众口一词，说他的课上得好。他面对教材，能找到与众不同的切入点，设计出独特的教学过程，选择新颖的教学方法，取得应有的教学效果。有一年在杭州讲作文课，上课前他在教室门外小憩。忽然一阵风刮来一页报纸，他随手翻开一看，上面登着一篇讨论学生为什么不喜欢校服的文章。只看了标题，支老师一下子产生了一个灵感，为什么不让学生自己设计校服呢？设计思路，设计方案，产品说明，再配上设计图样，多么生动的一节习作课！于是，五分钟之内，他放弃了原来的课程设计，改上"创意校服"课，效果非常之好。

　　请看贾志敏的教学。

　　贾志敏凭着自己精深的语文功力、深厚的人文底蕴和丰富的人生历练，将语文课堂演绎得无比精彩，引人入胜。请看他执教的《卖鱼的人》。上课伊始，师生随着对课文的理解，他先后板书"人""卖鱼的""诚信"三个词语。快下课了，他刚刚把"卖鱼的"三个字擦掉了，黑板上只留下"人""诚信"两个词，他一边继续擦着黑板，一边跟学生对话，"如果没有了诚信"，擦去黑板上"诚信"两个字，"这个一撇一捺，也就没有必要存在了，死了"！然后擦去"人"字。"下课！"这个教学片段，虽然简短至极，可是印刻脑际，让人永远难以忘却。

　　请看于永正的教学。

　　学完《翠鸟》的一、二两段，于永正一看表，离下课还有七分钟。这时，他发现有一个叫小庆的学生打了个哈欠。"小庆。"他语调平缓却十分认真地说，"请你去逮一只翠鸟。"小庆慢慢腾腾地站起来，茫然地望着于老师。于老师又把刚才的话重复了一遍，并加了一句："请你不要推辞。""到哪儿去逮呢？"小庆可怜巴巴的，弯弯的眉毛被皱起的眉头扭曲得变了形。全班同学面面相觑，神情迷惘。"同学们读第三段，看看到哪去逮，看出来以后，告诉小庆。"还没等别人发言，小庆自己说："翠鸟不好逮。它住在陡峭的石壁上，洞口很小，里面又很深，谁上得去呀！"于老师哈哈大笑，小庆说的正是第三段的主要内容，他读懂了。当于老师问他为什么请他去逮翠鸟，他赧然一笑，低声说："刚才我困了，打个盹儿。""你有点疲劳了，对吗？"于老师补充说。同学们听了，立刻发出了会心的笑声。"逮翠鸟这个光荣而艰巨的任务你虽然没有完成，却帮助同学读懂了第三段，功不可没。同学们，第三段告诉我们的正是翠鸟的住处。"说完，于老师转身在黑板上写下了"第三段，翠鸟的住处"这样一句话。"处"字刚刚收笔，下课铃响了。

请看靳家彦的教学。

靳家彦的语文课常常是未成曲调先有情。他在全国名师语文新课程观摩研讨会上，执教《陶罐和铁罐》一文，开场白温情而幽默。

师：同学们早上好！

生：老师早上好！

师：刚刚见面，我先作自我介绍。这段介绍中有真有假，请你们分辨一下哪些是真的，哪些是假的。我姓靳，叫靳家彦，是你们学校的语文老师，今年60岁。我特别喜欢阅读和写作，《陶罐和铁罐》这篇寓言就是我写的。今天我们就学习这一课。

生：您姓靳，叫靳家彦是真的。我听刚才主持大会的老师向全场老师介绍的，所以是真的。

生：您说是我们学校的语文老师，不是真的。因为我从没见过您，我们学校也没有您。

师：判断得有根据。

生：您说您今年60岁是假的，60岁的老人头发会发白的，可您的头发是乌黑的。

师：染的。

生：您喜欢阅读和写作是可能的。一位特级语文老师怎么会不喜欢读书作文呢？所以这一句是真的。说《陶罐和铁罐》是您写的，肯定不是，课文上有注释，作者是黄瑞云。今天我们学习这一课是真的，发给我们的课文就是这一篇。

师：非常聪明，分辨得清清楚楚，有条有理，说明你们很会思考和分析。

靳老师以学生为本，一见面就调好入境的弦，定好感情的调。生动诙谐的语言，假与真的巧妙运用，不费吹灰之力就将学生的注意力集中起来，让学生展开了想象的翅膀，同时运用自己渊博的知识和诙谐幽默的语言，给了学生一张满意的"入场券"，师生之间的关系亲密地展开。语文的魅力、老师的底蕴就在这一刻完美和谐地统一起来。这样的导入，真是激情不失温润，睿智不失诙谐。

请看张化万的教学。

这是一堂作文课。一上课，张化万就要求大家把手帕拿出来。孩子们以为老师要向他们借手帕，争着抢着给他："张老师，我这块手帕干净。""张老师，我的手帕今早刚从衣柜里取出来的。""张老师，用我的，新的。"张化万却取了其中最脏的一块手帕，并举起来让大家说说看到手帕的情形。"嗨，这块手帕皱皱的，手帕上的小熊猫黑乎乎的，都该'洗澡'了。"然后，张化万请一个叫小莉的女生上来洗手帕。一边洗，一边问学生："第一步干什么？""浸湿。""接着呢？""打肥皂。""然后呢？""打完肥皂开始搓。"中年级学生在活动时，看着搓出来的黑色泡沫，叽叽喳喳地在一旁议论。张化万把搓干净的手帕放在学生面前问："手帕是不是洗干净了？"学生们异口同声地说："没有，还要用清水去冲洗。"把手帕在清水里冲洗干净，抖开，展现在学生面前时，学生便说："今天小莉给小熊猫洗了个脸。""小熊猫干干净净地坐在草地上吃竹子呢，真可爱！"孩子们看小莉洗干净了手帕，纷纷举手，也想洗一回手帕。看十遍不如做一遍。张化万让大家分成八组，都动手洗手帕。他把事先准备好的八个盆子分给大家，一声令下，洗手帕比赛开始了。孩子们玩得非常高兴，到处是欢声笑语。孩子们从静静地看，到自己动手实践，进行比赛，加深了对洗手帕过程的印象，也在劳动过程中获得了成功的乐趣。在学生洗完手帕后，张化万告诉学生今天可以写洗手帕比赛，可以写小莉洗手帕，也可以写自己平时在家洗手帕、袜子、红领巾的过程。有了"玩"，两节作文课，孩子们洗得不亦乐乎，说得不亦乐乎，写得不亦乐乎。印象深了，还萌发了自己的事情自己做的意识。

何谓教学艺术？上述几位名家的教学告诉我们：教学艺术乃教师在教学过程中，按照教学规律、学生心理发展特点和美学原则，娴熟地运用各种技能、技巧，进行创造性的教学活动，使教学方法动态展开，并使其精妙，富有个性。

三、新生代：追求创新，追求超越，他们把标新立异作为共同的旨归

以信息化、经济全球化和个性化为特征的世纪之交的世界，科学技术突飞猛进，知识经济已见端倪，国力竞争日趋激烈。1999 年，《中共中央、国务院关于深化教育改革，全面推进素质教育的决定》的颁布，2001 年，《基础教育课程改革纲要（试行）》的颁布，2001 年，《全日制义务教育语文课程标准（实验稿）》的颁布，这一切都标志着我国第八次基础教育课程改革开始了。在这样的历史背景下，一批有志气的新生代名师崭露头角。这些人在全国有很高的知名度。他们在遵循教育的基本规律、共同的教育价值与课程目标的基础上，分流发展，独树一帜，著书立说，都具有不凡的学术勇气、强烈的课题意识、执着的探究精神和丰硕的研究成果。大视野，大境界，大才情，大手笔，恪守师德，严谨治学，建树卓著是这批名师的共同特点，为广大教师所钦慕。诸如孙双金的情智语文，代表作《孙双金与情智教育》；王崧舟的诗意语文，代表作《王崧舟讲语文》；窦桂梅的主题教学，代表作《窦桂梅与主题教学》；薛法根的智慧课堂，代表作《教育的名字叫智慧》。

孙双金的情智语文。

孙双金认为，情智语文是工具语文。情智语文，首先是语文，是共同的语文。语文离不开字词句篇，听说读写，语修逻文。情智语文关注语文的工具性，在字词句篇的教学中生成情智，在听说读写训练中培养情智，在语修逻文的感悟中放飞情智。书声琅琅，是情智的抒发；议论纷纷，是情智的倾诉；高潮迭起，是情智的迸发；静思默想，是情智的萌动；奋笔疾书，是情智的倾泻；滔滔不绝，是情智的奔涌。

他认为，情智语文又是人文语文。一首首诗歌是人类情思的抒发，一篇篇小说是人类悲欢离合的述说，一则则寓言是人们智慧的结晶，一个个童话是人们心灵的倾诉。文章，包蕴了人们多少的情感；文章，凝聚了人们无限的智慧。情智语文关注的是学习者——学生。关注他们的学习兴趣——他们喜欢语文吗？关注他们的学习方法——他们会学语文吗？关注他们的学习习惯——他们

能自觉地学习语文吗？关注他们的学习品质——他们能持之以恒地学习语文吗？

心中有情，目中有人，脑中有智，手中有法，这是情智语文的特征。心中有情，我们的课堂就会未成曲调先有情，道是无情却有情；目中有人，我们的课堂就不会只见教案、不见学生，只见教师、不见学生，只见书本、不见生命；脑中有智，我们的语文课堂就会柳暗花明，就会拨云见日、茅塞顿开，就会峰回路转、豁然开朗；手中有法，我们的课堂就会深入浅出，就会循循善诱，就会因材施教，就会让学生欲罢不能。

王崧舟的诗意语文。

王崧舟自参加工作以来，积极倡导"诗意语文"。

他认为，语文是人的精神家园，语文教学必须重视精神的熏陶感染，必须超越实用主义的局限，从精神的拓展、从人的发展高度去把握它的丰富内涵。语文学习过程和熏陶过程是同一个过程，不存在两张皮的问题，让学生受到精神的感染熏陶，决不能游离于语文之外。

他认为，语文是一种感性的存在。语文用形象作词，用感情谱曲，语文看上去是一幅幅多姿多彩、形象鲜明的画，读出来是一首首情真意切、感人肺腑的歌。语文教学应当是一种感性教育，感性教育是一种形象化的教育、个性化的教育、激发生命活力的教育，是一种以感性形式对学生的精神产生持久影响的教育。

他认为，儿童是语文学习的主人，语文必须从成人霸权中走出来，还儿童以发展语文素养的自主权。语文教师的任务，主要不是教导学生、控制学生，而是通过课文向学生提供一个更活跃、更开阔的语文实践平台。在"还"的过程中，语文教师应该自始至终、自觉自愿地成为学生语文实践的组织者、引导者和帮助者。

他认为，语文本身就是一种生活，语文的外延是生活的外延，生活中处处都是语文学习的资源，时时都有语文学习的机会。课外阅读使语文变得"丰盈"，社会实践使语文变得"酣畅"，生活环境使语文变得"鲜活"，儿童在语文实践过程中，不但是课程意义的接受者，更是课程内涵的主动建构者。

窦桂梅的主题教学。

　　针对语文工具性与人文性的割裂，教学内容单篇讲授支离破碎，难以整体提升语文素养，教学方式僵化，导致儿童学习负担过重等问题，窦桂梅提出了"主题教学"的概念。这里的主题不是思想主题、知识主题和写作主题，而是文化主题，是那些连接着孩子精神世界、现实生活或者与历史典故、风土人情等有关的"触发点""共振点""兴奋点"，如诚信、家乡、朋友，以及对自然的关爱，对弱小的同情，对未来的希冀，对黑暗的恐惧等。借助于主题，学生会觉得原来语文学习并不那么枯燥，原来语文学习和自己的生活息息相关。在学生入情入境的情况下，再来进行语言的学习、推敲，同时达到深化情感、磨砺思想的目的。这就好像每一个戏剧的引子，每一个景点的路标一样，先把孩子从声、光、色的世界里引进语言的殿堂，然后教师仍旧借助主题给学生指出一个个路径，让学生有可能走进更多的作家、更多的文本，进行更丰富的语文实践，他们的收获才会更大。

　　主题教学有一个基本的操作框架：话题切入—探究文本—比较拓展—链接生活—升华自我。但这是个开放的框架。教师应根据不同主题的特点，充分挖掘可以利用的教学资源，灵活运用多种方法和策略，让学生"入境"，所谓"入境始与亲"；再通过对重点文本的敲打、感悟、反思，感受文本主题的内涵和语言的魅力。窦桂梅称之为"典范方为范"。在此基础上，引导学生走进广阔的语文天地，进行主题阅读的拓展或进行相关的语文实践活动，丰富学生的积累，所谓"拓展求发展"。

　　薛法根的智慧课堂及语文组块教学实验。

　　薛法根认为，语文是一门充满思想、充满人文精神、充满智慧的学科，而有些语文教学恰恰缺少了智慧、缺少了思想、缺少了人文关怀。学生不是越学越聪慧，反而越学越不知语文为何物。有些语文教学有知识、有作业、有训练、有考试，但唯独没有智慧。知识不等于智慧，知识关注的是现成的答案，而智慧关注的是未知的世界。有些语文教学让学生记忆知识，而忽视了让学生运用知识去探究未知的世界，忽视了学生质疑问难的探究精神的培养，问号的消失标志着智慧火花的熄灭。技能也不等于智慧，有些语文教学多的是听、说、读、写的单项训练，分项考核，但是忽视了对学生语文学习过程中积极的、愉快的情感体验。我们的语文教学过多地追求统一的答案，抹杀了学生个性化的理解和独特的情感体验。学生重复的是别人的思想，久而久之就养成了思维的惰性，一个个变得不善思维，个性衰微，少年老成，随波逐流，那就更无智慧可言了。面对时代的挑战，语文教学必须超越知识和技能，走向智慧，必须建立在三根支柱上："鲜明的思想""活生生的语言""儿童的创造精神"。语文教学要以学生为本，让每一个学生都能充分张扬个性，敢想敢为，自主学习，充分发展，享受到学习语文的乐趣，感受到自己智慧的力量。

为此，薛法根从 2000 年开始进行了"语文组块教学实验"。语文组块教学是建立在语文学习心理学原理基础上的一种教学方法，即以培养学生语文运用能力为主线，将零散的语文训练项目整合成综合的语文实践板块，使学生在生动活泼的语文实践活动中获得充分和谐的整体发展。

2011 年，国家颁布了新修订的《全日制义务教育语文课程标准（2011 年版）》。在这期间，全国小语界又涌现出一大批教改名师，他们的课堂教学及其教育理论在各地产生一定的影响。例如，陈琴的素读经典教育，何夏寿的民间文学大课堂，张祖庆的微电影作文，蒋军晶的群文阅读，韩兴娥的课内海量阅读，周益民的诗化语文，管建刚的后作文教学，何捷的游戏作文，吴勇的童化作文，盛新风的和美教育，祝禧的文化语文，张云鹰的开放式语文教育。闫学、李卫东、薛瑞萍、赵志祥、丁慈矿、戴建荣、潘文彬、虞大明、罗才军、诸向阳、孙建锋、吉春亚、张学青、谈永康、武风霞、郭学萍、张康桥、莫国夫、鲍国潮、宋运来、干国祥、高子阳、季科平等，无不成为多家教育期刊的封面人物。

进入新时代，更是后生可畏。杭州市笕桥花园小学的青年校长徐俊，是北师大教育哲学博士；杭州市下城区教师教育学院的青年教研员曹爱卫，在上海教育出版社出版了《低年级语文这样教》；绍兴市柯桥区湖塘镇中心小学的青年教师张幼琴，在千课万人的大舞台上多次上观摩课。

这是一批闪耀在小语星空的璀璨明星，他们力图创新，吁求超越。有人说他们是我国小学语文教育方阵的排头兵，有人说他们是我国新生代语文名师的领头羊，也有人说他们更像脚踏实地、亲身实践新课标的"挑山工"，正朝着他们无比向往的"泰山之巅"勇敢攀登。

目 录 CONTENTS

目 录 C O N T E N T S

刻苦自学的徐特立

徐特立，原名懋恂，字师陶，湖南长沙人，20世纪中国伟大的无产阶级教育家。他从1895年开始担任乡村蒙馆塾师起，先后教过小学、中学、大学，一直到逝世，毕其一生都没有离开过他热爱的教育事业。

徐特立一生中亲自教过的学生成千上万，为国家培养了几代人。毛泽东、蔡和森、向警予、何叔衡、蔡畅、李维汉、田汉、萧三等一大批革命领袖人物和名人志士，都是他的学生。所以谢觉哉称颂他"孔子不足高，墨翟差可比"；毛泽东赞扬他"革命第一、工作第一、他人第一"，尊他为"永远的先生"；朱德直呼他为"当今一圣人"。所有这些崇高荣誉，对徐特立来说，都是当之无愧的。

长沙城东的五美山，山环水抱，绿树葱茏，前面展开一片广阔的平畴。1877年2月1日，徐特立就诞生在这里。他4岁时，母亲就去世了，由父亲抚养长大。他9岁才开始进私塾读书，读了6年，因为家里贫穷，没有钱交学费，就此辍学了。他脱离了先生的束缚，得到了自由，反而觉得高兴。这时，他读些最粗俗的劝世文、歌本和关于卜卦、算命的书，这启发了思考力，增进了读书的兴趣。16岁后，他又阅读医书，想继承他祖父的衣钵，以行医谋生。但他对于十八脉的差别，总是分不清楚，觉得中医这碗饭很难吃得成，就改变了方针，到了18岁时，开始在乡村教蒙馆。

教蒙馆的第一年，学生很少，徐特立全年只得了三串钱，但他一直教了十年蒙馆。那时，他家里每年收二十石谷子，可以够家用。他教书所得的钱就全部用来买书。但买一部《十三经注疏》要十五串钱，一年教书所得还不及此数，因此买书的钱常是不够的。在这种情况下，他边教边读，学问很快长进了。

后来，他定了一个十年破产读书的计划，哪里有产可破呢？因为他出继做了叔祖母的过房孙子。叔祖母虽不富裕，却稍有遗产，他就把这点仅有的田产，陆续变卖，卖出的钱，就陆续买书。破产买书，还是不够，他只好向人家借书来读，或抄书来读。这样坚持下来，他不但把中国的古典书籍涉猎了一番，而且进一步接触了当时刚传进中国的一些现代科学书籍，如关于物理、化学、数学等自然科学以及历史学等社会科学的书。

他并没有进过其他学校，所有的学识，全是靠自己刻苦用功得来的。比如，他学习《说文解字》时，苦于篆文不易熟记，就每天只学习二三字，晚上睡觉时，用右手食指在左手掌心默写篆文，直到熟练为止。学习数学时，他常把一本数学表解放在衣袋里，先翻看一条定理，或一个题目，边走路，边思索，边记忆。走过一段路以后，想通了，记熟了，再翻看另一定理，或另一个题目。他读书的方法是严守一个"少"字，不怕书看得少，但必须看通、看透。要通过自己的思考来估计书的价值，要用红笔标记书中的要点，要在书眉上写出自己的意见和感想，还要用一个本子摘录书中精彩的地方。这样的读书法，进度固然要慢一点，但读一句算一句，读一本算一本，不但可以把所学的东西记得牢，懂得透，而且可以达到学以致用的目的。

有一个时期，他想系统地读历史，但没有适用的书。一天下午，他提早教完学生的书，急忙步行进城，当夜买了一部《御批通鉴辑览》，第二天用竹篮盛着提回，还没有到正午的时候，就到了家。有一次因事进城，在书店看见一本新书，他把身上仅有的钱都花了，路上没有钱买饭就饿着肚子回家。

徐特立当时得到一个机会，使自己思想上和生活上都起了一次变化，那就是，他听到长沙城里有一个宁乡速成师范学校招生，他决心抛弃私塾不干，去报考了这所速成师范学校。徐特立在那里学习了四个月，收获很大，不但学习了一些新的科学知识，而且接受了孙中山先生的革命理论和思想。

1905年，徐特立与其他几个人在长沙的榔梨市，创办了一所"梨江学校"，这是徐特立由当私塾教师转为现代学校教师的开始。他学识丰富，教授多方，是当地的优秀教师。

1907 年春，徐特立离开了梨江学校，到周南教中学班的国文，就这样，他由乡村转到了城市生活，这时他正好 30 岁。

早年，他熟读唐彪的《读书作文谱》、程端礼的《程氏家塾读书分年日程》和张之洞的《辎轩语》。他的自学，即根据他们的方法，而参以己见，又从日本得到新的东西和教蒙馆以来的经验，因此讲教育就不是空洞的了。

徐特立 43 岁到法国留学，半工半读；在法国留学四年后又到比利时和德国学习自然科；51 岁再到苏联学习。他以顽强的毅力克服年老记忆差的困难，先后学会了法文、德文、俄文。这些，为他学习革命理论和了解外国教育打下了良好的基础。

叶圣陶教语文

1894 年，叶圣陶诞生在古城苏州。他的祖辈父辈都不是读书人，但他们非常重视子女教育。当时，平民子弟求取功名的唯一途径就是科举考试。聪慧的叶圣陶在 11 岁的时候，曾参加过一次道试。11 岁的孩子就参加道试，这在当时的苏州成了一则轰动的新闻。本来父辈是让他历练一下，好为来年正式应试打个基础，不想第二年清朝就宣布废除科举。这次道试成了叶圣陶的第一次，也是中国的最后一次科举考试。道试结果当然是没有通过，他也没有当成秀才。

1906 年，叶圣陶考进了洋学堂，经过五年的学习，他中学毕业后就开始了小学教师的生涯。

叶圣陶最初任教的小学在苏州干将坊言子庙，全称为苏州中区第三初等小学，简称言子庙小学。

1912 年 3 月 6 日，是开学的第一天，叶圣陶一大早就来到学校，学生已来了不少。这些学生小则七八岁，大的十几岁。他们见新来的先生比自己高不了多少，都窃窃私语起来，大概在说他不像个老师吧。对此，叶圣陶并不在乎，他正怀着初当教员的一腔热情呢。看看那些交头接耳的孩子，他反而觉得充满了童趣。上课了，他听学生读课文时发音清晰，节奏和谐，更加感到高兴。

然而真的要教好学生，可不是一件容易的事。中学里学习的内容毕竟不同于师范学校，叶圣陶又无上讲台的经验，起初的教学效果自然不理想，为此他很苦恼。但他不气馁，虚心向老教师学习，仔细钻研教材，努力摸索和改进教学方法，教学效果也逐渐好转起来了。

叶圣陶不摆教师的架子，上课前，总是和学生聊聊家常，问问他们的家世，为他们整整衣裳，渐渐地，学生们把他当成了大朋友。他想方设法提高学生学习的兴趣。对学生而言，学习古文是枯燥乏味的，他就试着让学生用白话翻译课本中的文言文，用白话文来讲述古文故事，结果发现这么做"颇能尽兴趣之妙，诸生听之亦能娓娓不倦也"。有的学生怕写作文，他启发说，作文就是用笔说话，要破除"陈格滥调"，心里有什么就写什么。为了消除学生对作文的畏惧心理，给他们树立学习的榜样，每次给学生布置一篇作文，他自己也写一篇，并自称为"下水作文"，意思是"要学生去游泳，老师自己也要下水；要学生做作文，老师自己也要写"。

叶圣陶在教学中能不断注重总结，他体悟到教师"责任重大"，需要"教学相长"，为人师表者应该学而不厌，诲人不倦，不能误人子弟。他在日记里常常写有"如误彼青年，余罪重矣"这样警示自己的话。

1912 年 3 月 31 日，叶圣陶当教师后第一次拿到月薪 20 块银元。当时他脑海里冒出来的念头是："我的劳动值这么多银元吗？是不是太多了？我做教师，学生果真受益了吗？"由此可见，他把教师的责任看得很重，甚至有一种诚惶诚恐的心理。

1914 年的秋天，对叶圣陶来说，是一个悲凉的、萧瑟的秋天，他失去了心爱的小学教师职位，在家里闲了半年之后，便开始了"卖稿"生活。

1917 年的冬天，叶圣陶收到中学同学吴宾若的邀请，他来到甪直吴县第五高等小学任教。在这里，他开始实施教育改革，实行乡村教育实验。他自编学生教材，在国文教材中将白话文、新文学作品和乡土教材引入课堂，为传统的国文教学注入了一股清新的空气。他还自己捐款创办了博览室和利群书店。当时叶圣陶领着并不多的薪水，布衣布鞋，粗茶淡饭，却购买了大量的中外名著，陈列在博览室，指导学生阅读。他还开设了诗文专栏，督促学生练笔。

1921 年 9 月，叶圣陶因为文学研究会的需要以及上海中国公学的一再邀请，无奈之下离开了甪直，从此也告别了他非常喜爱的小学教师工作。尽管他的小学语文教学生涯只有短短六七年，但他的小学教师生活却奠定了他一生致力于教书育人的生命底色。特别是在角直的四年时间，更成为他一生中最美好的记忆。

1977 年，叶圣陶已年逾八十高龄，但他不顾年老体弱，不顾交通不便，按捺不住对角直的思念，专程从北京回到角直。耄耋之年的叶圣陶回到角直，受到了当地人民的热烈欢迎。人群中，最引人注目的是七八位当年的小学生。"顾柏生！"叶圣陶突然喊出了其中一人的名字，银发白须的先生与古稀之年的学生执手相见，此情此景实在是人间最美的景致。后来叶圣陶写了一首诗：

> 五十五年复此程，淞波卅六一轮轻。
>
> 应真古寺重经眼，同学诸生尚记名。

为表达对叶圣陶的怀念与敬仰，现角直小学已经改名为叶圣陶实验小学。

吕叔湘关心"注·提"

每到北京，我必去香山。去香山，不是赏深秋的红叶，也不是听盛夏的清泉，而是凭吊一位老人。他被埋在香山的一处山坡上，没有任何标记，陪伴他的是山峦翠柏，是阵阵松涛。在大自然的怀抱里他已安息多年了。这位老人就是享有世界声誉的语言学家和语文教育家吕叔湘先生。

先生学贯中西，嫁接古今，撰述宏厚，渊博深湛，并多所开创，多所建树，是我非常仰慕的学界泰斗。上高中的时候，通过老师介绍，我就记住了先生的大名，从此，一直心仪其人。

1978 年，我在呼兰师范双城分校代课，教现代汉语。一个没有学历的民办教师从乡下走出来，到县城里教师范生，谫陋浅薄自不必说，摆在我面前的头等大事就是学习。

一天，我去哈尔滨，在古旧书店发现了先生的大作《中国文法要略》和《文言虚字》，我如获至宝，倾囊而购。如果说，我喜欢语法，教书还受学生欢迎的话，概发轫于斯。是先生的这两本书让我走上了中文专业教学之路。

我对先生慕名已久，但一直未能谋面，不免遗憾。

1981 年 7 月，全国语法和语法教学讨论会在哈尔滨举行。这是中华人民共和国成立以来语法界第二次、也是规模盛大的一次集会。听到了消息，我忙里偷闲旁听了两天会议。

7 月 8 日上午，友谊宫国际会议厅灯火辉煌，座无虚席，来自东西南北、五湖四海的专家学者聆听先生关于语法体系的发言。我坐在会场前排过道的加座上，与先生近在咫尺。近 80 岁的老人，白头发，白衬衫，清纯的眼睛，瘦削的身体，儒雅的风度，略带苏南口音的普通话，给我留下了深刻的印象。先生发言看似信马由缰，汪洋恣肆，实则散而不乱，放而能收，不愧为蜚声海内外语言学界的一代宗师。

20世纪80年代初，在一次会议上，先生针对语文教学的流弊，算了一笔账，一个孩子从进小学到高中毕业，花在语文学习的时间在各科中独占鳌头，遥遥领先，可是成绩呢？先生大喝一声："语文教学少慢差费，岂非咄咄怪事！"先生的率真放言，似长夜惊雷，振聋发聩，如黄钟大吕，石破天惊，引起了极为广泛的回响，成了深入人心的恒久不衰的督促力量。

1982年，黑龙江搞起"注音识字，提前读写"教改实验（以下简称"注·提"实验）。这是一项整体改革实验，是小学语文教学的新体系，宗旨就是多快好省全面提高教学效率。先生时任中国文字改革委员会副主任，对此非常关心。可以这样说，耄耋老人把生命的最后一部分融进了"注·提"实验当中，是几代语文教育工作者效法的楷模。

1983年8月，中国文字改革委员会在北京召开"注·提"实验汇报会。先生因在青岛疗养未能到会，便写了一篇书面发言。"希望不久还将在北京进行试验，使原来不相信的人相信，使原来相信的人更加坚定。使我国的初等教育耳目一新，使宪法上规定的义务教育早日实现。"

1983年，先生在《教育研究》上发表文章，指出："黑龙江这个实验，就是利用拼音字来学语文，不光是拼音熟了，同时汉字也学到手了。而且比单纯从汉字着手还可以学得多一点，快一点。这都是因为他们充分调动了儿童要读要写的积极性。"

1983年12月，"注·提"实验中央研究小组在北京成立，并举行第一次会议，先生任组长。

1984年3月，"注·提"实验中央研究小组召开第二次会议，先生发表讲话。

1984年8月，黑龙江省教育厅在佳木斯召开"注·提"实验汇报会，先生冒着酷暑赴会做重要讲话，并为大会题词："你识字，我识字，要识汉字，先识拼音字。你说话，我说话，会说方言，会说普通话。你作文，我作文，作文要作现代文，做人要做现代人。"

1985 年 1 月，"注·提"实验中央研究小组召开第三次会议，听取黑龙江省和湖南省湘西土家族苗族自治州实验情况汇报，先生主持会议。

1985 年 8 月，中国社会科学出版社出版李楠主编《"注音识字，提前读写"实验报告》，先生作序。

1985 年 9 月，《提前读写报》创刊，先生为报纸撰写发刊词。

1985 年 10 月，国家教委召开"注·提"教学实验座谈会。先生指出："注·提"实验"充分认识到发展儿童语言能力的必要性与迫切性，并且找到了发展儿童语言能力的有效工具——汉语拼音。先利用汉语拼音满足儿童的读和写的要求，然后通过注音读物学习汉字，基本上是无师自通，逐步达到阅读没有注音的汉字读物，写汉字夹拼音的作文，最后达到纯用汉字的作文。这种教学法看起来好像迂回曲折，可是却比直接攻汉字关、打硬仗的效果好。"

1992 年 3 月，国家教委、国家语委在哈尔滨联合召开全国小学语文"注·提"教学经验推广工作会议。先生因年事已高，不便出门，特为题词"注音识字，提前读写是普及教育的最佳途径"，以示祝贺。

1993 年 7 月，先生近 90 高龄，神清骨健，为全国小学语文"注·提"研究会会刊《语文研究与教学》题写刊头。

1993 年 10 月 20 日，首都学术界隆重集会，为先生 90 华诞举行学术讨论会。之后，由李行健牵头，编撰了《吕叔湘论语文教育》，书中有五篇文章论述了"注·提"实验:《"注音识字，提前读写"实验的重大意义》《〈"注音识字，提前读写"实验报告〉序》《拼音识字可以充分调动儿童学习的积极性》《我的希望》《新的和旧的语文教学》。光列出这些题目，就足以看出先生对"注·提"实验的支持力度。10 年时间，先生一心想着光大"注·提"实验，为的是语文现代化。岁月无痕，功业有碑，光照后人，启迪来者。

在先生作古的第 13 年枫叶红了的时候，我再一次去北京，手捧着《吕叔湘论语文教育》这本著作，登上香山，告慰灵泉有知的先生："注·提"实验一炮打响后，经过多年的探索，已经物化成了一套义务教育课程标准语文教科书，2003 年由教育科学出版社出版，并在全国十几个省市使用，成为黑龙江省的主流教材。此实验在经历了第八次课程教材改革的大浪淘沙之后，又向着"国家中长期教育改革发展"的新目标高歌猛进。

先生虽然逝去多年了，但他的道德文章与香山一样同芳我心，让人怀念，让人汲取。当了 40 多年小学语文教研员，搞了 30 多年"注·提"实验。其间，我上过实验课，写过实验文章，编过实验课本，指导过实验教师，参加过数不清的实验活动。每当迷茫或者懈怠的时候，我便想起了先生，想起了先生的话：

> "注·提"实验的意义不仅仅在于早识几个字，多识几个字，早写几篇作文，多写几篇作文，而在于教育要面向现代化，面向世界，面向未来。

为了使先生的事业薪尽火传，发扬光大，我们"注·提"人将继往开来，为语文现代化而努力奋斗！

学生时代的张志公

1918 年 11 月，张志公生于北京一个技术人员家庭，独生，无兄弟姐妹。父亲张培德，高等测绘学堂毕业，先后在沈阳、镇江、南宁、开封等地任职，终生从事测量技术工作和数学教学工作。张志公小时候受其父亲影响很深，父亲的刻苦勤奋、聪颖好学、不求闻达、多才多艺在张志公的一生中产生了显著的影响。

1925 年，7 岁的张志公进奉天省立第四小学读书，翌年转入第一小学。到 1929 年，离开东北。

张志公幼时很不会说话，不爱说话，以至于很怕说话，家里一有客人就躲起来不见。"木讷"之状，父母为之忧。入学大致两年后，有一位老师，姓韩，是他们班的班主任。有一天，韩老师忽然指定张志公当班长。他当然很害怕，坚决不肯。韩老师鼓励他说："你放心，你很守规矩，功课也不错，同学们一定会服你的，有什么困难我帮你解决。"在韩老师的再三鼓励之下，张志公便"走马上任"了。过了一段时间，韩老师又指定他参加学校演讲比赛，他当然又不肯。走上舞台，对着大庭广众讲话，太可怕了！韩老师又再三鼓励，说："演讲最重要的是口齿清楚，一字一句都让人听明白，这就成功了一半。你口齿清楚，说话有条理，一定可以讲得好。讲些什么内容，怎么讲，你自己先想一想，然后你找我。我给你出点主意，帮助你准备。"比赛结果，名列第四，张志公获奖了。又过了一些时候，韩老师更进一步要求他参加学校游艺会，扮演小歌舞剧《麻雀与小孩》中小孩那个角色。这样一而再，再而三，慢慢地，慢慢地，就改变了他不会说话、不愿说话、特别是怕说话的状态。回想起这位幼年启蒙老师，张志公深情地说："现在我才懂得，韩老师是精于儿童心理学和教育心理学的。他是有意识地以鼓励为主，帮助孩子建立信心，推动他自己走出去，敢于实践，以矫正他畏怯的缺陷，让他敢于闯荡闯荡。韩老师决不贬斥成绩不好的学生，更不责骂学生，打击学生。韩老师改变了我的性格，影响了我一生的道路，所以我会永世不忘。如果确如朋友们所说，我在日后专攻的语言学这条路上，多少做出了一点成绩，对社会做出了一点贡献，那得记在韩老师的功绩簿上。"

1931 年，张志公在河北省县立第二高小毕业，以第四名的优异成绩考入天津铃铛阁中学。这所学校是天津创办最早的公立中学，校图书馆有丰富的藏书，有专供学生阅读的大阅览室。

在老师的影响下，张志公很早就有了爱书成癖的习惯，新书贵，买不起，就跑旧书店。当时天津法租界的"劝业商场"四楼专卖旧书，张志公几乎每个星期日都要跑一趟，在那里买到一些有用的书。他最津津乐道的是初二时买到的一部《辞源》。他在扉页上画了一幅自写小像，极为珍视，几十年来历经多次搬迁，而此书尚存，后来传给他孩子了。他说："我从高小到初中，念过不少文言文，也念过不少白话文，都要求背诵。当时就感到文言文容易背，白话文难背，到现在，当年背下来的白话文统统忘光了，除去极少数脍炙人口的名句，如：'燕子去了，有再来的时候；桃花谢了，有再开的时候。'而文言文却大多数还背得很熟。"

他自身的经验，使他对于背诵有了一定的看法，对他以后研究语文教学问题很有影响。

初中三年级，张志公接触了好些位好老师，他经常谈起。就拿教国文的孙老师来说吧，讲到"趋翼如义"时，做表演，用小碎步快走，侧着身子做出翩翩的样子，引得同学们发笑。学生对于这个字，连带对别的一些字的理解、记忆都大有帮助，学了"趋翼如义"，就懂得为什么"趋前"是敬语了。另一位国文老师，专攻词，大学毕业论文是《李清照改嫁考》，印发给学生们，引起了大家的兴趣。一年之中，他教学生念了李清照、李后主、晏殊、苏轼、辛弃疾、柳永等好些人的词，现在大多数都还能背，也知道了什么"婉约"派、"豪放"派之类的说法。还有一位很怪的国文老师，据说是清代末次科举考试的举人，反对白话文，只教文言文。他一年教了大半部《古文观止》，只诵读，很少讲解，所以教得很快。他还要求学生自学"四书"，达到能背诵，读不懂的地方可以参读《四书白话解》。作文都得用文言，谁若用了白话，他就批上"余不懂，请交胡适博士阅"，退还给学生。所以短短的三年，张志公在国文方面受到的教育和训练是多方面的。

1934年，张志公初中毕业，随母自河北到河南，考入开封高级中学。在这里三年，他读了很多书。有梁启超的《饮冰室文集》，有顾颉刚的《古史辨》，有亚当·斯密的《原富》等。中国文学作品就更不用说了，从诗经、楚辞起，到汉乐府、唐诗、宋词、元曲、明清小说等，都零零碎碎读了一些。

到了高中后期，张志公还参加了戏剧活动，和几位同学一起创立"高中剧社"，先后演了田汉的《咖啡店之一夜》、宋之的的《烙印》等。至于参加学校的、省市的演讲比赛而获奖这类活动，更是常事。最突出的一次是"六三禁烟运动演讲比赛"，获全省第一名。

周有光与语文现代化

我国著名的语言学家、被誉为"汉语拼音之父"的周有光，在语文现代化的道路上，一路前行，留下了一串串坚实的脚印。2017 年 1 月 14 日，这位老人刚刚过完 112 岁生日，便悄悄地走了。对他的遽然辞世，我们深感悲痛。

一、老人与汉语拼音

汉语拼音，两千年孕育，三百年成长，一个世纪历史的积淀，成就了它的辉煌，它的诞生使中国难认、难学的"方块字"有了全球通用码。

我们知道，在古代，人们为了学习和掌握汉字，对于不认识的难字，读不出音来的时候，就用"譬况法""直音法""反切法"来给它们注音，以帮助人们去识读和学习汉字。中华民族利用描画客观事物来创造文字，记录语言，在字"形"上走在了世界的前列，但在表音的道路上却探索了两千多年。

周有光，这位大脑袋、前额宽阔而光亮的老人，从 20 世纪 20 年代开始，就投入了汉语拼音的研究之中。50 年代初，他已经在业余研究的基础上撰写了《中国拼音文字研究》和《字母的故事》两本书。

1955 年，国家成立了中国文字改革委员会。同年 10 月，中共中央召开全国文字改革会议，周恩来总理点名邀请精通中、英、法、日四国语言的周有光参加会议。会后，文改会副主任胡愈之跟周有光说："你不要回去了，你留在文改会工作吧。"周有光笑了笑，说："我不行，我业余搞文字研究，是外行。"胡愈之说："这是一项新的工作，大家都是外行。"

不久，周有光接到从上海调往北京的通知。

在文改会，周有光任拼音化研究室主任。当时，文改会下面成立一个拼音方案委员会，有 15 个委员，平时各有各的工作，开会时聚在一起议一议，具体工作都由周有光所在的研究室做，中心问题是要设计拼音方案。汉语拼音草案就由叶籁士、陆志伟、周有光共同起草，很多案头工作主要由周有光承担。他呕心沥血地比较了三百多年来历史上涌现的上百种有关汉语的拼音资料，在汉语拼音的字母选择、字母与语音的配置、音节拼写形式、拼写规则、分词连写等方面，都悉心地做了深入而全面的比较研究。其间，他先后发表了许多关于《汉语拼音方案》的重要文章，提出口语化、音素化、拉丁化的汉语拼音三条基本原则。

经过三年的努力，《汉语拼音方案》设计完成了。1958 年 2 月 11 日，第一届全国人民代表大会第五次会议通过《关于汉语拼音方案的决议》。《汉语拼音方案》作为拼写规范普通话的一套拼音字母和拼写方式，成为中华人民共和国的法定拼音方案。《汉语拼音方案》根据音位原理，把隐藏在汉字里几千年的"音"，明摆浮搁在纸面上，是得心应手的"注音工具"。

国际上有一个很有名的组织，叫"国际标准化组织"，规模仅次于联合国，它的缩写是"ISO"。1982 年 8 月，这个组织通过决议，认定《汉语拼音方案》为拼写汉语的国际标准，编号为"ISO—7098"。这是《汉语拼音方案》从我国的国家标准发展成为国际标准的重要的里程碑，意义非凡。但是，恐怕不少人都不知道参加那次"ISO"会议的中国代表就是 76 岁的周有光先生。周有光说："别人说我们汉语拼音搞了三年，其实何止三年，从指定到被国际社会认可，足足花了 14 年，再往前看，这是中华民族努力了百年的成果。"

中国古代认为汉字是黄帝的史官仓颉所造，传说："仓颉四目，生而知书，仓颉作书而天雨粟，鬼夜哭。"仓颉造字是传说，是文字图腾崇拜的表现。而《汉语拼音方案》的制定犹如仓颉之功，我们可以毫不夸张地说周有光先生就是实实在在的当代的仓颉，他的功绩将青史留名。

二、老人与"注·提"实验

20世纪80年代初，在黑龙江省肥沃的黑土地上，孕育出了"注音识字，提前读写"这朵教改奇葩，在全国小语界产生了巨大影响，其实验的载体和利器就是汉语拼音。

中国传统的语文教学是先识字，后读书。《说文解字》载："周礼八岁入小学，保氏教国子，先以六书。"可见，儿童学习母语是先要集中识字的，历久风行的小学识字课本便是《三字经》《百家姓》《千字文》。从"三、百、千"时代到多种现代识字法，有一条生生不息的血脉，就是探索中国儿童学习汉字及汉语的捷径。然而，这些策略都没有脱离先识字、后阅读、再作文的窠臼。如何摆脱"少、慢、差、费"的羁绊，使语文教学走上"多、快、好、省"的坦途呢？20世纪80年代初，被喻为"不可估量的生产力"的"注音识字，提前读写"实验便在黑龙江大地应运而生了。

这项实验打破了小学低年级以识字为重点的套路，在正确估计儿童口语水平和智慧潜力的基础上，以学好汉语拼音并发挥其多功能作用为前提，寓识字于读写之中，对入学不久的儿童在未识字或识字不多的情况下，采用"复线交叉，多维合成"的方式，开始了对儿童听、说、读、写能力的全面培养，把读写教学提前，从而解决发展语言与识字的矛盾。

周有光先生年高志笃，非常关心"注音识字，提前读写"实验。他在《汉语拼音方案基础知识》一书中，论及了《汉语拼音方案》的应用价值，他认为《汉语拼音方案》有如下两方面的应用价值：第一，注音识字，提前读写；第二，中文信息处理。随着群众的文化水平和专家的认识水平日益提高，这些用途将不断向前发展。

1983年，他出席了文改会和全国高等院校文改学会在北京召开的"注音识字，提前读写"实验汇报会；同年，担任了"注音识字，提前读写"中央实验研究小组成员。

1985年，他在国家教委和文改会召开的"注音识字，提前读写"教学实验座谈会上做了"'注音识字，提前读写'实验与语文教学现代化"的重要讲话。先生说："'注音识字，提前读写'的实验是语文教学现代化的一项重要工作。我们的国家正在向现代化前进。农业、工业、国防、科技四个现代化，其实就是一个现代化，就是科技现代化。因为农业现代化就是农业科技现代化，工业现代化就是工业科技现代化，国防现代化就是国防科技现代化。科技现代化必须建筑在教育现代化上面。没有教育现代化，科技现代化是搞不好的。教育的最根本的东西是语文。如果语文教学现代化搞不好，教育现代化也会发生困难。"此话讲得何其精辟！

在中国语文现代化大潮中，周有光是享誉学界的耆德硕老。他始终站在潮头之上，引领千百学者，摧枯拉朽，腾跃前行，在风云变幻中赢得了追求真理的真诚，"注音识字，提前读写"实验的历史将永远记住先生的不朽之功！

三、老人与"拇指运动"

在互联网上，汉字离不开拼音。今天，如果没有汉语拼音，我们不可能享受到拼音转换汉字电脑输入的便捷，它给我们及子孙后代带来难以估量的福祉。

2001年，由中国工程院倡议主办的"20世纪我国重大工程技术成就"评选中，"汉字信息处理与印刷革命"仅次于"两弹一星"位居第二。显然，汉字信息处理能取得这样的成就，是和《汉语拼音方案》的贡献分不开的。

从计算机传入中国开始，就是以键盘为主要的人机界面。在键盘输入方式中，必须通过编码才能实现汉字的输入。汉字编码出现过音码、形码、音形结合码、符号码等几种形式。在"万码奔腾"的时代，周有光适时地提出拼音转变法。周有光深刻总结道："'拼音转变法'的计算机是'两条腿走路'的计算机，它既是汉语拼音的计算机，又是汉字的计算机，而汉字的计算机也要依靠汉语拼音。汉语拼音在计算机时代将发挥极大的作用。"事实证明，先生的论述是完全正确的，充分显示了科学研究的预见性。在今天，除了专业录入员使用编码输入外，绝大多数人使用中文电脑时用的都是拼音转换法。

最早的汉语拼音输入法是由国家语委推出的，是由周有光先生指导的。汉语拼音输入法就是把汉字的拼音输进去，软件自动把拼音转成汉字显示出来，它相对于其他输入法有很大优势。首先，拼音输入法本身没有学习代价，我国的国策规定要普及九年义务教育，可以认为汉语拼音已经是国民的背景知识，一般人不需要再接受任何的编码培训，就可以在计算机的通用键盘上直接键入汉语拼音，然后由电脑自动变换为汉字。其次，计算机用户在输入汉字的时候多数是"想着打"，如用形码输入，需将汉字的音表象转换成形表象。这种转换需要付出额外的脑力开销和时间开销，既费心又费时，如用拼音输入，则不需要任何感觉器官而直接成音表象，比较迅速。

几十年来，汉语拼音输入法获得了更宏大的成长空间。计算机应用普及了，计算机的神秘色彩被揭开了。如今，手机成为另一个信息传输的重要手段，从白头老翁到中小学生，从老教授到农民，从企业家到卖菜大姐，无不用手机发送信息。手机的普及速度远远超过了计算机，发送信息是生活中人们交流、传播信息一个重要的方式。近年来，有关部门的调查统计表明，我国数以亿计的计算机用户主要使用拼音输入汉字，占被调查者人数的95%以上。人类的文明正从口语、文字走向电子化的第三个历程。

在"万码奔腾"中，依托于《汉语拼音方案》的拼音输入法，是一匹跑得快、跑得好，又不吃草的"码"。周有光在耄耋之年，领先潮流，他的倡导惠及当代、泽被后世，他的历史功绩是不可磨灭的。

生生死死，新陈代谢，这是不可抗拒的客观规律。有的人逝去了，而他的精神与思想，却像一座山峰耸立在人们心中。周有光就是这样的人。

哲人其萎，一生有光。谨以拙文，以为怀念。

王力的心愿

1986 年 5 月 3 日，这一天，一位名叫王力的老人在北京遽然辞世。噩耗传到广西博白县朝阳小学、东方红小学，家乡的孩子们为失去这位可爱的老爷爷而感到无比悲痛。就在一年前，这两所学校的孩子们联合给远在千里之外的老人写了一封信，信中说，他们都是"注音识字，提前读写"班的学生。入学前，他们不会汉语拼音，更不会说普通话。经过一年的学习，他们不仅能熟练地掌握汉语拼音，能听、会讲普通话了，而且还能阅读注音读物，会看图作文了。对此，他们特别自豪，决定给老爷爷写封信，详细汇报一下心得体会。

一周后，老人写了回信："5 月 19 日来信，我已经收到，知道你们进行'注音识字，提前读写'的教学，取得了显著的成绩，我十分高兴，特此复信表示祝贺。博白是方言地区，'注音识字，提前读写'应该和推广普通话同时进行，想必你们已经注意到了。今年秋季在朝阳小学多发展两个班，祝你们成功。"

回信的老人就是被誉为"中国近百年来最伟大的语言学家"王力先生。

先生 1900 年 8 月 10 日生于广西博白县，小学毕业后，贫寒辍学，奋发进取，1916 年在博白高等小学任国文教员；1926 年考入清华大学国学研究院，师从国学大师梁启超、王国维、赵元任、陈寅恪；后来出国深造，在音韵学方面用力最勤，著有《博白方音实验录》；1931 年获法国巴黎大学文学博士学位。回国后，他曾任中山大学、岭南大学文学院院长；1954 年后任北京大学教授，并先后兼任中国科学院哲学社会科学部学部委员、中国文字改革委员会副主任、国家语言文字工作委员会顾问等职。先生著述及学说，卷帙浩瀚，《王力文集》20 卷，一千多万字。

博白是先生出生和童年生活的地方，毗邻广东。博白全县有汉族、壮族、瑶族、苗族、侗族、仫佬族、毛南族、回族、京族、水族等 24 个民族，同时还是客家人的聚居地。这个地方，除了回族以外各族人民都有自己的语言，各民族语言中还有不同的方言，"语"和"文"的差异给民族杂居区的语文教学带来诸多困难。为了发展儿童语言，开发儿童智力，提高小学语文教学质量，推行《汉语拼音方案》，推广普通话，在先生的积极倡导下，博白县从民族地区、方言地区的实际出发，1984 年成功地引进了黑龙江的"注音识字，提前读写"教改实验。教学实践证明，"注音识字，提前读写"实验，不仅在北方话区，而且在民族语言、方言复杂的广西壮族自治区，不仅在城镇、平原地区，而且在老、少、边、山、穷地区，都具有可行性。

先生时任国家语言文字工作委员会顾问。出于语言学家的敏感，他决定有机会去黑龙江实地考察一下。

1984 年 8 月 1 日，黑龙江省教育厅在佳木斯市召开"注音识字，提前读写"实验汇报会。85 岁高龄，盛夏酷暑，千里迢迢，拄着拐杖，先生与语言学界几位耄耋老人悉数赶来，其中包括吕叔湘、倪海曙等。整整一天，他听取了黑龙江省实验领导小组、佳木斯市第三小学、拜泉县育英小学、讷河县实验小学的实验汇报，参观了实验成果展览，考核了实验班学生的成绩，感受颇深。传统小学语文启蒙教育以识字为主，用两年时间解决识字问题。在这两年里，每堂课围绕几个字转，听、说、读、写起步过晚，导致我国儿童口语表达能力差，写作水平低，知识面窄，思维能力得不到有效发展。世界上大多数国家的文字都是表音文字，如英语、俄语和日语等，这种文字可以使用少量的字母记录语言中的语音，从而记录语言。而汉语的书写符号是汉字，汉字本身没有直接的表音功能，不是表音文字，汉字很少能从字体读出准确发音。因而在学习汉语时，我们总要借助于某种记音符号，《汉语拼音方案》就是最好的记音符号。黑龙江的"注音识字，提前读写"实验就是借助拼音，提前阅读，提前作文，从而达到发展语言、发展思维、发展智力的目的。在今天这样一个日益国际化和经济全球化的大背景下，我们应该如何重新认识母语教育的传统和价值，如何拥有一种"坚毅恢宏之胸襟"来向世界学习,来拯救我们的母语教育?

当天晚上,先生在《一项成功的教学改革》一文中写道:"前天在实验班学生汇报实验成果会上,我出了一个作文题目《我的一个星期天》。讷河县实验小学二年级学生王莉莉用 42 分钟写出了 702 个字,她当场朗诵给大家听,她那铿锵的读书声和优美的语言,令我几乎不相信我的耳朵和眼睛!这简直是中学生的语文水平!假如我不来出席这个汇报会,只凭听汇报,我对'注音识字,提前读写'的实验成果还是半信半疑。百闻不如一见,我今天是心悦诚服了。据预计'注音识字,提前读写'教学三年,可以达到普通班五年的语文水平。这是语文教学的重大改革,意义非常重大。小学提早两年达到中学水平,中学也可以提早两年达到大学水平,学生进入大学后,就不需要再补修语文,能腾出时间多学专业知识,这就为国家培养人才创造了有利条件,这就是对我国社会主义现代化建设做出了贡献。我希望全国推广这一项重要的改革。"

回京前,先生一大早起来,站在案边,白衬衫整整齐齐地束在腰里,两道斑白的佛眉,颇有古拙之气。经过深思熟虑,他提笔写下了这样 20 个大字:"'注音识字,提前读写'是小学语文教学的重要改革。"次日,《黑龙江日报》刊登了先生的墨宝。先生的题词极大地鼓舞了实验区的师生。不久,为实验服务的《提前读写报》创刊,先生在百忙中题写了报头。

1986 年 1 月 13 日,在全国语言文字工作会议上,黑龙江省实验领导小组办公室和《提前读写报》编辑部被评为"全国文字改革和推广普通话先进单位"。会上,先生又一次充分肯定了"注音识字,提前读写"实验。他说:"最近三年来,从黑龙江省三所小学六个实验班开始的'注音识字,提前读写'教学实验,在小学语文教学改革方面取得了重大的突破。原来有人担心,学拼音会增加学生负担,耽误学汉字,结果不但没有增加学生负担,而且识字也比普通班识得又多、又快、又牢固。由于有汉语拼音,不怕汉字的'拦路虎',孩子们能大量阅读,提前写作,并在阅读中大量接触汉字和准确地读音。孩子们的思想、理解和语文表达能力以及普通话水平都得到了提高,儿童智力得到早期开发，各个学习积极主动，德、智、体得到全面发展。实验班的学生能比普通班提前两年完成语文学习任务，并且其他科目成绩也比较好。"先生讲话声音不大，语气缓慢平和，字字铿锵。这是先生最后一次在全国的会上讲"注音识字，提前读写"实验。百天后，他便溘然长眠了。

先生作古一晃已经 35 年了。一生勤奋，龙虫并雕，中西贯函。他神奇的学术生涯和杰出的成就，是后人丰富的精神食粮。缅怀一代学人，更忘不了先生对"注音识字，提前读写"实验人的殷殷教诲。他"生前一代雕龙手，身后三千倚马才"的治学育人风操值得代代相传。

先生是一座不朽的丰碑，永远屹立在中国学术之林！

蒋仲仁学语文

蒋仲仁何许人也？蒋仲仁，他可是一位德高望重的老先生。中华人民共和国成立时，他就在人民教育出版社任中小学语文教材编辑室主任，1978年调中央教育科学研究所从事语文教学研究，把毕生精力奉献给了语文教育事业。那么，这位老先生小时候是怎样学语文的呢？

云贵高原有一座山城——贵阳，20世纪初那里十分闭塞，交通闭塞，文化闭塞。在贵阳城里有一所学校叫模范小学，虽说是学校，礼堂上还供着"大成至圣先师孔子之位"。每逢典礼，全体学生先向牌位行三跪九叩礼，唱《尊孔歌》，"大哉孔子，时中之圣……"

1916年,6岁的蒋仲仁进了这所小学，读《共和国教科书》，开头是"人、手、足、刀、尺"。识了一些字，他就开始学课文。有一篇课文是这样的："学生入学，先生曰：'汝来何事？'学生曰：'奉父母之命，来此读书。'先生曰：'善。'"先生捧书朗读，学生齐声以和，读得有腔有调。

国文课本说的"来此读书"，蒋仲仁是照着办的。地道地读，拉开嗓门读，十遍百遍，读得滚瓜烂熟，而且读的都是文言文，如《孔融让梨》《曹冲称象》《李白磨铁杵》《司马光砸缸》等。不但读书，还要背书。什么叫背书？背对着先生，把书诵出来，就叫作背诵，这是民国初年读书的小孩儿都必须要做的事。蒋仲仁做到了。放学了，他蹦蹦跳跳地回到家里，坐在清油灯下，一句句、一遍遍地把诗文吃进肚子里，然后再拖着一种腔调大声地背诵出来。说也奇怪，这种方法并不笨拙，熟读成诵，渐渐领悟，蒋仲仁却受用终身。

蒋仲仁的父亲虽然很维新，送他上新式的学校，可也很守旧，未能忘怀旧式的书塾。恰巧他姑父办了个"夜塾"，父亲就送他上了夜塾。孔子说："不学礼，无以立。"在"开笔礼"上，正衣冠、朱砂启智、茶敬亲师等仪式结束后，参拜孔子像，便算开蒙了。蒋仲仁的姑父蓄须，穿一件素净长衫，戴一顶瓜皮帽，教他读《声律启蒙》：

> 云对雨，雪对风，晚照对晴空。
>
> 来鸿对去燕，宿鸟对鸣虫。
>
> 三尺剑，六钧弓，岭北对江东。
>
> 人间清暑殿，天上广寒宫。
>
> 两岸晓烟杨柳绿，一园春雨杏花红。

他念起来，如唱歌一般，又若"大珠小珠落玉盘"，一口气读下去，便会情不自禁地"摇头晃脑"起来。不知为什么，夜塾停办了，唐诗和"四书"没有读成，连《声律启蒙》也没有教完。因为对对子好玩，读起来又铿锵好听，姑父没教的，他就自己读。

一晃，蒋仲仁上了高小。他喜欢课外阅读，《西游记》《水浒传》都读过。他读《三国演义》时，似懂非懂，不懂，放下，放下了又拿起来读。他还读了《封神榜》《说岳全传》《杨家将》《薛仁贵征东》，又读了《今古奇观》《七侠五义》《小五义》，还读了《包公案》《施公案》《济公传》。后来又读了《福尔摩斯侦探案》，读到那些窗上人影，古刹钟声的故事，又听了狐仙、山魈、尸变的口头文学，吓得晚上不敢出门，睡觉用棉被蒙着头，一身大汗。

蒋仲仁小时候读书的方法是囫囵吞枣式的，借用古人的话是"好读书，不求甚解"。有些地方不懂就不懂，跳过去。比方，"一路晓行夜宿，走到一处，好一座山景"，或者"前面来了一个人，你看他怎个模样"，后面常常接上一首诗，一阕词曲，有的还是骈四俪六的赋。这些都跳过去，不读，一来不甚了了，二来忙着看情节，无暇来看这些描写，这大概就是少年儿童读书的特点吧。

读书之外还要写字，写字用毛笔。每上写字课，值日先生发帖架，木制的，有站得稳的底座，上面立一个架子，一人发一个，把字帖靠在架上竖起来。接着发水，拿一个小壶往每个人的砚里注水。一面磨砚，一面看帖，磨好了就开始临写。蒋仲仁开头临的是《瘗鹤铭》，"瘗"字还不认识呢，后来临颜鲁公的《多宝塔》。

蒋仲仁作文很善于模仿，而且都用文言。因为那时读的全是文言文，把读过的文言词句搬一些来就是作文。写山就"峰回路转，蔚然深秀"，写水就"清风徐来，水波不兴"，写树就"林木葱翳"，写花就"万紫千红"。一次，先生出题《游栖霞山记》，他也用现成的话来写："栖霞山，贵阳之名胜也。出东门，约二里许，抵山麓，拾级而登……"又是"许"，又是"麓"，又是"拾级而登"，先生很赞许，说是"词汇丰富"，于是，就用墨笔在作文上勾勒，一般句子每句一圈，较好的每句双圈，更好的全句连圈，特好的圈上套圈。所以，作文发还，只要看圈圈多少，学生就知道作文成绩如何了。

又是识字写字，又是读书作文，没有家庭作业，没有"题海"，从6岁到12岁，从初小到高小，蒋仲仁在小学整整度过了七个春秋。这七年，青灯有味，书卷多情，国学教育就像长江源头的一泓清泉，散发出清新怡人的气息。"少年弟子江湖老"，一百年过去了，蒋仲仁学习语文的经验对我们今天的语文教学仍很有启示。

倪海曙的晚年情愫

·· ✦

1982 年 12 月的一天，坐落在北京朝内南小街 51 号的中国文字改革委员会大厦迎来了两位远方的客人——李楠和孟广智。他们是受黑龙江省"注音识字，提前读写"实验领导小组负责人丁义诚的委托，专程走访中国文字改革委员会秘书长、著名语言学家倪海曙先生的。

按照预约，客人轻轻地敲开了秘书长办公室的门，只见一位宽额大脸、方正而慈爱的老人迎了出来，他就是语言学界年轻人仰之如泰山北斗的倪先生。

倪海曙，上海人，中国拉丁化新文字运动的杰出代表。1941 年复旦大学毕业，1955 年 1 月任国务院直属单位——中国文字改革委员会研究员。同年 2 月，中国文字改革委员会成立拼音委员会，倪先生与吴玉章、胡愈之、韦悫、丁西林、林汉达、罗常培、陆志韦、黎锦熙、王力、叶籁士为第一批委员，后增补周有光、胡乔木、吕叔湘、魏建功，前后共 15 人。

1981 年 7 月，全国高校文字改革学会在哈尔滨成立，倪先生任会长，丁义诚等八人为副会长。大会期间，丁义诚谈了黑龙江打算搞"注音识字，提前读写"教改实验的想法，倪先生表示支持，并对实验的内容、步骤、方法提出了具体意见。

翌年 8 月，也就是实验班开学前夕，倪先生出席了黑龙江省"注音识字，提前读写"第二次实验工作会议。会上，他力挺"注音识字，提前读写"，重点讲了如何打好汉语拼音的基础，同时强调要摆脱传统观念的束缚。

李楠和孟广智这次来京，就是向倪先生汇报工作的。

宾主没有寒暄，也没有客套，而是径直切入正题。听汇报时，倪先生边听边记边咨询，还不时地点点头，脸上流露出满意的笑容。他说："良好的开端是成功的一半。找点时间，到实验学校走一走，看一看，亲身感受一下。"

第二年4月，国务院任命倪先生为中国文字改革委员会副主任。7月，他冒着酷暑，千里迢迢，踏上了黑龙江这片土地。

历时十天，倪先生走了哈尔滨、齐齐哈尔、拜泉三个地方。在拜泉"注音识字，提前读写"试点学校育英小学听了两个半天的课，亲自进行了拼音、阅读和写作的考核，又与教师、县教育科和学校领导以及教学研究人员、学生家长各座谈一次。这次黑龙江之行，给倪先生留下了深刻印象。他说："不论视察或座谈，收获都出乎意料，特别是拜泉育英小学一年级两个实验班成绩，要不是亲自去看，去听，去考，简直难以相信。"实验一年来，在这个并不先进的县城中，拜泉育英小学一年级两个实验班获得了使人难以相信的结果，这让倪先生兴奋不已。他认为，"注音识字，提前读写"是普及教育的最佳途径，值得宣传，值得推广。于是，他撰写了考察报告《"难以相信"》，分别在《文字改革简报》和《人民教育》上发表。这篇考察报告震动了全国教育界和语言学界，并得到教育部的高度重视。8月28日，时任教育部长何东昌批示："初步印象是比集中识字更符合学习语文规律的一件重大改革，对提高小学水平，对少数民族学汉语，推广普通话有深远意义。"

在黑龙江视察期间，倪先生交了不少实验班的小朋友。回到北京后，他几乎每天都能收到小朋友的来信，且每信必复：鼓励信写得好的，指出错字病句的，讲解书信格式的，叮嘱多读多写的，提醒保护眼睛的……对有些孩子他还附去下回来信的邮票，赠送日历等礼品。每当看到孩子们那"胖嘟嘟"的颜鲁公体字的来信时，倪先生就仿佛看到了孩子们的美丽小脸蛋一样，心里甭提多高兴了。

拜泉育英小学的陶峰，生下来缺钙，有软骨病，从小就瘦弱，很晚才会走路；入学后，上课贪玩，学习心不在焉，是个学困生。谁知道她学会了汉语拼音以后，功课就跟上了，而且成绩直线上升。为了鼓励小陶峰，倪先生给她寄去几本读物和一本词典，还寄了一张他伏案写作的照片。小陶峰收到邮件后，立刻给倪先生写了回信，信中说："敬爱的倪爷爷：您好！您给我寄来的书和照片我都收到了。刚收到您的礼物那会儿，我激动得眼泪都在眼圈里直打转，心里就像有只小兔子在咚咚跳着。老师叫我到讲桌前取礼物，我都没听见。"倪先生回信告诉她说："咱们是朋友，写信可以不用讲客气话。"小陶峰是个乖孩子，她还记得，倪爷爷听课时，坐在她的身旁，就像自己的同桌一样，亲密无间。果然，第二次小陶峰给倪先生写信，就把"敬爱的"这三个字去掉了，直称"倪爷爷"，信末具名为"您的好朋友陶峰"。

我们再来看一封小陶峰写给倪先生的信：

> 倪爷爷，您头发花白，还是趴在桌子上认真学习。
>
> 看着您那和蔼可亲的面容，就像见到您一样。您好像在跟我说："陶峰小朋友，你好！你的学习成绩怎么样啊？上课还淘气吗？"我急忙回答说："倪爷爷，我学习比以前进步多了，上课也不像以前那样爱玩了。"
>
> 我要学习您刻苦学习的精神，将来也像您一样当个语言学家。

刚刚念了一年半书的孩子，与大语言学家成了忘年交，常有书信往来，从字里行间流露出的真情实感，我们可以看到，倪先生那颗圣洁的心，化作了春泥，化作了红烛。

当今的孩子们通过学习汉语拼音，走进知识殿堂的时候，他们不知道，在这简单的字母背后，凝聚了倪先生多少的艰辛付出。那孤灯黄卷的苦苦求索，那春去秋来的死死守望，那追风逐日的匆匆走笔，那成年累月的默默付出，倪先生搞了一辈子文字改革。从 1948 年《中国拼音文字概论》的问世，到 1959 年《清末汉语拼音运动编年史》的出版，他的梦想就是实现语文现代化。1958 年《汉语拼音方案》终于诞生了。倪先生在《拼音颂》中写道：

> 多少的人曾经想望，

多少的人曾经提倡，

多少的人拟过方案，

多少的人写过文章。

人们奋斗七十多年，

解放了才理想实现：

孩子入学先教拼音，

汉字有音注在上面。

只要拼音学得熟练，

课文不教也能自念；

虽然才进学校读书，

写话作文能够成篇。

　　晚年的倪先生，除主编了非常出色的八辑《语文现代化》之外，大部分精力是用在推进"注音识字，提前读写"实验上，他为实验倾注了大量心血。

　　1983 年 6 月，倪先生在拜泉视察时，发现孩子们的课外读物太少，就决心要为孩子们募捐图书。不到两个月，第一批读物就被送到了三所实验学校。此后一直到 1984 年，他又连续寄送了两批。这些书都是由他亲自选配，亲自打包，亲自写地址，亲自邮寄的。

　　1984 年 6 月，他作为中方代表出席中日民间人士会议，在会上作了"'注音识字，提前读写'——小学语文教学改革的一项实验"的发言，向日方代表介绍了实验的基本原理和两年的实验的成果。他的发言对后来日本中央学院大学曾我德兴教授多次来华访问，向国外宣传"注音识字，提前读写"实验起了重要作用。

　　1984 年 6 月，倪先生视察讷河、拜泉两个县的实验班。在讷河的欢送会上，鞠丽敏小同学含着热泪说："倪爷爷，你要走了，这棵小松树是我亲手栽的，把它送给您。这棵松树象征着您，也象征着我。祝愿您像青松一样健康长寿，我像小树一样在您的培育下茁壮成长。"倪先生6月15日到拜泉，在招待所下车后，没有通知任何人，独自步行四里路，去育英小学，到学校后直接进实验班听课。倪先生的突然到来，让教室里顿时沸腾起来。

1984年7月，中华人民共和国教育部和中国文字改革委员会在佳木斯联合举办"注音识字，提前读写"教学研究班。参加研究班的有来自全国的教学、教研人员350多人，倪先生主持该班的教学工作。他不顾年迈体弱，拄着拐杖，亲自给学员上课。讲汉语拼音，训练直呼音节，介绍文字改革历史，描述语文现代化的美好远景，学员们备受鼓舞。培训结束后，倪先生同拜泉、讷河实验班的孩子们一起乘船到哈尔滨。在船上与孩子们谈学习，谈生活，谈理想。他同孩子们之间的情感交流，使船员和乘客深受感动。

1984年8月，黑龙江省教育厅召开"注音识字，提前读写"实验汇报会，倪先生和著名语言学家王力、吕叔湘、陈章太、王均等出席了会议。会议期间，倪先生和专家们听取了实验情况的汇报，参观了成果展览，考核了实验班的成绩。看到如此理想的效果，倪先生抑制不住自己喜悦的心情，语重心长地说："希望从我们实验班的孩子起，长时期以来的那种高中毕业，甚至大学毕业还写不通一封信的语文水平低下的状况，将彻底结束。"

1984年10月18日夜，他乘车去湖南湘西土家族苗族自治州，20日抵怀化，当晚乘车去自治州首府吉首，视察吉首民族师范附属小学的"注音识字，提前读写"实验工作。回京途中，倪先生病倒在长沙，一路上吃药打针，10月底才回到家中。12月16日，他写成《湘西山区"注音识字，提前读写"实验班》视察报告。

1987年9月22日至23日，胃癌晚期的倪先生，用手按着胃部，忍着疼痛，视察了北京市石景山金顶街第二小学和清华大学附属小学"注音识字，提前读写"实验班。谁能料到，不到五个月，也就是1988年2月27日，经过痛苦磨难，倪先生去世了，终年 70 岁。弥留之际，他留下的最后一句话是：

"文改万岁！"

天地苍茫，岁月悠长。"注音识字，提前读写"，属于历史，属于当今，更属于未来。是一大批像倪先生这样的语言学家成就了它的辉煌。

"倪海曙"，这个符号代表了什么？代表了拉丁化新文字运动的一种精神。1915 年，新文化运动在这个古老的国度拉开了序幕。不断尝试、不断开拓、不断挫折、不断接续之中，一种新的语文框架形成了。倪先生继往开来，半个世纪，兢兢业业，锲而不舍，他为中国的文字改革和语文建设事业做出了卓越贡献。浪淘百世，功昭千古。倪先生的名字将永载史册，值得人们用心去感念和铭记！

全国小语会的老领导

全国小学语文教学研究会有几位老领导，如老一代掌门人郭林、袁微子、高惠莹，还有崔峦，他们都是中国教育界的精英。

一、郭林

1980 年 7 月，全国小学语文教学研究会在大连成立，郭林当选为理事长。

提起郭林，现在年轻的语文教师大概对他不熟悉。他是延安时期的教育专家，中央教育科学研究所最早的负责人之一。中央教育科学研究所就是现在的中国教育科学研究院，是教育部直属的国家级综合性教育科学研究机构，其前身是 1941 年中国共产党在延安建立的中央研究院中国教育研究室，具有光荣的革命传统；1957 年 1 月 26 日，经国务院和中央书记处批准建立，开展教育科学研究工作；1978 年，经邓小平等中央领导亲自批示，国务院批准恢复重建。2011 年，经教育部和中央机构编制委员会办公室批准，中央教育科学研究所更名为中国教育科学研究院。

中华人民共和国成立后，郭林致力于语文教育研究。1954 年，参编《国语科教材教法》；1958 年，出版《小学语文教学经验》；1962 年，在《人民教育》发表《集中识字的几个问题》。

在全国小学语文教学研究会成立大会上，郭林发表了专题讲话，题目是《小学语文教学如何改革》。他的观点是：一、二年级，要以识字为重点，采用集中识字的方法，打好听说读写的基础；三年级以后，大量阅读，重视写作，把阅读、写作和语文知识的基础训练紧密地结合起来，着重培养学生的读写能力，特别是培养学生善于思考、独立学习的能力，不断促进学生智力的发展。

1982年7月，在山西太原召开的全国小学语文教学研究会第二届年会上，郭林又发表了专题讲话，题目是《探索小学作文教学规律性问题》。他指出：我们在研究小学识字教学之后，着重研究阅读教学这是对的，但不研究作文训练，小语教学研究，将是跛足的，是片面的。小学作文教学的规律性是什么？如何认识和运用这些规律？这是广大小学语文教师迫切关心的问题。《1986年全日制小学语文教学大纲》提出："作文教学应该按从说到写的顺序，由易到难，由简单到复杂，循序渐进，逐步提高要求。"这个"循序渐进，逐步提高要求"的过程，就是小学作文教学必须遵循的客观规律，归纳成四句话是："从说到写，从述到作，从模仿到创作，从扶到放到收。"

二、袁微子

1984年10月，全国小学语文教学研究会第二次会员代表大会在广西南宁召开，71岁的袁微子当选为理事长。

袁微子，1913年生于浙江桐庐；1936年大学毕业，进上海开明书店，在叶圣陶领导下，参加《新少年》杂志编辑工作；1955年进人民教育出版社，开始编写小学语文教材；"文化大革命"后，主持小学语文教学大纲的制定和教材编写工作。

袁微子几十年如一日，潜心研究小学语文教学，为编写符合教学规律的小学语文教材和探索有中国特色的小学语文教学之路做出了重要贡献，并在长期实践中形成了较为系统的语文教学思想。他的语文教学思想精髓，就是以辩证唯物主义为语文教学的指导思想，把提高阅读和写作能力同提高认识能力结合起来，把语文教学与培养一代新人结合起来。

1992年，浙江教育出版社出版了《袁微子小学语文教学论集》。

这个集子里的文章，记录了袁微子一生在语文园地辛勤耕耘的足迹，内容广泛，涉及语文领域的方方面面，诸如语文学科的性质、目的和任务；教材编写的指导思想、原则、体系和编排方法；教学思想和教学方法、手段，乃至教师的修养等。认真研究这些内容，可以看出里面贯穿着袁微子基本的教学主张。这些主张是：小学语文教材及教学改革要以马克思主义哲学思想为指导，把辩证唯物主义的基本观点渗透到语文学科中去，在发展学生语言的同时，提高他们的认识能力，从小培养他们的无产阶级世界观。在教材编写方面，袁微子认为，不仅要编选好课文，还应强调按语文基本功训练的要求，安排若干个训练项目，组成一个完整的系统，有计划、有步骤地进行训练，使教材编写逐步走向科学化。在教学方面，他十分强调要处理好学习语文与认识事物的关系、语文教学与思想教育的关系、教与学的关系，并注重思维训练、发展智力、培养学生的自学能力，以适应培养社会主义现代化人才的需要。

三、高惠莹

1989 年 5 月，全国小学语文教学研究会第三次会员代表大会在湖北武昌召开，北京师范大学教授高惠莹当选为理事长。

高惠莹出生于"燕赵古称多感慨悲歌之士"的华北平原，从小长在白洋淀湖畔的大龙华村。1943 年，她当小学语文教师；1952 年，入北京师范大学深造；1956 年毕业留校，专门从事小学语文教学研究。

她的教育主张是：让孩子从小快乐地学习，健康地成长，全面地发展；解放孩子，提高素质，培养个性。

她在学术上的理想追求是：走现代化与民族化、理论与实践结合之路，创建中国特色的小学语文教学新体系，从小铸造中华民族魂，造就一代社会主义"四有"新人。

1999 年，语文出版社出版了《高惠莹语文教育论集》。这本论集集中地展示了她的学术创新思想。

第一，明确提出一个大目标——走现代化与民族化统一之路，努力创建中国特色小学语文教学新体系。这个创新目标，要求我们走"古今中外，综合创新"的大道，把中国古代蒙学中的活东西、西方近现代教育中的好东西、社会主义教育中的新东西，这三大源头活水全都汇聚起来，熔为一炉。

第二，深入开掘一个活源头——"从孔夫子到叶圣陶"的中国语文教育优秀民族传统，对于什么是小学语文的"中国特色"做出了理论概括，即文道结合、情理结合、读写结合、教学结合、严活结合、苦乐结合。这是中国传统语文教学的六朵金花，也是创建中国特色小学语文教学新体系的一大源头活水。

第三，初步构建一个新体系——小学语文教学法体系，包含"基本理论"和"三大教学法"两个层次。基本理论是，在小学语文学科性质上，主张语文工具性与思想教育性的有机结合；在小学语文学科特点上，主张从小学会祖国母语与从小学习做人之道有机统一。三大教学法是识字写字教学法、阅读教学法、作文教学法。

第四，努力做出教改经验的新总结——对改革开放新时期小学语文教改的新鲜实践经验，不断给以新的科学总结和理论概括。如对斯霞、袁瑢的文道统一教学法，霍懋征的优质高效教学法，李吉林的情境教学法，丁有宽的读写结合法等经验都进行了跟踪研究和理论探讨。

第五，探讨了一个跨世纪的新课题——小学语文如何扬弃应试教育走向素质教育，寻求21世纪大变革大发展之道。要想走大变革大发展的道路，必须注意应试教育在培养目标与教育方法上的两大根本弊端，必须在指导思想、教育观念、教育体系、考试制度、教材建设、教师素质这六个层面上进行全面改革，真正从应试教育走向素质教育。

四、崔峦

1998年10月，全国小学语文教学研究会第五次会员代表大会在江苏南京召开，人民教育出版社编审崔峦当选为理事长。

崔峦，当过十年小学语文教师，在天津市教研室做过五年小学语文教研员，后来到人民教育出版社从事研究、编写小学语文教材，一直到退休。

　　他参加了 1978 年以来历次小学语文教学大纲及课程标准的制定工作，也是历次小学语文教学大纲的实践者和研究者。他对中华人民共和国成立以来我国颁布的小学语文教学大纲，从主要特点、教学目的、教学要求、教学内容、教学思想和教学方法诸方面，进行过系统的比较研究。他对语文课程的性质、特点有比较全面、清醒的认识。他重视对传统语文教学经验的继承，认为语文教学应该在继承中发展，在发展中创新。他提出要大力改革阅读教学，教学要有一定的模式，但不要模式化，作文教学要培植学生习作的自信心，提倡说真话、吐真情等一系列语文教学思想。

　　2005 年，人民教育出版社出版了《求是·崇实·鼎新——崔峦小学语文教育文集》，贯穿文集的主题是求是、崇实、鼎新。

　　全国小学语文教学研究会，是个群众性的学术团体，作为这个学术团体的领头羊，必须得明白语文学科的性质，否则就难以起到引领的作用。在文集中，崔峦多次谈到了这个问题，态度非常明确。他有如下表述。

　　语文是工具。它的本质属性是工具性。这是由语言文字的工具性决定的。语言是工具，人们利用它来交流思想，达到互相了解的目的。文字是语言的书面表现形式，也是进行交际、交流思想的工具。设立语文学科，就是为了教学生正确理解和运用祖国的语言文字，掌握语文这一工具。

　　语文是表情达意的工具。它不同于一般意义上的工具，也不同于像数学计算工具那样的工具。语文，凭借本民族的语言文字，说话作文，直抒胸臆，表达思想情感，非语文不能；培养用语言文字表情达意的能力，非语文课莫属。抽去情和意，语文便成了空壳，语文的工具性也就显现不出来了。语文用于日常交际，又是交际的工具；用于学习、工作，又是学习各门知识和从事各种工作的工具。作为进行母语语言文字训练的学科，在掌握语文工具上，既有得天独厚的语言、文化环境的条件，又有比掌握外语工具更高的要求。

　　语文是有很强思想性的工具。教材中的每一篇课文，学生的每一篇作文，乃至教学活动中师生的语言，总要表达一定的思想内容。听说读写内容的广泛性，决定了语文学科广泛的思想性，而且语文的思想内容和语言文字形式是共生共存、和谐统一的。从有无来说，思想性是每门学科都有的，是共性的东西；从深度、广度和表现形式来说，语文的思想性具有其自身的特点。

语文是工具，是有情、有意、有思想内容的工具。它具有表情达意、日常交际和学习知识的功能。既不能否认语文具有基础工具的性质，也不能对其工具性做一般意义上的简单、狭隘的理解。

袁微子和他的高徒

....

　　在浙江省桐庐县档案馆里，珍藏着一宗弥足珍贵的档案。这宗档案不是别的，而是来自北京市沙滩后街 55 号的 103 封信。信封是用牛皮纸制成的，上面印有一行红色的楷书——人民教育出版社。这看似极普通的信件，却记录着一代宗师袁微子对中国小学语文教育事业的付出、责任与担当。

　　这 103 封信是写给浙江省杭州市安吉路小学的朱雪丹的。

　　2013 年 7 月，朱雪丹在病中写道："去年深秋，我从医院回家，慵闲无事，竟想起整理旧日的书稿。不经意间，我翻出了袁老写给我的一叠书信。读着，读着，老师的谆谆教导萦绕耳际，先生的音容笑貌历历眼前，我不禁泪流满面，感喟不已。"朱雪丹提到的"袁老"就是袁微子。

　　袁微子是人民教育出版社资深编审，是 20 世纪 80 年代我国小学语文教育的掌门人。在叶圣陶的领导下，袁微子主持了小学语文教学大纲的制定，投身小学语文教材建设，从事小学语文教学的研究。他于 1980 年当选为全国小语会副理事长，1984 年当选为全国小语会理事长，1990 年被推选为全国小语会名誉理事长，在中国小学语文教育发展史上留下了不可磨灭的业绩。

　　始于 1978 年的全日制小学语文通用教材，是改革开放后第一套国家级的小学语文课本，袁微子任主编。对这套教材的编写意图、设计思路、选文原则，袁微子都有权威的阐释，但他绝无半点踌躇之容，而是十分看重后续试教的成败优劣。对每一册、每个单元、每一种类型的课文，他都要求通过实践拿出满意的课例。有实录，有反思，有评析，这一切都是为了方便一线教师的教学。为了验证教材的利弊，他奔走于大江南北，长城内外，在全国审慎地物色施教者，其中杭州市安吉路小学特级教师朱雪丹便承担了第一轮试教任务。

朱雪丹是从一年级教到五年级的。在整个的一轮试教中，袁微子对她的教诲和提携是数不清的，从中她可以感受到恩师的严谨、执着的治学精神和诲人不倦的师德风范。

请看书信摘录：

我的出发点很简单，就是希望你能取得一套小语教学的经验。从一年级到五年级，有一套经验，而不可老在一年级、二年级转。你有这个能力，也有这个底子，从你的低年级教学看，我很确信。（1980 年 9 月 17 日）

记得我曾有几次劝你，望你从一、二年级往上教，看来你都不大动心，也许认为我是随便说说的。其实这是我久已酝酿在心头的话。我也不知道你是怎样想的。今后可不一样，有创造性的教师怕要轮到中高年级了！（1982 年 4 月 23 日）

你已下决心跟班上去，我很高兴。我得向你打预防针，你得按阶段不同而改变教法，而改变之时，学生不适应，你也会感到吃力，甚至很不顺手，以至于苦闷，这是必经之路。望你早做思想准备，也只有这样，才显得是新体系的试路者。（1982 年 7 月 14 日）

既然教了高年级，而且又有了较好的条件，你必须准备比过去更艰苦一些埋头苦干，不做出点特色来誓不甘休。人活在世上就是靠这股犟劲创造出事业来。"人一能之，己百之；人十能之，己千之"，如果不比别人更能吃苦，更有毅力，更会动脑筋，更能及时整理资料，更能学习，那么又有什么可贵呢？（1983 年 8 月 31 日）

袁微子知识渊博，经验丰富，不仅以毕生的精力为全国亿万小学生奉献了一套好的小学语文教科书，而且在生命最后的十年里培养了一大批语文名师。在这里需特别提及的是，袁微子还是小学语文教育理论的锐意开拓者。他认真总结并继承了我国语文教育的优良传统，虚心学习、借鉴国外的先进理论，坚守民族化的改革方向，对语文教育的目的论、价值论、课程论、方法论、实践论等方面均有独到的见解。首先，他汲取了陶行知的"千教万教教做真人"的教育思想，认为小学语文教学首要任务是立德树人，主张语文课必须坚持工具性和思想性的统一，既提高儿童的语言能力，又促进儿童个性的全面发展，锻炼和造就社会主义的一代新人，体现了语文教育的生命观。其次，他强调语文教学从教材编撰、教师培训到教学研究，都应以马克思主义哲学思想为指导，把辩证唯物主义的基本观点渗透到语文学科的各个领域，凸显了语文教育的主流价值。所有这些，在他给朱雪丹的信中都有体现。

请看书信摘录：

这次我发展了自己的想法，我想，语文教学一个最主要的选题是根据语文学科的特点，把语文教学和培养一代新人的目标联系起来。只有解决这个问题，才真正符合语文教学在这个时代的目的要求。咱们是社会主义新中国，是这样的语文教学，决不能离开。（1981 年 12 月 6 日）

今天听一位朋友说起，叶圣陶先生最近在跟一些人谈论语文，着重提出两点：一点是语文不在靠老师教学生懂，而要以学生为主体，指导学生自己读懂；另一点是作文不要老师改，而要强调自己改。我是很同意叶老的见解的。这样的见解，对你改进教学，也许会有帮助。咱们宣传了几年的培养自学能力，不正是这样吗？这个精神，咱们要锲而不舍，坚持试验下去。（1982 年 8 月 5 日）

论及小语教学的新体系，我最近在室里讲过一次，我们的体系用三句话可以概括，一是在辩证唯物主义思想指导下，重视学习语文与认识事物相结合；二是重视基本功训练，以思维训练为核心；三是重视培养自学能力，启发学生的自觉能动性。这三句话，是几年来从教材编写和教学研究中体会出来的。（1983 年 8 月 31 日）

袁微子晚年孜孜以求、念念不忘的，就是要为我们的小学语文教学理论建构一个造福社会、惠及子孙、扬名海外的"新体系"。为了编好教材，他不顾年迈体弱，足迹遍及 27 个省市，深入课堂听课评课，甚至亲自执鞭上讲台。他视察调研，四处讲学，参加各种教研活动，乃至病倒在行程途中。他太爱小语事业，太爱小学教师，太爱小学生了。他是个把夕阳当黎明的人，几乎天天都抱着一摞材料去办公室，又抱着一摞材料回家，晚上还是对着一摞材料忙碌。他不但在职时没有节假日，即使离休了，每天还是抱着一摞材料去办公室，没有丝毫变化，直到生命的终点。他的行动践行了为教育事业呕心沥血，鞠躬尽瘁的庄严承诺。

请看书信摘录：

我身体还可以，只是人老了，只想抓紧工作。我最近在北京市几个区讲话，石景山区、东城区、西城区、朝阳区共四个区，每区讲半天，现已讲了两个区，我在干。我会注意身体的，只是有时也在虐待自己，不，对自己要求苛刻一些。但愿年轻人要健康，事业后继有人，也就可以放心了。（1980 年 11 月 15 日）

我身体一天不如一天，上不了南天门，便是考验。有时常常心慌，知在人间尚复几年！因此，时时有急迫感，一定要在我有生之年，为小语教学做出一点贡献，为你们比我年轻的同志开出更广阔的路。如斯而已，岂有它哉！（1982 年 9 月 15 日）

　　我们最近搬入了新居，在社里办公楼隔壁三层楼，我们在第三层。三室一厅，算是社里的"最惠国"待遇，但仍然挤，五个大人，总是这样的。比起那原来的住处来，算是登天了，这也便是我终老之处了吧。我好在不计较这些，还想再静下心来钻研小语。（1983年8月19日）

　　春节休假的日子里，收到你的信，倍感亲切。你和老胡送来的米粉干真及时，我上颚已拔了全部跟了我70来年的牙，不能咬东西。米粉干烧得烂烂的，可以吞下去，每次吃它，都想到你们的友情。偶尔有几个朋友来看我们，都一致劝我要"量力而行"，该逛逛公园，在家里躺躺了。我知道这纯属好意，可丝毫减轻不了我思想上的精神负担。我如今是被客观现实推到了舞台上，不把这一幕演到退到后台是决不能休止的。（1988年3月21日）

　　由于过度劳累，这位仁慈无我、古道热肠的老人，于1991年4月7日与世长辞了。噩耗传来，朱雪丹心中无比悲痛，学校派她代表全体教师赶赴北京参加追悼会。但是，遵照袁微子遗愿，丧事一切从简，等她赶到，一切都已结束了。朱雪丹来到袁微子的屋子里，看到那沙发，那起居室，还有那一沓沓未了的文稿，一本本待阅的书籍，物在人亡，不禁失声大哭起来。

　　朱雪丹在香山会议上与袁微子相识。一位是名师，一位是高徒，彼此惺惺相惜。在长达十年的鱼雁交往中，袁微子的师道之风采深深地影响了朱雪丹，成为她永恒的记忆。

　　袁微子原名袁学中，"微子"是他的字。源自老子《道德经》："视之不见，名曰夷；听之不闻，名曰希；博之不得，名曰微。""微"是"无形"之义，是用手捉摸不到的，所以谓之"微"，可谓名如其人。

问学朱绍禹

朱绍禹先生谢世而去，悠忽已经多年了。今天，我重读先生生前给我的几本书，如烟往事浮现眼前，心中充满悲悼之情。

先生是我国著名的语文教育家，是我国第一代语文教学法专家，是当代语文教育理论研究的一代宗师，是改革开放以来我国语文教育战线的一面鲜艳旗帜。

早在 20 世纪 70 年代末，我就听说了先生的大名，那时我刚到县教研室负责全县小学语文教研工作。一次，我领着几位语文老师到长春市解放大路小学听课，该校的校长牟丽芳就给我们介绍过先生，说他是东北师范大学的教授，是研究语文教学法的专家，是解放大路小学的首席顾问。从此我便记住了朱绍禹的名字。后来，在很多著名的语文报刊上经常看到先生的大名，拜读了先生的一些文章，心中的印象就更深刻了。

我喜欢买书，40 多年前的新华书店图书非常少，教育理论方面的书籍几乎看不到。1980 年初秋，我去北京开会，在王府井新华书店买了一本人民教育出版社刚刚出版的《中学语文教学法》，我如获至宝。翻到扉页一看，第一统稿人是朱绍禹。回到家里，我把这本书认认真真地读了三遍。《中学语文教学法》是粉碎"四人帮"后第一部文科教材，这部教材作为新时期学科建设的开端，填补了新时期本学科领域的空白，为后来的教材建设提供了良好的先例，因而被称为继往开来的教材。

后来，我的书架上又摆上了几部先生的专著，如《中学语文教育概说》《语文教育学》等。这些著作阐述了他对语文教学法学科和中学语文教学中一些基本问题的观点和主张，展示了他多年的研究成果。

　　1991 年 10 月，我从一本杂志上看到一则书讯，延边人民出版社出版了《语文教育辞典》，主编是朱绍禹。我立刻给延边人民出版社写信求购，结果泥牛入海无消息。无奈，我只好斗胆给朱先生写了一封短信，请他帮忙。不久，先生便回了信，说："《语文教育辞典》售罄，再版时定能满足你的需求。"半年后的一天中午，我正在办公室里吃午饭，收发室的曹老师喊道："白金声，邮件！"我放下筷子，三步并作两步跑到楼下，打开邮包一看，原来是一本《语文教育辞典》。在书的扉页上，先生用毛笔工工整整地写了四个字"金声存念"。我手捧着这本书，望着书上的题字，不禁热泪盈眶。先生是我国语文教育界继叶圣陶、吕叔湘、张志公之后的又一位杰出学者，他的名字对我来说是"高山仰止，景行行止"的，没想到对一个素不相识的晚辈竟这样关心，让我受之有愧。

　　2003 年 12 月 24 日，我去长春参加全国小学作文教学改革与创新成果观摩会。会议是由中央教育科学研究所课程教学研究部、上海师范大学小学语文教学研究中心主办的，地点设在长春市净月潭旅游经济开发区的净月先锋会馆。会场布置得非常特殊，没有主席台，只设一个讲台，专家、学者和代表一律坐在台下。开幕式由上海师大吴忠豪教授主持，他首先介绍来宾："出席今天会议开幕式的来宾有：教育部中小学教材原审定委员、东北师范大学教授、学界泰斗、德高望重的朱绍禹先生。"这时，坐在前排的一位长者站了起来，回过身来，微笑着向我们挥手示意，会场顿时爆发出雷鸣般的掌声。只见他高高的个儿，穿着一件深色的夹克衫，围着一条蓝色格围脖，腰板挺直，头发花白，精神矍铄，面容慈祥。仰慕 20 多年的先生，没想到今天终于见到了，我多想走到他的跟前，握一握这位从事语文教育实践和理论研究的泰山北斗的手。可惜，我只参加了半天会议便因故离开了长春。

　　时隔三年，也就是 2006 年 12 月 16 日，我终于如愿以偿。上午 9 时，我拎着一箱鲜奶，敲开了老先生的门。他热情地把我让进了客厅，又泡上了两杯咖啡。我们一边喝着清香的咖啡，一边聊着新理念下的语文教学。

先生说，新课改实施以来，老师们以高度的创新精神投身实践，涌现出很多新做法，给语文课堂带来了新的气息。首先，教师在教学活动中的角色发生了明显的变化，从"台前"退隐到"幕后"，成为学习活动中的策划者和组织者。教师注意创设民主、和谐的教学氛围，尊重学生独特的情感体验，尊重不同层次学生的学习过程。课堂上，学生有了更多的时间去读书、思考、讨论问题，拥有了自主学习的权利。其次，教师注重引导学生参与学习过程，教学的方式发生了很大变化。除了听说读写，教师还根据不同的学习内容，让学生演一演，做一做，听一听，看一看，给学生提供了体验、创造、发挥的机会，调动了学生学习语言的积极性，使学生在实践中学会学习。除此之外，学生的质疑问难，课外资料的引用，多种媒体与教学内容的整合等，都打破了传统课堂单一、静态、平面的结构形式，使课堂活跃起来。所有这些，都是对以往语文教学的改革，为我们的语文课堂吹来了徐徐春风。然而，在令人欣喜、让人振奋的同时，也出现了一些与新课程理念"形似神异"的现象。我们看到一些语文课上，太多的资料补充、太多的媒体演示、太多的小组讨论、太多的片面追求形式的做法，大大降低了语文学习的效果。一些青年教师甚至"走火入魔"，对西方后现代主义的一些思想观点接受很快，而对我国语文教育的历史了解不多，错误地认为后现代课程论是教改依据的基本理论。因而，教学中出现了轻视语言的工具性，一味挖掘文本的人文内涵，文本没有完全读懂便天马行空式地倾谈、发散、拓展，以课件代替学生潜心读书等现象。

我接过话题说："语文新课改喜忧参半，成绩多多，问题也不少，那么我们到底应该怎样教语文呢？"

先生喝了一口咖啡，大声说道："我们要如实反思昨天，自信面对今天，理智掌握明天。语文课到底应该怎样教，从不同的角度去看，会有很多不同的说法，但我认为，至少可以从以下几个方面来思考。第一，是否体现了学科的本质。语文姓"语"名"文"字"实践"，语文课不能离开"学语习文"，要有语文味；要动情朗读，静心默读，要圈点批注，品味词句，要动笔书写，积累感悟。第二，是否体现了以学生发展为本。语文课应关爱学生的生命发展，让学生学有所获；或获得知识，习得方法，或触动情感，提升人格。第三，教学手段是否有效。教学手段的运用应为学生的语文学习服务，现代信息技术手段和常规教学手段各有所长，要根据需要和可能，恰当选用。教学中应处理好手段与目标，手段与内容之间的关系。第四，是否拥有较强的资源意识。充满活力的语文课，应是灵活应变，因势利导，充满智慧与创新的。语文教师应有较强的资源意识，能够随时抓住教育的资源，创造充满活力的课堂。第五，教学是否充满个性。语文课应该是个性化的，有特色的。由于教师的性格、习惯、阅历不同，学生的班情、学情不同，上课应因地制宜，因人制宜，因时制宜，彰显师生个性和优势，不求完美，但求有所突破。"

朱先生越说越激动，两只手不停地在颤动。

我说："从先生的精辟话语中我们是否可以得出这样的结论，好的语文课一定是工具性和人文性有机统一，继承与创新走向融合，教师主导与学生主体浑然一体。我们要简简单单教语文，本本分分为学生，扎扎实实求发展。"

先生笑了。

这时房门开了，走进一位满面红光的老太太，也是高个，身体特别硬朗，我猜她一定是先生的夫人吴素贞老师。我判断得非常正确。吴老师热情地说："午饭我安排好了，一会儿咱们到外面去吃。"说着她便和先生进了卧室。此时我仔细观察了先生的客厅，先生的客厅特别简朴：一组旧沙发，一个小茶几，屏风架上放着几块观赏石，沙发的对面立着两个大书橱，一个书橱装着《宋史》，另一个书橱放着各种工具书。

先生和吴老师正在房间里说话，从说话中我才知道，明天是朱先生85岁大寿，家人们正忙着给他过生日。此时此刻，我有点坐立不安，午饭坚决不能吃，不能给先生添麻烦，得马上走。先生和吴老师走出来，见我要走的样子，急忙拽着我的手，再三挽留。我撒谎了："我是下午一点半的火车，来不及吃饭了。"先生信以为真，就把我让进他的书房。嚯，好大呀！书房里除了一张写字台，其余的地方都是书架和书橱，地上也摆满了书。先生从书柜里取出两本书，一本是《朱绍禹文存》，另一本是《朱绍禹语文教育思想研究论集》，签上他的名字递给我说："留个纪念吧，以后常联系，欢迎再来做客。"双手捧着这两本书，面对平易近人、热情宽厚、著述宏丰的前辈，我心潮起伏，眼睛湿润了。

　　哲人其萎，风范长存。我要永远记住先生对我的帮助，以先生为榜样，在小学语文教学这个领域继续探索，不因退休而停止前进的脚步。

记忆李伯棠

提起李伯棠，现在的一些青年教师恐怕对他还不熟悉，有必要先来简单地介绍一下。

李伯棠是我国著名的语文教育专家，曾担任过全国小语会第一届理事会理事。他1911年生于江苏武进，早在民国时期就出版了各类教育著作，如《单级教学法》《二部制教学法》《分组教学法》《小学高年级国语教学手册》《小学低年级常识教学手册》等。中华人民共和国成立以后，他任教于华东师范大学教育系，长期教授"语文教材教法"课程，毕生致力于小学语文教学研究，曾获上海市高校哲学社会科学研究优秀成果奖。

在我的书房里，珍藏着几本李老20世纪80年代出版的著作。这些著作分别是《小学阅读教学试探》《小学阅读教学漫谈》《小学阅读教学漫谈（续编）》《小学语文教学散论》和《小学语文教材简史》。重新捧读这几本书，我进一步明确了李老的语文教育思想和理论。在教学方法上，他主张：语文课就是教语文的课，要把语文课上成真正的语文课。教学方法要因文而异、因人而异，并关注阅读教学的阶段性、连续性和整体性。在阅读教学中，强调多读、精讲、巧练，旨在"加强基础，培养能力，发展智力"。要抓住文章的思路组织教学，把课上得既"实"又"活"。

1982年年初，李老退休了，他不惮年迈，经常应邀到全国各地讲学，参加各种语文教研活动。在《小学语文教学散论》前言中，他写道："我是一个年逾古稀的小学语文教学研究工作者，虽已老朽，然值此盛世，为振兴中华而发挥余热，岂敢后人？莫道桑榆晚，夕阳分外明。"

在北京，李老听过霍懋征的课，称霍懋征一学期教95篇课文，将一把金钥匙交给了孩子们，此方法难能可贵；在南京，李老听过斯霞的课，称斯霞随文识字生动活泼，不同凡响，此经验弥足珍贵；在上海，李老听过袁瑢的课，称袁瑢教学得法，引导有方，点燃了孩子智慧的火花，此举值得称道；在天津，李老听过靳家彦的课，称靳家彦的课是"教方法""用方法"的课，让学生自行探索阅读方法这一经验，值得推广；在南通，李老听过李吉林的课，称李吉林运用情境教学法进行语文教学，孩子们如临其境，如见其人，如闻其声，妙极了。

1985年，在徐州空军后勤学院礼堂，听了于永正《草》后，李老按捺不住激动的心情，撰写了一篇评析文章，题为《寓庄于谐，妙趣横生，教得轻松，学得愉快》。文章说："这堂古诗教学实践课的特色，可以用'寓庄于谐，妙趣横生，教得轻松，学得愉快'这16个字来概括。"赞扬于永正的课，有趣——情趣盎然，有味——回味无穷，有奇——出乎意料。

贾志敏有一篇文章，题目是《"还是读得太少"》。主要内容是讲，20世纪70年代初，李老不顾年迈，经常横跨上海，听他的课，听完后，会提出一些改进意见。李老话语极少，常用地道的常州话反复说："还是读得太少！文章是白话文，学生一读就懂，何必分析来分析去的？要留出时间让学生多读课文。"当时，贾志敏对李老的话语有些不解。日后，越来越体会到李老语重心长，一语中的。

李老呼吁了整整半个世纪：课堂上要"书声琅琅"，然而，至今收效甚微，阅读课上要少一点"烦琐分析"和"无效提问"，需要的恰恰是"书声琅琅"和"议论纷纷"。多读，是我国语文教学中行之有效的传统。李白之所以能"日试万言，倚马可待"，是由于他"五岁诵六甲，十岁观百家"。杜甫之所以"七龄思而壮，开口咏凤凰"，也是由于他"群书万卷常暗诵"。这个传统，我们应该继承和发扬下去。

1982年冬天，我带几名老师到上海参加教研活动，活动结束后，一起去拜访李老。我们来到上海金沙江路华东师大二村，轻轻叩开了82号房门，李老忙从书房里走出来，握手，让座，沏茶。满屋的温馨转瞬间消除了一路上的寒意。

记得我们向李老请教的是阅读教学问题，他谈兴颇浓，具体讲了多读、精讲、巧练，有些内容至今我还记忆犹新。

他说，整个阅读教学的过程，是读、讲、练三者有机结合的统一体。正确处理好这三者之间的关系，是提高阅读教学质量的关键。

第一，要多读。在阅读教学中要千方百计引导学生读书，对于精彩的段落，要求学生能熟读成诵。文章读熟了，甚至会背了，那么作者的语言，经过咀嚼消化，就变成了学生自己的语言；学生会在反复的吟诵中逐步地掌握文章的词法、句法和章法。

第二，要精讲。要求做到精确、精当、精要。精确，就是要讲得准确，不含糊其词，更不能讲错；精当，就是要讲得恰当，学生懂了的知识不必讲，要讲他们难以理解的知识；精确，就是要讲得简明扼要，要富于启发性，不要节外生枝，也不要拖泥带水，更不要海阔天空，开"无轨电车"。

第三，要巧练。百闻不如一见，百见不如一练。这句后面，要补充一句"多练不如巧练"。我们在进行阅读教学时，应该根据重点训练项目的要求，紧扣课文内容，精心设计课堂练习，加强练习的科学性，反对"题海战术"，不能给学生造成过重的课业负担。

接下来，李老给我们讲了个教学案例。有一位老师教《十里长街送总理》，考虑到本班学生的朗读能力比较强，而且都喜欢朗读，于是他在备课时就大胆地突破了阅读教学的一些框框，把教学活动的主要精力，放在指导学生朗读上。结果，学生在朗读的时候，各个读得声音哽咽，泪痕满面。这说明周总理的崇高品德和光辉形象，已经深深地感染了每一个学生，他们对周总理的不幸逝世，都感到万分悲痛。声音哽咽，泪痕满面，就是学生的真情流露，教学这篇课文可以说已经收到了很好的艺术效果。在这样的情况下，如果教师再照老一套的方法去逐字、逐句、逐段地分析，必然会破坏文章的气氛，削弱文章的感染力，结果分析来分析去，学生必定情绪大减。这样的分析，就叫画蛇添足，多此一举。

对此，我们有同感，不能把教学方法公式化、凝固化，要因课而异，因材施教。

谈话间，李老问我们读没读过《红楼梦》，我说在生产队干活的时候读过。他说，多愁善感、弱不禁风的林黛玉是一个出色的语文教师。我们不解，林黛玉怎么还会教书呢？于是，李老呷了一口茶，兴致勃勃地从书橱里取出《红楼梦》，口中念念有词："香菱想学诗，就拜林黛玉为师。"然后让我读书中的一段话：

"你若真心要学，我这里有《王摩诘全集》，你且把他的五言律一百首细心揣摩透熟了，然后再读一百二十首老杜的七言律，次之再李青莲的七言绝句读一二百首。肚子里先有了这三个人做了底子，然后再把陶渊明、应、刘、谢、阮、庾、鲍等人的一看，你又是这样一个极聪明伶俐的人，不用一年工夫，不愁不是诗翁了。"

我读到这儿，李老接下去说道："香菱听了林黛玉的话，果真认真地读起诗来，甚至读得入了迷。结果，她的诗还写得不差呢！林黛玉有没有把诗逐字逐句地讲给香菱听呢？没有。有没有把诗的做法讲给香菱听呢？也没有。她只是要香菱认真地读名家的诗，细心地去揣摩，揣摩熟了，也就会作诗了。所以，香菱作诗，是自己读会的，而不是人家教会的。香菱学诗的故事，给了我们什么样的启示呢？请大家回答。"

在李老的启发下，我们七嘴八舌地讨论开了，一直到华灯初上，才恋恋不舍地离开李老的寓所。

有一年，黑龙江省牡丹江市教育科学研究院承办了一个全国性的小语研讨会。那是个夏天，北国的镜泊湖山清水秀，气候凉爽。会后，我的朋友李守仁让我陪同几位专家游湖，专家中有李伯棠、张田若、刘曼华等。在吊水楼瀑布前我与李老留下一张合影，那时，他 80 多岁，满头银发，上身穿着一件灰色中山装，在飞流直下瀑布的衬托下，显得格外精神。

1982年，李老在《小学阅读教学漫谈》一书中写道："我从事小学语文教学的研究工作，已逾半个世纪，在语文教学战线上，可算得上是一个老兵了。既然是老兵，就要退伍。但是当我看到祖国四化建设锦绣前程的时候，当我看到小学语文教学战线春色满园的时候，我的心情是难以平静的。我虽然退伍了，但仍愿继续与广大小学语文教学工作者并肩战斗，为我国小学阅读教学的改革工作开创一个新的局面而贡献我的有生之年。"

这铿锵有力的话语，犹如吊水楼瀑布轰鸣的声音，令人鼓舞，让人振奋。如今我已退休了，但没有赋闲在家，也愿将余生化作一条春蚕，为小语事业直到把丝吐尽为止。

三位大先生

全国小语界的老生代，有三位女性——斯霞、霍懋征、袁瑢。天津特级教师杜蕴珍称斯霞为大姐，霍懋征为二姐，袁瑢为三姐。在我看来，这三位都是大先生。

1980 年 7 月。

大连。

全国小学语文教学研究会在这里成立了，大家欢欣鼓舞，奔走相告。因为此乃小学语文教师最高的群众性学术组织，它的诞生，怎能不让人高兴？这次大会选举产生了第一届理事会。在 22 名常务理事中，南京的斯霞、北京的霍懋征、上海的袁瑢都是新中国成立后第一批特级教师。故人恰似庭中树，一日秋风一日疏。如今，这三位小语界的大先生都相继过世了，她们是一个时代的符号，整整影响了三代人。

大姐——斯霞

我们教学的对象是活泼的人，是有思想个性的人。看不到这点，就会把儿童当成装灌知识的容器，儿童就会处在被动的地位。这无论对他们今天的学习还是对他们以后的发展都是不利的。尊重儿童是教育儿童的前提，教学民主是教师敢于正视自己工作中缺点错误的表现。在平等、民主的气氛中，我们的儿童少年才能真正成为学习的主人，学校的主人，社会的主人。

——斯霞

我认识斯霞，始于 1983 年，不是她本人，而是一本书。那一年，烟花三月，我到昆山听课，顺便去了上海教育出版社，拜访《小学语文教师》编辑部谈鸿声编辑。告别时，谈编辑从书架上取下一本带有油墨香的新书送给我。他说："这是我社刚刚出版的斯霞老师写的《我的教学生涯》，值得一读，送给您，留作纪念。"

《我的教学生涯》这本书，确实值得一读。

斯霞，1910 年出生于浙江诸暨，1922 年就读于杭州女子师范学校，1927 年毕业后，先后在绍兴、嘉兴、萧山、杭州、南京等地小学任教。中华人民共和国成立后，加入中国共产党，曾被评为全国三八红旗手、全国劳动模范，当选过全国人大代表。1978 年，她被任命为南京市教育局副局长，她坚辞不受。她一辈子从事的就是备课、上课、批改作业等"低层次"的小学语文教学，可能没有想过成名成家，但她却达到了小学教育的极高境界，被誉为"小学教育界的梅兰芳"。她坚持着自己的"童心母爱"和"分散识字法"，一辈子，一件事，一直站在讲台上，直到 85 岁才从南京师范大学附属小学退下来。她生前最常说的一句话就是"我为一辈子当小学教师而自豪"，并把这句话镌刻在自己的墓碑上。

李镇西这样评价斯霞："我一直把斯霞视为教育界的冰心：一样的童真，一样的纯净，一样的温柔，一样的坚韧，一样的淡泊名利，一样的香远益清。这样的老师，不，这样的人，现在对我们的民族来说已经非常珍贵了！"

我喜欢斯霞的语文教学，读过她的许多课堂纪实，斯霞的语文课就像陈年老酒，让你回味无穷。请看斯霞教"祖国"。

"祖国"这个概念，对一年级小学生来说，实在不好理解，那么斯霞是怎样引导儿童学习的呢？

师：什么叫"祖国"？

生：祖国就是南京。

（好多学生都笑了，知道祖国不是南京。）

师：不要笑。祖国就是南京吗？不对！南京是我们祖国的一个城市，像北京、上海一样。大家再想想，什么叫祖国？

生：祖国就是一个国家的意思。

师：噢！祖国就是一个国家的意思。对吗？

生：不对！（答声中也有说对的）

师：美国是一个国家，日本也是一个国家，我们能说美国、日本是我们的祖国吗？

生：不能！

师：那么，什么叫祖国呢？谁能再说一说？

生：祖国就是我们自己的国家。

师：你说得对，祖国就是我们自己的国家。我们的爸爸、妈妈、爷爷、奶奶，祖祖辈辈生长的这个国家叫祖国。那么，我们的祖国叫什么名称呢？

生：我们的祖国叫中华人民共和国。

师：对了，我们的祖国叫中华人民共和国。我们大家都热爱我们的……（故意停顿一下，让学生接下去）

生：（齐）祖国！

　　六七岁的儿童，知识有限，生活经验匮乏，他们的思维特点总是比较具体的、直觉的。斯霞一方面通过局部和整体的关系来指导儿童认识"南京不是祖国，而是祖国的一部分"，另一方面又针对另外一个儿童的回答"祖国就是国家"因势利导，她通过比较、对照法，使儿童自己认识到自己的理解不够确切。儿童的经验是有限的，当他们已有的知识不足以解决面临的问题时，也正是他们的求知欲望被调动起来的时候。斯霞不失时机地帮助他们从自己熟悉的生活内容中去理解祖国这个概念，使儿童将平时熟悉的生活和"祖国"比较抽象的概念联系起来了，也使儿童把"祖国"和"国家"这两个词义相近、容易混淆的概念清楚地区分开来了。就这样，斯霞通过短短的几句谈话，不仅帮助学生迅速而又确切地掌握了"祖国"这个比较抽象的概念，而且也培养了他们从具体到抽象的初步概括能力，引导了儿童对这个词由具体到概括的理解。从模糊不清的认识到明确清晰的掌握，只花了几分钟，真是太妙了。

2017年清明节前夕，我去了南京。在鸡鸣寺旁、北极阁下，我手持一束鲜花，驻足了很长时间。我来南京师范大学附属小学，主要目的是缅怀敬业爱生的斯霞先生。在鲜花翠柏环绕的汉白玉斯霞塑像前，我一鞠躬，再鞠躬，三鞠躬，表达对先生不尽的思念之情。先生"捧着一颗心来，不带半根草去"。奉献是教师的天职，作为后人的我，更应该在教育这块圣土上不断耕耘，以生命的投入，爱语文，爱孩子，爱事业，薪火相传，终其一生！

二姐——霍懋征

教学是师生之间的双边活动。如果仅有教师"教"的积极性，而没有学生"学"的积极性，教学的效果就得不到保证。我们切不可把教学看成一种智慧的漏斗，只是把知识从教师的头脑中灌输到学生的头脑中去。知识不能机械式传递，教师只能提供知识，推动学生去思考、去实践，使之逐步转化为能力。在课堂教学中，指导学生展开议论，就是推动学生去思考、去实践的一种好方法。

——霍懋征

霍懋征，被周恩来总理称为"国宝"，被温家宝总理称为"把爱心献给教育的人"，被国务委员刘延东称为"教育大家"。

她，1921年出生于山东济南。1943年毕业于北京师范大学数理系。她开创了我国高学历人才从事基础教育事业的先河，自愿到北京第二实验小学任教，先后担任数学教师、语文教师、班主任、副校长等。她1998年退离一线工作后，依然关心青年教师的成长，到农村，到西部，传经送宝，成为新生代教育工作者的朋友和导师。她担任过中国教育学会常务理事，全国教育科学规划领导小组成员，全国中小学教材审定委员会审定委员，全国政协常务委员。

"教育之没有感情，没有爱，如同池塘没有水一样。没有水，就不成其池塘；没有爱，也就没有教育。"霍懋征爱每一个孩子，她爱学生甚至胜过爱自己的孩子。北京第二实验小学原领导褚连山曾讲过这样一件事：1962 年 6 月，医院通知学校转告霍懋征，她住院的女儿病危。当时霍懋征正在上课，听到女儿病危的消息，仍坚持把课上完。待她赶到医院时，女儿已经病故。大家百般安慰，她悲痛地说："我爱我的女儿，我也爱我的学生，我不能因为女儿一人，而耽误 40 个孩子的学习。"

繁霜尽是心头血，撒向千峰秋叶丹。

2010 年 2 月 20 日，教育部发出了《教育部关于教育系统向霍懋征同志学习的通知》，号召全国广大教师和教育工作者学习她终身从教、矢志不渝的坚定信念；学习她以爱执教、文道统一的教育思想；学习她孜孜不倦、勇于进取的创新精神。

1985 年，霍懋征出版了《小学语文教学经验谈》。叶圣陶先生在序中写道：

> 霍老师有高深的学养，而坚持从事小学教育工作，数十年如一日，为改进小学教学做出了成绩。我不仅对她表示敬佩，并且认为她用事实来证明了我的愿望：在小学阶段打基础的工作十分重要，必须下大功夫用大力量把它做好。

霍懋征教艺精湛，具有非凡的教育智慧。

这是一节一年级语文课。她问学生："你们愿意做聪明的孩子吗？愿意的，请举手！"霎时间，每个学生都争先恐后地举起了小手。接着，她告诉学生："每个人都有四件宝，如果学会了运用这四件宝，人就会聪明起来。这四件宝是什么呢？我暂时不讲，先让你们猜几则谜语。"于是，她请孩子们猜了四则谜语。

三位大先生

"东一片，西一片，隔座山头不见面。"谜底是"耳朵"。"上边毛，下边毛，中间一颗黑葡萄。"谜底是"眼睛"。"红门楼，白门槛，里面有个嘻嘻孩。"谜底是"嘴"。"白娃娃，住高楼，看不见，摸不着，缺了它就不得了啦！"谜底是"脑"。每当孩子们猜中一则谜语以后，她就要学生讲讲这个人体器官的作用。同时，霍懋征说，在上课时，要仔细看，不要东张西望；要认真说，不要随意说话。总之，要多听、多看、多想、多说。在猜谜语之后，她就剖析字形说："'聪'字，左边是耳朵的'耳'；右上方是两点，代表两只眼睛；右边中间是'口'字，就是嘴；右下方是个心，代表'脑'。这四件宝合在一起，正好是个'聪'字。'聪'字后边所以加个'明'字，是因为对这四件宝，要天天用，月月用，天长日久，你们就会聪明起来。"翌日，霍懋征上课时问学生道："四件宝，都带来了吗？"同学们昂首大声道："带来了！"

在这个教例中，自始至终都有老师和学生的情感活动，这是无情却有情的。霍懋征用儿童化的言语教"聪明"，诱发儿童的兴趣和智慧，产生了情知交融的课堂气氛。通过这个教例，可以具体而微地了解到霍懋征教学的创造性，真是令人叹为观止。教学中如果只强调学习知识，而忽视情感的培养，往往使学生产生厌学、冷淡，缺乏信心等消极情绪。消极情绪会干扰学习知识，影响品德和健康。霍懋征深知消极情绪的影响，恰当地处理了知识与情感的关系，真正达到了教学无痕的境界。

霍懋征勤奋耕耘一生，在语文教学中，她留下了这样一些朴素的主张和思想：

　　一句名言——没有爱就没有教育。

　　两个统一——工具性与人文性的统一，科学性与艺术性的统一。

　　三好原则——课前预习好，课堂学习好，课后复习好。

　　四要方针——速度要快，数量要多，质量要好，负担要轻。

　　五多方法——多读，多想，多听，多问，多练。

我曾多次聆听她的学术报告，也曾多次观摩她的课堂教学，还曾当面受过她的谆谆教诲。我还清晰地记得，1979年11月，黑龙江省小语会在哈尔滨召开千人大会，研讨阅读教学问题。那时，我初出茅庐，青涩得很。19日晚饭后，我受领导的委托，去北方大厦给张田若老师送录音机，在走廊里遇见了先生。我们彼此寒暄了几句，她说："你是少壮派，当教研员不能浮躁，要立足课堂，多读书，勤思考，常动笔。"听了这些勉励的话，敬仰和爱戴之情油然而生。我觉得人大凡都一样，对他尊重的人的话特别爱听，也特别愿意去照着办。从那以后，我教学、科研、笔耕三管齐下，把整个身心都扑在工作上。十年耕耘，十年收获。1988年，我终于成为了一名特级教师。

三姐——袁瑢

今天我们的学生，明天是建设社会主义强国的主力军、生力军，他们将肩负建设四个现代化的历史重任，他们要干的是前人没有干过的事，所以他们必须具有独立的具有创造性的学习能力和工作能力。只有这样，才能胜任党和祖国人民交给他们的重任。根据我们对人才的要求，必须在加强基础知识教学的同时，注意从小培养他们的能力，发展他们的智力。

——袁瑢

袁瑢是一个不断创造辉煌的人。她，31岁被选为第一届全国人民代表大会代表，在北京中南海怀仁堂讨论通过国家宪法；她，37岁出席全国文教战线群英大会，与刘少奇握手的照片被登在全国各大报纸上，之后，又代表中国妇女参加了国际妇联在维也纳召开的国际会议；她，61岁当选为中国教育学会小学语文教学专业委员会副理事长。

有人说，袁瑢的名字，就像一块闪光的宝石，一直保持着美丽的光泽。这是为什么？纵观袁瑢几十年的教学生涯，可以用她自己的一句座右铭来概括，那就是"教学不止，探索不停"。

　　1923 年，袁瑢出生在江苏省南通市一个职员家庭。新中国成立前，她上了大学，学的是化学专业，后来因病，辍学在家休养。1949 年 5 月，上海解放了。第二年春天，她在上海万竹小学当了代课教师。

　　袁瑢踏上教育岗位前从未接触过教育学、心理学之类的书籍，因此要上好课，做一个称职的老师，遇到的困难是可想而知的。为了上好第一课，她不知费了多少时间，一遍又一遍地抄写教案。上课的前一天晚上，她还捧着书本在试讲。尽管这样，那第一堂课还是上得很糟糕，内容讲完了，一看表，离下课还有半小时时间。怎么办呢？只得呆呆地站在讲台上，不知所措。而台下，学生却一个个"活跃"起来了。

　　然而，正是从这第一课开始，她心里升起一个强烈的愿望：一定要把书教好！她读的第一本启蒙书是《小学教育典型经验介绍》，这是一本介绍老解放区模范小学教育工作者典型经验的书。她一遍又一遍地读着，联系自身教学和学生的实际，对照着，思考着，实践着，力求使它成为自己的东西，并总结出更好的经验。

　　中华人民共和国成立后，袁瑢一直在上海市实验小学教语文、当校长。

　　宝剑锋从磨砺出，梅花香自苦寒来。经过多年的实践，袁瑢形成了自己的语文教学风格：细、实、活、深。所谓"细"，就是她教学的每一步骤都很细腻而具体，能由浅入深，由易到难；所谓"实"，就是实在而不浮夸，处处立足于使学生"学有所得"；所谓"活"，就是在传授知识中能注重启发引导，实中寓活；所谓"深"，就是讲课具有一定的深度，即使简单的知识，也不使学生浅尝辄止。正如有的老师说，袁瑢的语文教学就像工笔画那样，精绘细描。刻画入微，使你从中体味到每一笔每一画都扎实分明；又像春蚕吐丝那样，细细地抽出，于细小处见深邃，于细腻中见灵活。而这种"灵活"，不在课堂教学的表面，而包含在传授知识的过程中间。

　　小学二年级有一篇语文课文，题目是《狼和小羊》。课文讲的是狼寻找各种借口想吃掉小羊的故事，说明一个人要为非作歹，总是蛮不讲理找借口的。对凶残蛮横的敌人，靠讲道理是行不通的。课文用"故意找碴""气冲冲地""龇着牙""逼近小羊""大声嚷道""扑去"等词语写出了狼的凶狠蛮横；用"吃了一惊""温和地说""可怜的小羊喊道"等词语写出了羊的善良与无辜。这中间描写外形动作的词，学生容易理解，而像"嚷""喊"所表现的形象差异，学生就不易体会。袁瑢在教学中，启发学生想象，把抽象的文字变成一幅具体形象的图画浮现在学生的脑海里，从而让学生体会词语的内在意思。她是这样教"喊"字的：

　　师：狼蛮不讲理，第一个碴儿被驳倒了，便想找第二个碴儿。你们看看书，狼找的第二个借口是什么？
　　生：狼说："你总是个坏家伙！我听说，去年你在背地里说我的坏话！"
　　师：对，"可怜的小羊喊道"（板书："可怜""喊"），想想，这时小羊为什么"喊道"，小羊是怎么想的？
　　生：小羊心里很吃惊。
　　师：哦，前面已经吃了一惊，现在又吃了一惊。
　　生：这时候，小羊心里很着急，因为狼说小羊去年在背地里说它的坏话，可小羊那时还没生出来呢，所以小羊心里很着急。
　　师：对，小羊心里急了。
　　生：因为狼冤枉小羊，所以小羊要"喊"。

　　在这里，袁瑢把"喊"字放在上下文的联系中让学生来理解、体会，她促使学生想象小羊在这时是怎么想的，从而赋予了"喊"字以具体形象的思想感情。有了这个基础，就可以从比较中引导学生体会"嚷"和"喊"的不同含义。从这里，我们可以得到启发，要发展形象思维必须十分重视想象。通过想象可以把抽象的文字变成活生生的形象，可以加深学生对课文的理解并带来情绪上的感染。从这个教学片段中，我们可以领略到袁瑢"细、实、活、深"的教学风格。

　　我和袁瑢只见过一次面，且近在咫尺。1991年，枫叶红了的季节，她来到哈尔滨，在黑龙江省教育学院做了一场报告，人气爆棚。当谈到小学语文教学存在的弊端时，也许是过于激动，她从座位站起来，手拿话筒，大声疾呼："语文课是什么？语文课就是读书课，学语文不是做卷子！"话音刚落，顷刻间，我使劲地为她鼓起掌来。如今，先生走了，到天国里去享受那静待花开的日子。

想起朱作仁

日前，偶翻相册，看见一张略微泛黄的老照片。这张老照片摄于1996年11月浙江省台州市黄岩区樊川小学。教学楼朱熹塑像前站有两个人：一个是我，身着浅灰色夹克衫，胸戴"全国农村小学作文教学研讨会"代表证；另一个则是全国小语界大名鼎鼎的朱作仁先生，他，西装革履，笑容可掬，一派学者风度。

看见这张老照片，我想起了与朱先生交往的几件事情。

朱先生生前为杭州大学教授，兼任浙江省小学语文教学研究会理事长、全国小学语文教学研究会常务理事暨学术委员会副主任等职。他长期从事教育心理学、语文教学心理学与教学法等课程的教学和研究。率先在全国高校开设"语文教学心理学"课程，开拓了语文教学心理学与教学法相结合的道路，是改革开放以来小学语文教学心理学系统研究的开创者。

我读朱先生的著作是比较早的。1984年，他在黑龙江人民出版社出版了《语文教学心理学》，这本书对我的教学研究工作帮助很大。那时，我当小学语文教研员刚刚五年，初出茅庐，指导老师语文教学，就现象说现象，都是经验型的，缺少理论支撑。读了朱先生的这本著作，我才明白，语文教学心理学是学科教学心理学的分支，它是分析和研究学生在掌握汉语言文字过程中的心理特点和规律、探讨语文教学与学生心理发展相互关系的一门学科。语文教学法主要解决的是怎样教的问题，而语文教学心理学主要解决的是为什么这样教的问题。"心理学之于教师，犹如病理学之于医生"，教研员如果不懂心理学，就难以有效地指导老师的教学。

毛泽东指出："读书是学习，使用是学习，而且是更重要的学习。"我一边研读《语文教学心理学》，一边注意在语文教研中加以运用，并且积累了大量的数据和案例。12 年后，也就是 1996 年，在读书笔记的基础上，我的《小学语文教学心理学》问世了。由黑龙江教育出版社出版的这本书，被列为黑龙江省小学语文教师继续教育的教材。可以说，我的教育科研水平的提高，直接受益于朱先生的理论指导。现在回想起来，当时的读书情景还历历在目。

20 世纪 90 年代初，中央教育科学研究所成立了农村小学作文研究课题组，组长为张田若先生，我忝列其中。"农村小学作文研究课题组"，顾名思义，是农村小学语文教师研究农村小学作文教学的民间组织。课题组每年召开一次年会，会议由作文教学研究成果比较突出的县城小学承办，邀请全国有志于农村小学作文教学研究的老师参加。作为课题组成员，我先后到过江阴、灵璧、龙口、丹阳、黄岩、凤城、金湖等地参观学习，并和与会成员进行了广泛交流。

朱先生特别关心农村小学作文教学。只要时间允许，他都莅临会议，不是做报告，就是搞讲座，深受与会代表的欢迎。在我的记忆中，他讲过"儿童习作过程中的心理特点及写作指导""重视形象思维在学生习作训练中的作用""模仿的理论与小学作文教学实验""关于开展小学作文教学研究的几个问题"等。他的报告或讲座，高屋建瓴，深入浅出，理论联系实际，很有指导意义。尤其对我来说，得先生耳提面命，获益匪浅，至今记忆犹新。

先生反对小学作文教学文学化、成人化、简单化的倾向，认为小学作文教学是一种对小学生进行初步的书面习作训练，属于练笔的性质，要求不宜过高、过难、过急。过高、过难、过急违反儿童心理特点，违反作文教学规律，欲速则不达。

一次小组讨论，我就《透视小学作文教学的"八无"现象》进行了发言。我说，小学作文教学与研究，我们的前辈做过长期的努力，创造了丰富的理论和经验。中华人民共和国成立以来，特别是改革开放以后，广大教师在教学实践中不断探索，获得了可喜的成绩。但是，从总体上看，目前作文教学仍然是小学语文教学中的薄弱环节。有人说，在全国小语界，阅读教学轰轰烈烈，作文教学凄凄惨惨，此话并不为过。影响作文教学效率的一些"根深蒂固"的问题，仍然没有得到很好的解决。作文教学"费时低效"的症结在哪呢？那就是：学科无地位，大纲无细目，教学无课本，教材无序列，时间无保证，老师无方法，学生无兴趣，评价无标准。

讲到这，先生带头给我鼓掌，他摘下眼镜，连声说道："我同意白金声的看法，我同意白金声的看法。作文教学是语文教学的'半壁江山'，那么，我们应该怎样解决这个问题呢？这是个重大的课题，需要几代人去努力。"

时间过去了 20 多年，作文教学"费时低效"的问题仍然没有得到彻底解决。学生说："作文难，作文难，提起作文我心烦。"老师抱怨："教作文，教作文，教了六年没入门。"作文还是语文教学的老大难问题，朱先生如果有在天之灵，他肯定会继续牵挂着这件事情的。

2002 年 8 月，全国小学语文教学研究会第六次会员代表大会暨第七次学术年会在哈尔滨召开。会议与食宿都安排在毗邻青年宫的松花江畔老干部活动中心，我是工作人员。

9 日，晚饭后，专家们在江边散步，我无意中遇见了朱先生，这是难得的讨教机会。我们拣了一条靠近滨州铁路桥的长椅子坐下，面向江面。微风中，一切都显得那样的温馨。

多次与先生接触，知道他治学严谨，率性执着，在学术研究上，"不迷心于己，不苟同于人"，是一个地地道道的进击者。时间有限，讨教点什么呢？走进新课改，小语界同人明智地提出"高效课堂"问题，不妨问一问先生对公开课的看法。

先生说，他在《教育研究》等刊物上不止一次地提出"扎实、朴实、真实"的教风问题。

所谓"扎实"，就是把语文课堂教学"扎"在语言文字训练的"实"处。思想品德教育也好，个性陶冶也好，思维能力培养也好，良好习惯的养成也好，都不是孤立的、悬空的，而是寓于语言文字的训练过程之中，并通过语言文字训练来表现和检验的，舍此别无捷径。

所谓"朴实"，就是课堂教学气氛以及教学手段和方法运用要朴实无华，不要耍花枪，不做徒劳无功之举。有实事求是、有的放矢之意，无琳琅满目、哗众取宠之心，那种在课堂上变化多端，令人眼花缭乱的现象是不可取的。

所谓"真实"，就是公开课要力求反映出教与学双方水平的本来面目。有些公开课事先苦心"排练"，花去大量的时间和精力，这在平常教学是很难做到的；有的甚至安排好答问的对象，届时，教师的问题一出口，学生即举手如林，对答如流。有的答问，连听课的大人也感到惊异，自叹弗如。

总之，真实，是课堂教学的生命；朴实，是执教者必须具备的教风；扎实，是追求课堂教学目标的必由之路。

先生的话掷地有声，切中时弊。

这时，火烧云上来了，江面上洒满了霞光，朱先生和我都变成红色的了。一列火车从桥上通过，清脆的汽笛声打断了先生的话语。他站起来，告别了美丽的火烧云，说是马上要开会了。

一晃，朱先生作古多年了。天地茫茫，古今悠悠，岁月匆匆，如今，我也过了古稀之年了。不知为什么，此时此刻，我更加珍惜那张与朱先生合影的老照片了。

印象张田若

张田若先生生于 1925 年，身体硬朗，精神矍铄，思维敏捷，是语文界的长寿老人。小学语文博物馆在杭州开馆时，张先生捐赠了不少珍贵的图书、课本、信件、照片，以及一些名人文稿手迹，并亲自担任解说员，向来宾介绍建馆情况，大家不时地报以热烈的掌声。

我初次接触张先生是在 1979 年的 11 月 19 日。记得那天嘎巴嘎巴冷，哈尔滨刚下过一场大雪，大街上，积雪足有半尺多厚，路人穿着厚厚的棉衣在雪地上行走，脚下发出咯吱咯吱的响声。

下了火车，我冒着严寒，径直地来到哈尔滨工业大学俱乐部。黑龙江省小学语文阅读教学研讨会在这里召开。开会的人很多，为了便于录音，一进会场，我便在第一排挤了一个位置坐下。会议刚刚开始，主持人一一介绍了主席台上就座的各位专家。别的专家我已经记不清了，唯独张先生的名字现在还记忆犹新。这是为什么呢？因为那天晚上，黑龙江省教育学院小学语文教研员包老师让我带着录音机迅速从华侨饭店去北方大厦，给张先生录制一个讲话材料。

包老师是我的领导，他的指示我怎能不听。于是，我穿好了衣服，戴上棉帽子，系上围脖，拎着录音机便来到了北方大厦。我轻轻地敲开了张先生房间的门，只见室内坐满了青年教师，他们正围着张先生探讨课堂教学呢。先生见我进来，急忙站起来，接过录音机，笑着对我说："您是白金声，双城小学语文教研员，非常感谢您的帮忙！"

个子不高，面容清瘦，嗓音沙哑，动作灵活，对人热情，这就是张先生给我的第一印象。

1985 年暑假，上海的高宗达邀我去塞外山城承德参加"儿童作文研究社夏令营"活动。夏令营规模虽然不大，但层次比较高，参加夏令营的有：著名教育家、原上海市教育局局长杭苇；人民教育出版社编审何慧君；北京师范大学教授高惠莹；中央教育科学研究所研究员张田若等。我和张先生同住一室，四天的时间，他的一言一行、一举一动又给我留下了深刻印象。先生每天早晨起得特别早，晚上睡得特别晚，非常忙。后来我才晓得，他是利用早晚时间修改他主编的小学新实验语文课本。那时先生已经60多岁了，为编写教材废寝忘食。

他对我说："十年磨一剑，这套教材我已经修改好几遍了，在不断试教的基础上，明年准备再版。"

我说："您主编的这套教材特点之一是集中识字，大量阅读。"

先生说："您怎么知道呢？"

我说："当然知道啦，黑龙江有不少学校使用这套教材。"

先生拉住我的手说："我给你一个任务，回去之后，利用各种机会，广泛征求意见，咱们共同把这套教材编好。"

我说："责无旁贷，这是我应当做的。"

为了不影响我休息，先生在房间里从不单独看电视，行走时脚步总是轻轻的，伏案劳作时只开一盏小台灯，每当咳嗽或吐痰时，他都悄悄地走进卫生间。

后来，我参加了全国农村小学作文教研课题组，张先生任组长。从那以后，我几乎每年都能与先生见上一面。他开会，从来不选大城市，也不选名胜风景区，多数都在县城里开。先生经常深入教学第一线，听课，研究课，指导课，帮助教师总结先进的教学经验，然后就地召开会议，推广他们的经验。在我的记忆中，黑龙江尚志、安徽灵璧、山东龙口、浙江黄岩、辽宁凤城、江苏金湖和丹阳的作文研讨会我都参加了。每次会议先生都搞一个作文成果展，都要出版一本作文教学论文集，为此，先生付出了大量心血。开会时，先生不搞排场，不搞名堂，总是简简单单的。记得在灵璧开会时，从住地到会场足足有二三里路，他从不坐车，常常和与会代表一边走路，一边交谈。那时我还年轻，脚步轻捷，但跟在先生后边，还是感到吃力。

1995 年 8 月，大连开发区教师培训中心在大连外国语学院举办全国骨干教师培训活动，应邀讲课的有：张田若、于永正、乐连珠、侯秉琛，还有我。为了不增加主办方的经济负担，每人半天，讲完就走。在预备会上，研究上课日程，张先生德高望重，大家请他先讲，一来都想聆听一下他的报告，二来先生年龄大了，让他早点回北京休息。张先生百般推辞。他开玩笑地说："各种名人辞典是按音序排列的，人代会、政协会主席团成员是按姓氏笔画排列的，咱们不要因循守旧，谁先讲谁后讲，按年龄大小排序好不好？年龄小的先讲，年龄大的后讲。"

在先生的安排下，第一个半天当然是我先讲了，因为当时我的年龄最小。我讲时，发现张先生坐在台下第一排，他一边听，一边思索，不时地打开笔记本写上几个字。

因为第二天我要离开大连，赶回哈尔滨，所以头天晚上我就来到张先生的房间征求意见。我说："蒙您器重，让我第一个上台，请先生多多指教。"张先生没有一点门户之见，更没有因为学富而显露傲气，而是以普通学者的身份跟我促膝谈心。他说："语文学习不能过早地扒皮抽筋，肢解课文，分析语法，讨论篇章结构和写作特点等，而是让学生用自己的感官和心智去触摸语言文字。真正的语文学习是让学生穿行在字字、词词、句句的'密林'中，用自己的情感和经验去感悟语言文字，沉浸其中，品味再三，用简单的词语构建一个使心灵震颤飞扬的快乐。要记住，语文教学到什么时候都要守住'双基'这道底线。如果'双基'丢了，教学内容庞杂了，教学过程烦琐了，教学形式花哨了，必然误人子弟。记住，基础不牢，地动山摇。"

与君一席话，胜读十年书，一个多小时的交谈，使我学到了许多书本上学不到的东西，更增添了对他的敬意。

后来，我买了很多先生的著作，如《小学作文教学研究》《小学阅读教学研究》《集中识字教学的理论与实践》《集中识字·大量阅读·分步写作》等。学习先生先进的教育思想，感悟先生高尚的人格魅力，使我明白了什么是大家，什么是大爱。

绍兴有个周一贯

....

有谁会想到,一个只有小学多一点文化的 15 岁男孩,在家乡当了语文先生;有谁会想到,这个小男孩后来会成为著名的特级教师,被誉为全国小语界的"常青树";有谁会想到,这棵"常青树",在近 70 年的教育生涯中,发表了 1500 多篇教学研究文章,正式出版的教育专著和读物有 170 多本。此乃世界之传奇,这个奇特的人物到底是谁呢?

绍兴,中国历史文化名城,钟灵毓秀,物华天宝,人杰地灵。这里不但是水乡、桥乡、书法之乡、名士之乡,而且还可以冠一个名——教育之乡。从越王勾践的"十年生聚、十年教训",到王阳明的《尊经阁记》,再到吴楚材、吴调侯叔侄选编《古文观止》惠播八方,以及近现代鲁迅、蔡元培、夏丏尊等教育大家的层出不穷,这里孕育了很多教育界的核心人物,可谓群星璀璨,人才济济。历史发展到当代,在古越文明的沃土中,诞生了一位基础教育的大工匠,他就是闻名遐迩的特级教师周一贯。

一、藏书万卷的"容膝斋"

1936 年,红军会师,鲁迅病逝,西安事变。就在这一年的上巳节,周一贯出生在绍兴城区宣花坊旧宅。兄弟姐妹中,他行四,当绍兴师爷的祖父根据《论语》"吾道一以贯之"的句子,给孙儿起名一贯。

1942 年,旧宅被日寇炸毁,周一贯跟随家人逃难至绍兴小皋埠村,在崇圣小学开始读书。

1949 年,周一贯考进绍兴越光中学,半年未及,学校停课,他辍学回家。

　　1949 年，中华人民共和国诞生的礼炮刚刚响过，13 岁的周一贯就参加了中国人民解放军。因为有半年初中的文化水平，他居然在部队当上了"文化教员"，为战士"扫盲"。后来，因病转业到地方，当了一名小学教师。

　　三尺讲坛横亘在周一贯生命的原野上。为了守着学生，守着心中的希望，他把整个身心都扑在学校的工作上。然而，吃了一把草，硬要挤出两杯奶，渐渐地，他感到力不从心了。捉襟见肘的他，为了拥有"一览众山小"的从容与自信，拼命地买书、读书。

　　书多了，周一贯便企盼有一个书架，给那些贴墙而卧，饱受浊尘、蚊蝇之扰的书找个栖身之地。当时，宿舍就在学校里，校舍又多是祠堂庵庙，能有一个铺位就相当不错了。在无法奢求书房的生存环境里，他在床边的桌子上，用包上纸的砖头作柱，上搁一块木板，便是他心仪的书架了。以后，他又用废弃的木条、木板，钉了个更像样的书架，似乎就是"升级版"了。

　　1962 年，周一贯结婚了。他有了一个单人寝室和一个旧的四层书架，能把所有的书都排列起来，真是不胜欣喜。他抓紧自学，没有别的目的，只想成为一个优秀教师。于是，一些教育梦想的种子也悄悄地融进了书本中的字里行间，只等阳光一照耀就能发芽。然而，好景不长，"文化大革命"开始了，他的梦想全部破灭了。

　　一声春雷，中国进入了改革开放的新时代。周一贯从一名普通的小学教师变成了分管教学的钱清区校的副校长，同时，还兼任了浙江省小学语文教学研究会副理事长、省九年义务教育小学语文教材编委会副主编、全国尝试教育理论研究会副会长。当时，在提高小学教育普及率的战斗中，如何提升以民办教师为主的师资队伍素质，成为当务之急。周一贯便从抓"教材教法过关"入手，让教师懂得"教什么"和"怎么教"。他的书架可派上了大用场。翻检小学各科教材教法研究的藏书，寻找有效而又简洁、好听而又实用的讲课思路。晨曦深夜，青灯长卷，他忙碌在书架之前和案桌之上。

　　1983 年，周一贯被调到绍兴县教研室任副主任。好不容易分到了一处 40

平方米的住房。虽然居住条件有了极大的改善，但一家五口挤在一起，自然不可能有独立的书房。所幸这住宅有一个朝北的阳台，他便将其装窗封闭，勉强放下一个书架和一张小小的写字台。椅子是放不下了，他就找了一个窄窄的包装箱，竖起来当座椅，才可以把双膝勉强塞到写字台下。他为终于有了独立的书房而欣喜万分！出于文人的习惯，想给书房起个名。坐在包装箱上，他忽然想到陶渊明在《归去来兮辞》中的一句话："倚南窗以寄傲，审容膝之易安。"室小仅能容膝易于安身足矣，于是乎，欣然命名"容膝斋"。自己书写后刻在一方木板上，挂在书架上方，真有说不出来的得意。在步入市场经济后，不免世事纷扰，人心浮躁，人们都在寻找属于自己的精神家园。精神家园不在大小而在有无，有"容膝斋"可供夙兴夜寐，于愿已足，夫复何求，这应该是周一贯当时颇为得意的理由了。

1996 年，不傲不躁、风轻云淡的周一贯退休了，将家搬到绍兴凤凰岛。子女长大立业了，家居人口少了，住房面积大了，"容膝斋"也变样了。

凤凰岛寓所，两室一厅。客厅古朴典雅，宽敞明亮，多是古玩、花草和字画。穿过客厅，便是"容膝斋"。这里除了入户门和窗户之外，四周墙壁全是顶天立地的书橱，满满的一屋子书。从《陶行知全集》到《鲁迅全集》，从《中国教育通史》到《外国教育通史》，从《辩证唯物主义》到《历史唯物主义》，从《系统论》到《信息论》，足有一万多册。周一贯的写字台摆在书房中央，正对南窗，光线恰好。南窗两侧有一副书斋联。上联是"安步当车阅世事"，下联是"清茶代酒养性情"。

周一贯坐拥书城，经常在书橱中逡巡摩挲，在走动中整理思绪，换得自豪，找到愉悦。每当落日余晖消失，白天嘈杂、纷乱退却的时候，周一贯泡上一杯绿茶，慵懒地坐在藤椅上，在灯光的笼罩下，手捧一卷好书，鼻翼轻轻翕动，呼吸一口淡淡的油墨芳香，然后在轻柔的音乐声中，让骚动的心归于沉寂，静静地沉到书中去。有人说，苍茫的天空中，鹰是最美丽的风景；有人说，广袤的旷野上，树是最美的风景；周一贯说，愚昧的人世间，书是最美的风景！书籍可以嫁接人生，阅读最大的意义和价值就是改变。读书不能改变人生的长度，但可以改变人生的宽度；读书不能改变人生的起点，但可以改变人生的终点；读书不能改变人生的物象，但可以改变人生的气象。

以书为友，天地长久，有"容膝斋"可供目耕心织，夫复何求？

二、教师成长的"铺路石"

坊间流传一首诗歌，题目为《铺路石》：

> 许身路径亦凌空，烈日风霜伴此生。
> 承踩扛压迎送乐，为因大众赴前程。

周一贯就是一块使青年成长的"铺路石"，他坚守在最平凡的岗位，任劳任怨、承受压力、吃苦耐劳、甘心奉献他人。

就拿培训教师来说吧，退休后，他以老马识途的体验，为绍兴市培养的名师多达120余名，其中已有十来人成了特级教师或中学高级教师；为绍兴市带导结业的名师班学员也多达300余人。在培训班上，周一贯讲教育理论，讲教学方法，讲课堂改革，讲学习革命，他特有的高八度绍兴口音，如铁板叫西风，清澈，高亢，让学员通身充满了不可阻挡的力量。

请看《亲近鲁迅：落地麦儿童语文课堂》的作者刘发建在绍兴县第三届小学语文骨干教师研修班结业发言的片段：

> 时光匆匆，一晃三年。从柯桥小学"语文课堂教学原生态"的探寻，到湖塘镇小学"越派语文教学群体艺术风格"的追求，从稽东镇小学"亲醇和美越派语文教学风格"的激情演绎，到马鞍镇小学"本色语文"的真情追寻，从安昌镇小学"儿童语文"的展评，到秋瑾小学"同课异构"的研讨，再到平水镇小学"优课创作"的观摩，43位学员，51次课堂展示，

我们沿着导师周老师设定的"在实践中研究、在实践中成长"的行走方式，一路走来，一路磨砺，走得那么踏实，走得那么稳健。在课堂中，我们明白了"识字学词是阅读教学的起点"；在课堂中，我们领悟了"小学语文是儿童语文"的真谛；在课堂里，我们张扬生命的个性，在课堂里，我们燃起超越现实的梦想。

学员们说，认识周一贯，是因为文字；敬重周一贯，是因为思想。绍兴市柯桥区漓渚镇中心小学青年教师张幼琴是周一贯的入室弟子。2009 年，山西教育音像出版社工作人员来校录制她的《生本课堂》，周一贯亲自指导她上课。一遍又一遍地试教，一遍又一遍地推倒重来，就这样，她的课终于成功了。张幼琴至今仍保留着周一贯帮她修改的第一稿教案：蓝色圆珠笔一笔不苟地修改的每一个字词标点，工工整整书写的修改建议，那份感动和惭愧犹在眼前。那年暑假，她终于敲开了周一贯的家门，走进了梦寐以求的"容膝斋"。周一贯殷殷教导，信念不变，奋进不辍，成果不断，薪火不竭，希望张幼琴能成为终身从事小学语文教学研究与实践的专家型教师。后来，张幼琴成了"容膝斋"的常客，他们一起磨课，一起研讨。名师出高徒，功夫不负有心人，在周一贯的指导下，张幼琴很快成了绍兴市柯桥区的学科带头人。

"弟子三千，贤人七十二。"在一茬又一茬年轻的学子中，涌现出众多名优校长。绍兴市上虞区金近小学的何夏寿就是"周门弟子"中的佼佼者。2000 年，何校长入选绍兴市农村小学语文名师培养对象，每月集训一次，每次两天，共三年，导师就是周一贯。一晃，三年过去了，何校长学业优秀，周一贯给他题词：智者践行，静水深流。这八个字，令何校长紧张、兴奋、欣喜、惶恐。他百感交集，师恩绵绵，山高水长，他一辈子也忘不了师父对他的培养。

还有一件事情，何校长也忘不了。2013 年 9 月，周一贯的夫人黄华蓉赴青海旅游，不幸发生车祸，遇难。在送别黄老师的七天之后，何校长收到了周一贯的亲笔来信，是用小楷写的，内容很短，但极为感人："感谢您对夫人不幸的关心。今后在语文教学上，如有需要，愿尽余生相助。"这就是周一贯——语文的钟灵，教育的天使。即使遇到了天大的灾难，他依然对教育、对语文抱着一腔忠诚。

半个月过去了，何校长去看望周一贯，想请他出席在浙江省浦江县举行的全国首届童话教学研讨会。何校长望着周一贯白得发干的头发，满脸的倦容，还有客厅墙上黄老师的遗像，很为难地说："活动过几天在浦江县搞，不过，您……"

"怎么吞吞吐吐的，几号？"周一贯看出了何校长的心思，急忙问道。

何校长说出了具体日期，周一贯斩钉截铁地说："我一定去！"

就这样，周一贯出席了研讨会。当满头银发的周一贯用他那依然洪亮的绍兴普通话，对着全场六百多名老师点评何校长的童谣课时，谁也不会想到，讲台上谈笑风生的他，刚刚送走了至爱的夫人，刚刚抹干了伤心的泪水。

周一贯扶掖后辈，提携后进，不论亲疏，不分远近，只要找到他，有求必应。吴琳是北京市东城区教育研修学院语文教研员。2005 年冬天，她带着厚厚的一摞书稿，来到周一贯家，向他请教。那天，周一贯端详着书稿，不断地鼓励吴琳，赞美吴琳，建议她把这一篇篇生动的"教学评论"按"观摩课""教改课""研究课""家常课"分成四个板块，每个板块前面再撰写一篇如何看这类课的理论性指导文章。周一贯还建议吴琳再难也要做，这样做了，这本书就不仅仅是一个文集，就是一本对语文课堂教学的研究者们非常有参考价值的学术著作了。说完，他还当即提笔为吴琳定了四个题目：

我看观摩课：采得百花成蜜后

我看教改课：江流曲似九回肠

我看研究课：转益多师是汝师

我看家常课：春在溪头荠菜花

不但如此，周一贯还亲自为吴琳的书撰写了序言。正是因为那几篇理论性文章和周一贯为这本书作序，《梅林看课堂》成为一本有价值的教学研究著作。此书一经问世，就被数以万计的小学语文老师和教学研究者所喜爱。

周一贯的"容膝斋"有一横幅，那是龚自珍的《己亥杂诗》："浩荡离愁白日斜，吟鞭东指即天涯。落红不是无情物，化作春泥更护花。"落红寄意，春泥护花，这正是周一贯淬炼而成的人生箴言，是他最好的人生写照！

三、教育写作的"专业户"

一个不喜欢写作、不擅长写作的教师是不能底气十足地站在讲台上的。周一贯不但喜欢写作，而且是教育写作的"专业户"，他把学问做到了极致，构成了他独特的生命姿态。从 1981 年在《辽宁教育》上发表《谈谈谜语的教学》开始，周一贯到现在已发表 1500 多篇教学研究文章，从 1984 年在浙江教育出版社出版《文体各异　教法不同——小学语文教学漫笔》开始，到现在已出版教育专著和读物 170 多本。这些文章和这些书加起来，总字数超过 4000 万，岂一个"著作等身"了得！这个令人叹为观止的数字，在中国小学语文界无人出其右。

周一贯语文教育研究，萌芽于当代中国语文教育潮起潮落的大背景之下，形成于改革开放以来语文教育大改革大发展之中，成熟于 21 世纪之初语文课程新一轮改革之时。在追求"学术—学识—学说"的艰难天路上不懈求索，以实践积累、理论积淀、历史继承、西学借鉴为基础，经历了"主观经验型—客观描述型—科学解释型"的艰苦历程，终于成为一位"顶天立地"的小学语文教育研究专家。周一贯属于"刺猬型"的治学风格，他站在小学语文教学的制高点上，俯瞰语文的大千世界，又抬头仰望语文的辽阔星空。在一俯一仰之中，他的学术品格，学者人格得以锤炼。

《语文教学通讯》创刊 40 多年来，周一贯在这个刊物上发表文章达 40 余万字。从 2007 年开始，连续多年撰写年度综述，每篇文稿，高屋建瓴，广征博引，洋洋万言，字字珠玑。如《2007:〈小语论坛〉的风云际会》《八大关键词语，解读"小语教坛"——〈语文教学通讯·小学刊〉2008 年精彩内容盘点》及《"论坛"风采——2009〈语文教学通讯·小学刊〉年度述评》，又如《2010：对〈通讯〉领航小语教改的年度报告》《2011，"论"在教改前沿的〈通讯〉》《2012，年终概观〈"通讯"〉的"话题"战略》《2013：话说〈"通讯"·C 刊〉的新锐品格》《"学导"：2014〈通讯〉的年度记忆》《"互联网＋"时代擂响的小语鼓点——2015〈语文教学通讯·C 刊〉年终述评》《十三五"元年"语文课改新发展景观——2016〈语文教学通讯·C 刊〉年终述评》。周一贯的年度综述就是一份刊物的年度记忆，这些文章，不仅展现出小学语文教育研究的时代风云，而且还为全国小语课程与教学树立起一座"风向标"。

杭州师范大学教授王崧舟说："在我初涉教坛的那一年，先生就出版了他学术生涯中的第一部专著《文体各异 教法不同——小学语文教学漫笔》。岁月有更迭，笔耕永不辍。先生一如不老的常青藤，总是先于春天抵达春天。《语文教学改革研究概观》《语文教学训练论》《语文教学方法论》《语文教学优课论》《阅读课堂教学设计论》《儿童作文教学论》……一部部闪现着智慧光芒的学术专著如雨后春笋般蓬勃而出。这些著述，或追踪热点而独领风骚，或独开先河，或用新视角探索老问题，或据大原理解读新概念，其研究一扫传统的局促习气，呈现一派鲲鹏展翅九万里的大千气象。"说得多好啊，王崧舟教授的评价并不为过，周一贯就是他家乡的一位教育奇才，杏坛巨擘，教改先锋。

2018 年 2 月，周一贯的《语文课堂变革的创意策略——周一贯谈好课的应有状态》惊艳亮相于读者面前。这本书从课程建设、生本课堂、翻转课堂、有效教学、"互联网＋"、课堂统整、核心素养、汉语文八个方面，系统总结了他近十年对语文教学的观察与思考，揭示了语文课堂变革的有效路径和创意策略，描绘了好课的应有样态，为语文老师构建魅力语文课堂提供了可复制的范例和样本。同年 4 月，我造访容膝斋，周一贯送了我一本《语文课堂变革的创意策略》。读后，我写了这样几句话："什么是好课？好的语文课到底是什么样的？怎样把握语文好课创意的世纪脉动，开创语文教育的新时代？周一贯先生，站在教育家的高度，运用哲学的观点，从理论到实践，从宏观到微观，从古代到现代，从课内到课外，以自身近十年的观察与思考，对这些问题做了全方位的、权威性的回答。此书思想深邃，案例典型，说理生动，文笔流畅，读后令我顿开茅塞，受益匪浅。"

周一贯是一个醉翁，他一辈子沉醉在小学语文的天地里，沉醉在教育写作的快乐里。每发表一篇文字，生命之河就会浪花激荡，风生水起；每出版一本专著，小语园地都会弥漫芬芳，姹紫嫣红。

四、并非尾声

2015 年 4 月 24 日。

人间最美四月天。

杭州。

金川宾馆。

周一贯从教 65 周年暨 80 华诞庆贺活动在这里举行。

会场内，灯火辉煌，群贤毕至，高朋满座，乐曲回荡：

革命人永远是年轻

他好比大松树冬夏常青

他不怕风吹雨打

他不怕天寒地冻

他不摇也不动

永远挺立在山顶

全国小语会前任理事长崔峦先生从北京发来贺信：

周一贯先生是浙江乃至全国小语界的一面旗帜。不管教育界、语文界如何风云变幻,他总能审视现状,展望态势,保持高度的学术清醒;他总能坚守教育之"魂",一切为了每个学生的学习发展;他总能尊重语文教育的传统,遵循儿童学习语文的规律,坚守语文之"根";他总能审时度势,与时俱进,引领语文教学的潮头,建构语文教学的新常态……周一贯先生是一座语文教育的富矿。

周一贯在热烈的掌声中答谢:

我是一个十分平常的小学农村教师,在我的身上集中了许多的"平常",在一个"平常"的地方,在一段"平常"的时间里,从一个"平常"的起点,以"平常"的经历做了一件"平常"的事。我今年80岁了,已不是来日方长,而是来日方短。但是如果上苍假我以健康,我必定会继续努力地做下去!

在当今中国小学语文教学金色麦田的土埂上,立着一位老人。他既是这片麦田的守护者,也是这片麦田的耕耘者。一个人,一辈子,一件事,一以贯之,周一贯,大哉!

小语界的四位大学教授

倘若撰写中国现代小学语文教育史，是绕不开田本娜、杨再隋、吴立岗、吴忠豪这四位大学教授的。这四位教授长期在大学任教，却心系小学课堂，几十年如一日，深入教学第一线，跟踪语文教学，全身心、全方位地研究小学语文教学。可以说，在全国小语界，他们既有理论的高度，又有实践的深度，还有人脉的宽度，是顶天立地的小语人。

一、田本娜与汉字教学研究

田本娜，天津师范大学教授，主要著作有《小学语文教学论》《小学语文教学研究》《我与小学语文教学》《小语教学论稿》《集中识字教学论》。

田本娜曾任全国小学语文教学研究会第一届、第二届常务理事。她从 20 世纪 50 年代初在师范院校教授教学法伊始，就已经和小学语文结缘。20 世纪 70 年代，她在天津主持小学语文教学改革实验，历时十多年。之后，她的足迹遍布大江南北、城市乡村。她和语文教学亲密接触，同语文教师广交朋友，是为数不多的接"地气"、懂教学的大学教授之一。她不走"学院派"从理论到理论的路子，坚持理论联系实际，在理论指导下实践，在实践基础上发展理论，既继承优良传统，又改革创新，对我国语文教学理论建设做出了重要贡献。她说："我的一生，是和小学语文老师们共同走过的。我学习他们的教学经验，研究他们的教学成果，在学习与研究的过程中，我成为一名小学语文教学研究者。"

田本娜研究小学语文教学是全方位的。她居高临下，既研究语文教学的基础理论，又研究语文教学的具体问题，尤其是在识字教学领域中，始终引领全国改革的方向。她获得过中国教育科学研究院授予的"从事小学语文（集中识字）教学改革有重大贡献者"的称号，2010 年，《小学语文》连载过她的"汉字教学"系列文章。

说到识字教学，田本娜的主要贡献是：

第一，将"识字教学"改为"汉字教学"。

为什么要把"识字教学"改为"汉字教学"？她说："因为我们要儿童学习的是汉字，汉字教学有自己的特点；汉字教学不仅教会学生认识汉字，要学会用字，还要学习汉字文化。而'识字教学'教什么文字界定不明确，而且容易将识字教学仅限于认识生字，对于如何用字以及从汉字中如何感悟汉字文化，往往被忽略，所以改为汉字教学更为明确。"

第二，始终坚持低年级语文要以汉字教学为重点。

低年级的语文教学是否要以汉字教学为重点？这个问题一直存在不同的意见。因为这中间有个识字量的问题，如果总识字量定的不足 3000 个常用字，尤其是低年级学生识字量过少，就不能过早地进行阅读。至今学生语文水平不高是和在低年级识字量过少、识字方法不当分不开的。她认为，低年级语文教学必须要以汉字教学为重点，要求学习总识字量一半以上的字才适合。田本娜的这一观点完全符合语文课程标准理念。

第三，字量、字种、字序、字用研究成果显著。

汉字教学的基本任务是使儿童掌握一定数量的常用汉字，那么小学阶段究竟应该使学生认识多少汉字？一、二年级又该认识多少字呢？

汉字数量繁多，但常用的也就是 3000 字左右。小学阶段掌握 3000 个左右常用字，是儿童基本用字的需要量。如何选择这 3000 左右的字种呢？

哪些字要先学？哪些字可后学？先学高频字，再学次高频字，这是大家的共识。但是在高频字和次高频字中，又先学哪些字，后学哪些字呢？

学习汉字的最终目的，就是要在书面语言中运用，能阅读，能作文，能书写。解决字用问题关系到语文教学的整体问题。怎样使规定字量内的汉字科学合理地在教材中出现与运用呢？

田本娜在长期的教育探索中，对以上的四个问题——字量、字种、字序、字用的研究均有建树，并且产生了广泛而深远的影响。

二、杨再隋与语文课程研究

杨再隋，华中师范大学教授，湘教版小学语文教材主编。主要著作有《语文教学探新特级教师杜呈鸢语文教学经验研究》《小学语文教育学》《小学语文教育求索集》《语文课程的新视野——杨再隋语文课程研究文集》《语文课程的目标、理念、策略——〈义务教育语文课程标准（2011年版）〉导读》。由他主编的《中国著名特级教师教学思想录》（小语卷），作为丛书之一获国家图书奖。

杨再隋曾任全国小学语文教学研究会第三届、第四届、第五届常务理事，教育部全国中小学教材审查委员，小学语文教材审查委员召集人；长期从事"教育学""语文学科教学论""语文学科心理学""教育美学"等学科的本科生和研究生的教学工作；应邀在全国各地讲学数百次，参加过海峡两岸及香港、澳门地区以及新加坡等地学者参加的"面向21世纪中国小学语文教学研讨会"等多个学术会议。杨再隋主持过"运用'发现法'改革语文教学"的实验研究，参与过"希望教育"等教改实验。他发表论文多篇，有的被"中国人民大学复印报刊资料"转载，有的被收入由人民教育出版社出版的《问题与对策——中小学语文教育改革》、四川教育出版社出版的《二十世纪后期中国语文教育论集》等大型书卷中。

语文课程是什么？怎样看语文课程？

杨再隋对此有以下观点。

第一，语文课程是一种文化。它负载文化，呈现文化，传递文化，反映人类文化的基本成果。因此，对语文课程的理解，有赖于对文化的理解。在一定意义上说，教材质量的高低，实质上是教材编者文化底蕴厚薄的反映；教学水平的差别，实质上也是教师文化素质高低的表现。文化底蕴越深厚，对语文学科本质特点的认识也就越精准、越深刻。

第二，语文课程是生活。语文课程不仅要容纳儿童的生活经验，还要改造、提炼儿童的生活经验；要把粗糙、零碎的儿童生活经验改造为与语文学习相融通的经验，以解决语文课程的抽象性、典型性和儿童生活的具体性、丰富性的矛盾；并把儿童经验作为"已知通向未知"的桥梁，让儿童感到亲切、亲近；当然也要容纳教师的经验，并改造教师的经验，使之和教材贯通，和儿童靠近。

第三，语文课程是映照师生的生命和灵魂的一面镜子，师生都可以在"语文课程"这面镜子里认识自我，成长自我。人，不仅是个体的存在，而且还处在一定的关系之中，这种关系是社会关系的反映。在教学活动中，师生是平等的，学生的地位和权利是本应有的地位和权利，不是教师的施舍和恩赐。教师不是知识的唯一占有者，教师的话不是"金科玉律"。教师应允许学生怀疑、质疑，鼓励学生对教师的话语进行补充和纠正。从某种意义上说，教师不是在"教"学生，而是和同学们一起学习，一起探讨，一起兴奋，一起激动。语文课是平等的对话，是民主的交流，是自由的讨论。

那么，语文课又是什么呢？什么是真正的语文课？

杨再隋认为，语文课就是教师引导学生学习语文的课，是学生学习理解和运用祖国语言文字的课，是学生听、说、读、写的综合实践课，是引导学生提高语文综合素养的课。说到底就是学生学习说语文、讲语文、读语文、写语文、用语文的课。

杨再隋指出，走进新课改，语文教学成绩是有目共睹的，但也出现了一些应该引起重视的问题，那就是课堂教学的虚、闹、杂、碎、偏。虚——语言训练不落实，不到位，虚晃一枪，虚以应付，花拳绣腿多，花里胡哨多。闹——课堂上热热闹闹，没有给学生思考的余地，也没有给学生质疑的机会，缺失自我，缺失个性，众声喧哗，异口同声。杂——吹拉弹唱，各种非语文现象、非语文活动在课堂上尽显其能，占据了课堂，有的只是教师才艺的展现。碎——在教学中，要学生凭兴趣选读某个段落，让学生孤立地理解课文中的一句话，课本被闲置一旁，让学生只读屏幕上的某段、某句、某词，脱离了课文整体。偏——弱化教师职能，不敢严格要求学生，对学生中"出格"的言行也不敢批评，廉价表扬，普遍肯定。上述现象，反映出一些教师对我国优秀传统文化的认同、吸纳不够，对我国母语教学的历史经历和现时成果的认同和吸纳不够，对我国的国情，特别是广大农村教育实际深入了解不够，以致缺乏厚实的历史文化背景的依托和生动的教育实践的支撑。以上部分教师的这些行为容易导致其语文教学被抹去了本色，使语文教学错位、变形、变味、变质。杨再隋呼吁，我们要平平淡淡教语文，简简单单教语文，扎扎实实教语文，轻轻松松教语文，让语文还原本色，复归本位，返璞归真，与时俱进。

三、吴立岗与习作教学研究

吴立岗，上海师范大学研究员。主要著作有《教学的原理、模式和活动》《小学作文素描教学》《小学作文教学论》《吴立岗作文教学研究论集》《现代教学论基础》《小学语文教学研究》《苏联教育家改革语文教学的理论和实验》。

吴立岗曾任全国小学语文教学研究会第三届、第四届常务理事，第五届、第六届、第七届副理事长。他主要研究语文学科教学论，多年来坚持"古为今用""洋为中用"和多学科综合研究的方向，以马克思主义哲学指导的活动心理学为基础，运用现代系统方法构建语文学科教学论框架。他在20世纪80年代初首创的"小学作文素描训练"被公认为国内最具影响的作文教学流派之一。他的专著《小学作文教学论》获上海市第一届教育科研成果一等奖。

在我国高等师范院校中，从事小学语文教育研究的老师屈指可数，一头扎进"小儿科"乐此不疲的更是凤毛麟角，吴立岗便是其中的一个。他是我国小学作文教学研究的领跑者，其研究成果主要表现在三个方面。

第一，开展作文教学基础理论研究。

吴立岗研究小学作文教学，始于"文化大革命"之后。他一方面认真学习国外教育学、心理学的最新研究成果，另一方面着手总结我国作文教学的新鲜经验，还在上海的几所小学开展了作文教学的实验研究。

研究之初，他做了两件事。

一件是撰文评价"文化大革命"后我国作文教学的几大流派。如"作文分步训练""作文素描训练""作文分格教学""放胆文教学""读写结合训练"等。上述流派，代表了当时我国作文教学的研究水平。做这样的梳理，使吴立岗找到了作文研究的起点。

另一件是学习、引进外国，主要是苏联作文教学以及心理学的研究成果。他研读赞可夫、巴班斯基、苏霍姆林斯基、列昂节夫、拉德任斯卡雅、达维多夫、玛尔柯娃、斯卡特金、聂恰耶娃等人的著作。在自己受用的同时，还译著了《苏联的作文教学》《小学作文教学心理学研究》。

第二，主持多项小学作文教学实验，如以下教学实验。

上海市实验小学进行的童话体作文教学实验。该实验符合儿童生理、心理特点，极大地激发了小学生学习的动机，孩子们在尽情表达对大自然、对生活的理解和向往的同时，促进了其创造性能力和重现表象技能的发展。

上海市虹口区第三中心小学进行的"素描教学"实验。该实验符合学生思维发展的年段特点，既发展了学生的形象思维，培养了其精细的观察力和丰富的想象力，又提高了"把描摹的事物写具体"的语言表达能力，还进行了"言之有序"的初步训练，促进了学生抽象思维的发展。

上海市宝山区江湾中心小学进行的作文合作教学实验。该实验探索了合作教学的方法、策略。学生在合作学习中既互相启发、激励，又相互竞争，改变了只是个人埋头作文的封闭局面，取得了大面积提高作文质量的效果。

第三，建构小学作文训练体系。

20 世纪 80 年代，吴立岗在研究作文能力各个组成部分——学生智力活动、作文内容层次、语言表现形式的基础上，根据系统论"组合质变"的原理，对上述三个方面作了纵向与横向的研究，再把三条线综合成一条线，形成以素描教学为主要特点的中高年级作文训练序列。

20 世纪 90 年代，吴立岗从研究小学生不同年龄段思维发展的特点入手，构建作文训练体系。低年级学生侧重编童话、写童话，培养学生初步的产生作文内容和表达作文内容的能力，同时，通过激活创造性想象来发展学生的形象思维；中年级学生侧重进行素描训练，辅以写其他形式的观察作文；高年级学生侧重写各种实用性作文，如记叙文、简单的说明文和常用的应用文，以培养学生日常学习、生活所需要的基本的作文能力。

到了 21 世纪初，吴立岗面对新形势，根据语文课程标准提出的目标，对作文教学序列作了进一步的研究。一年级至二年级，训练写童话体作文；三年级至四年级上，侧重练习片段素描；四年级下至五年级上，侧重写叙事素描作文；五年级下至六年级，写简单的纪实作文、想象作文和应用文。该序列突出作文方法、习惯和创造思维的培养，体现吴立岗与时俱进、不断求索的精神。

四、吴忠豪与语文名师研究

吴忠豪，上海师范大学教授。主要著作有《建国以来小学语文教学概述》《小学语文教学研究》。主编了《小学语文课程与教学》《注重积累 加强运用：小学语文教学科学化探索》《小学语文语言文字训练的探索》以及"中国小学语文名师教学艺术研究"丛书。

吴忠豪是教育部"国培计划"专家库专家，上海师范大学"国培计划"语文骨干教师培训首席专家，长三角小学语文教育论坛发起人，曾获曾宪梓教育基金奖。他对小学语文教学有着深刻的了解，有着执着的追求，始终坚持将理论与实践进行深入的融合，逐渐形成了自己完整的教学理论体系。

吴忠豪从 20 世纪 70 年代中期开始从事语文教育研究，是改革开放后的第一代语文教研员。近半个世纪的工作生涯，他有大量机缘直接与各地小学语文名师零距离接触，现场观摩名师的精彩示范课，并且经常有机会与名师就语文教学的问题进行面对面的研究讨论。因研究工作需要，他不断收集和研读了名师撰写的论文及经典课例，深入研究了各位名师的教学风格，学习了名师对语文教学改革的经验主张。

2000 年，吴忠豪调到上海师范大学工作，从一名教研员转变为从事语文课程与教学研究的专业理论研究者。从那时起，他内心深处就产生了一种强烈的愿望，就是搜集整理活跃在 20 世纪小学语文教坛的一批最有影响的名师的教育教学思想和语文教学的方法和经验，编写一套"中国小学语文名师教学艺术研究"丛书。几代名师的语文教育思想和语文教学改革的主张，最真实地还原了当时小学语文课程与教学改革的实况，代表了各时期小学语文教学研究达到的高度，具有鲜明的时代特征。这些教育思想和主张不仅不可多得，而且难以复制。学习并总结名师宝贵的教育教学思想和课堂教学方法，不仅可以促进教师的专业成长，而且对深化当下的语文课程与教学改革极具借鉴作用。

2004 年以后，随着斯霞、霍懋征这两位语文教育成就卓著的名师相继离世，吴忠豪的这种愿望变得越来越迫切。随着时间的推移，第二代名师均已年至耄耋，并且已经陆续离开了语文讲坛。如果不能在他们有生之年抓紧研究梳理，那么这些弥足珍贵的教育教学思想和教学经验就会随着岁月的流逝而湮没，这对我国小学语文教学改革事业无疑是难以弥补的损失。就是抱着这样一种使命感和责任心，吴忠豪牵头组织了全国各地高等院校一批从事小学语文课程与教学论的专业研究者，协力同心编写了一套"中国小学语文名师教学艺术研究"丛书。

这套丛书遴选了各年代最杰出的九位名师，他们中有斯霞、霍懋征、袁瑢，这三位成名于 20 世纪五六十年代，被誉为中国小学语文教师的"三面旗帜"；还有被广大教师公认为改革开放以来我国小学语文教坛最有影响的李吉林、丁有宽、于永正、贾志敏、靳家彦、支玉恒六位名师。这批名师成名于 20 世纪八九十年代，他们的教学和研究成果是世纪之交我国小学语文教学改革的最高成就。

以专集的形式，一师一集，全面总结名师生平和成长过程，以及名师的教育教学思想、教学艺术和经典课例；以访谈的形式，展现名师对语文教育教学规律的认识，从而进一步探索语文教学改革的方向，是这套丛书的最大亮点。

大上海的两位中语名师

上海自开埠以来，一直是最重要的国际大都市，也是我国教育改革的前沿阵地。我国最早的中小学国文课本，相继诞生于商务印书馆、中华书局。上海徐家汇藏书楼藏有丰富的文献资料。

中华人民共和国成立后，这座城市诞生了两位闻名遐迩的中学语文大师——于漪、钱梦龙。有人称他们是"上海中学语文教师队伍中最优秀的代表"，有人称他们是"上海语文教育改革与发展的先锋和旗帜"，还有人称他们"代表这个时代上海语文教学的最高水平"。这些评价都不为过。因为，这两位名师都不是科班出身，却以自己的人格特质创造了当代上海语文教坛的奇迹。他们的做人之本、育人之道值得当代青年语文教师认真学习。

一、先说于漪

在语文教苑中，于漪是一位辛勤耕耘与理论探索相结合的教育专家。她人格高尚，学识深厚，思想深邃，著作等身，创造了语文教育的辉煌。

1929 年，于漪生于江南历史名城镇江。镇江，既是荆楚文化与吴越文化交汇的驿站，又是黄淮文明向南突进的跳板，也是内陆人眺望以上海为中心的海洋"蔚蓝色文化"的看台，山川壮丽，人杰地灵。于漪说："长江水哺育我成长，金焦二山秀丽的景色给我以良好的熏陶，满眼风光的北固楼在我心中播下了忧国忧民的种子。在少年时代我就有了美好的憧憬，做一个对国家真正有用的人。"

记得小时候，于漪第一次拿到描红本时，她是那么的好奇、兴奋。端详着，

端详着，于漪觉得一个个字好像是一幅幅小画，长的、方的、瘦的、胖的，有翅膀会飞的，有两只脚会站的，有四只脚会走的，有趣极了。她按照老师的要求，磨好墨，把手洗干净，用空心的、长方形的铜"镇纸"压住纸，然后用毛笔一笔一笔认真地描。描好后对着阳光一照，更美了：黑字里透出一丝丝红色，有的字还镶上细细的红边。

进了中学，一位姓黄的年轻老师教《故乡》，给于漪留下了深刻印象：他穿着长衫，戴着金丝边眼镜，文质彬彬。讲到少年闰土出现在月下瓜田美景之中时，他眼睛睁得大大的，放出异样的光彩。"深蓝的天空，金黄的圆月，碧绿的一望无际的瓜田，少年闰土奋力向猹刺去，手中的钢叉和颈上的银项圈明晃晃的，交相辉映……"他描述得那么生动，那么富于感情。于漪被深深地吸引住了，犹如身历其境，品尝着其中的快乐。

从此，生而逢时的于漪便立下了志向，长大后一定也要当一名好老师，泛舟教海，用自己的双手和知识托起明天的太阳。

在复旦大学，于漪学的是教育专业，毕业后，她另起炉灶，改行教语文。为了追求精湛的业务能力，她坚持自我塑造，勤苦学习，丝毫不敢懈怠。一方面，着力打好基础，从语言、语法、修辞到中外文学史、经典文学作品，广为涉猎，吮吸其中琼浆，丰富自己的语文素养。她挑灯夜读，病榻苦读，天天"明灯伴我过午夜"。另一方面，博采众长，丰富自己，研究别人对语文的见解，琢磨其他老师教语文的方法，以开阔思路，择精华而吸取。她洗衣服时在思考，择菜时在思考，乘车时也在思考，乘过站是常有的事。她钻研教材，潜心思考，一课一课认真地备，一篇一篇作文认真地改，不断反思教学中的得与失，不断倾听学生的意见，长善而救失。

翻开于漪的教案选，你就会发现，那一篇篇教学设计是那么的精美巧妙，附录文后的随笔式的教学后记，也让人百读不厌，回味无穷。教了数十年语文，于漪先后出版了《于漪文集》（六卷）、《于漪教育文丛》（四卷）、《于漪新世纪教育论丛》（六卷）、"于漪教育视点"丛书（四卷），这在全国中语界是绝无仅有的。

20 世纪 90 年代，社会上物质生活的诱惑对教师的冲击越来越大，但于漪却不为所动。调动工作，优厚待遇，兼职校长，房子车子，她都婉言谢绝了。其间，一所规模宏大的民办学校请她当校长，年薪丰厚，于漪干脆没动心。她说："我是一名教师，不愿做知识贩卖者。人和金钱之间画上等号，人格也就扫地了。"看，这就是于漪的"师范人格"！

下面分享于漪的教学片段。

序幕拉开了，她是这样娓娓动听地引入了课文："今天，我们学习《茶花赋》，作者杨朔。这篇散文是一首歌颂伟大祖国的赞歌，发表于 1961 年。祖国，一提起这神圣字眼，崇敬、热爱、自豪这些美好的感情就会充盈我们的胸际。我们伟大的祖国有五千年的古老文明史，有九百六十多万平方千米的辽阔土地，有许多令人神往的名山大川，还有勤劳勇敢的各族人民。每当提起这些，我们的心中就会涌起热爱祖国的情感来，可是要我们拿起笔来写的时候，有的同学就写不出来了。有的同学就问，祖国那么大，怎么表达？同学们的问话很有道理。对于这样一个主题，怎样才能表达得具体形象，而且能写出新意呢？杨朔的《茶花赋》就在这方面给了我们与众不同的感受。"

究竟是怎样不同的感受呢？于漪这一不寻常的导语，就像抓住了同学们的心一样，立即唤起了大家学习新课的浓厚兴趣。一双双渴求知识的眼睛，目不转睛地盯着她，就连在场听课的老师也产生了强烈的学习欲望。大家盼望她教下去，让大家同作者一起到那情感交织的优美意境里去遨游。

就在此时，于漪请了一名同学有感情地朗读了课文的第一节，然后，她满怀深情地对同学们说："对于祖国，古往今来，有多少文人学士写诗作文讴歌她，更有多少画家泼墨挥毫描绘她。现在，请同学们回忆一下，在你们学过的诗词中，有哪些是描绘、赞美祖国大好山河的？"

经于漪一问，课堂里顿时活跃开了。一首首传诵千古的名诗佳词，就像一串串珍珠一样，在同学们脑海里闪现。这时，于漪因势利导，抓住课文中画家的一番话，领着同学们吟诵开了。

"黄山雄伟奇丽，那么庐山呢？"学生齐声背诵："横看成岭侧成峰，远近高低各不同。不识庐山真面目，只缘身在此山中。"

"如果画庐山，那么庐山瀑布呢？"——"日照香炉生紫烟，遥看瀑布挂前川。飞流直下三千尺，疑似银河落九天。"学生满怀豪情地朗诵着，怡然自乐。

"如果画庐山瀑布，那杭州的西子湖呢？"——"水光潋滟晴方好，山色空蒙雨亦奇。欲把西湖比西子，淡妆浓抹总相宜。"

同学们犹如进入了一个又一个奇丽壮观的画境。课堂上，师生情感交融，浑然一体。教师以对祖国的热爱，叩开学生的心扉；学生以对祖国的赞颂，同教师紧密呼应。台上台下，师生都在颂扬祖国的山山水水。此时此刻，听课的老师也入迷了，心醉了，不知不觉地融化在热爱祖国的崇高感情之中。

正当学生沉醉在对祖国满腔热情、满腔爱意的气氛中的时候，于漪话锋一转，画龙点睛地说："然而，祖国幅员之辽阔，山河之壮丽，你纵然以蓝天作纸，海水作墨，也终难尽善尽美地把她描绘出来。你看，还有那孕育中华古老文明的黄河，一泻千里滔滔波浪的长江。祖国风光无限好，太丰富多彩了。正如画家说的，'你就是调尽五颜六色，又怎能画得出祖国的面貌？'既然如此，作者又是怎样用一朵茶花，进行巧妙的艺术构思，把她生动形象地描绘出来的呢？"

接着，于漪请一名女同学朗诵课文的第二部分。读毕，她缓步走上讲台，在黑板上写了一个大大的"醉"字，让同学们说说它的分量和作用。

讲到这里，大概前后只用了五六分钟，但于漪却用诗一般的语言，扣紧词句，巧妙地用提问的方式，引导学生，运用旧知识背诵《题西林壁》《望庐山瀑布》《饮湖上初晴后雨》，大力渲染铺垫，让祖国山河的无限风光在学生胸中激荡，水到渠成地呼出"醉"字。讲课中，于漪始终缘文释道，因道解文。这样，既为学生钻深、吃透课文打下了基础，又在他们的脑海里激起了新的"悬念"，产生强烈的求知欲望，教文育人，水乳交融，真可谓"道而弗牵"，精妙恰当。

二、再说钱梦龙

我们首先看一下钱梦龙的个人"档案"。

姓名：钱梦龙。

性别：男。

出生年月：1931年2月。

职业：教师。

文化程度：初中。

职称：中学高级教师。

荣誉称号：特级教师、全国教育系统劳动模范。

社会兼职：教育部第二、第三届全国中小学教材审定委员会委员、全国语文报刊协会课堂教学分会会长……

主要论著：《导读的艺术》《和青年教师谈语文教学》《我和语文导读法》《教师的价值》等。

从这份档案中的"文化程度"看，按现在的要求，钱梦龙是"不合格的教师"。但是，他的仅仅初中毕业的"文化程度"，为何没有成为他任职、升职、兼职、获得荣誉称号的障碍，而一路畅通无阻地走过来，一直走到了今天呢？原因就在于他既是一位"善学者"，又是一位"善教者"，在语文教学中是个传奇人物。

钱梦龙从小学六年级起就爱读课外书，最初爱看小说。四大名著和《聊斋志异》《儒林外史》等，他都读得爱不释手。尤其是《红楼梦》，他在初一、初二两年间至少看了三遍。书中的才女们吟诗作赋的大观园，更让他心驰神往不已，很希望自己有一天也能像她们一样锦心绣口，吟风咏月，于是就开始读诗。初二时，他已把《唐诗三百首》差不多全背了出来，连《长恨歌》《琵琶行》这样的长诗，都能一背到底。诗读多了，居然依靠一本《诗韵合璧》无师自通地弄懂了平仄和诗韵，并学会了"吟"，这更增添了他读诗的兴趣。后来，他又由读唐诗扩展到读《古文观止》，再由读古代诗文扩展到读当代作品。如鲁迅的杂文、小说、散文，他都爱读，几乎买齐了鲁迅所有的杂文集、小说集的单行本。后来由"读"迷上了"写"，他看到当时高中部都办有壁报。于是自作主张也办起了一份壁报，正好他从《庄子》里读到"日月出矣，而爝火不熄；其于光也，不亦难乎"这个句子，便取名《爝火》。他自己掏钱买稿笺，自己编辑，自己美化，自己"出版"，以"盲聋诗人"的笔名发表"作品"；每一期都有诗有文，还配上插图，居然编得像模像样。由于爱写，又养成了揣摩文章的习惯，只要读到好文章，就总要反复揣摩文章在选材、立意、运思、语言表达等方面的特点。后来他又把这个揣摩文章的习惯从课外阅读迁移到课内的国文的学习上：每当老师开讲新课之前，他总要把课文认真地揣摩一番，到听课时就把自己的理解和老师的讲解互相比较、印证，重在领悟老师解读文章的思路和方法。一般同学听课，专注于聆听和记录，他则把"听"和"记"的过程变成了一个"思"的过程。这样边听边思，不但知识学得活、印得深、记得牢，而且锻炼了思考力。因此，每次国文考试，他即使考前不复习，也都稳拿第一。

后来，钱梦龙就用这个"笨办法"教他的学生，从而创建了"三主四式语文导读法"。其中，"三主"指的是"学生为主体，教师为主导，训练为主线"；"四式"指的是"自读式""教读式""练习式"和"复读式"。"导读法"成为当代语文教学重要流派之一，在全国产生了深远的影响。

1982年，钱梦龙遭遇了一次有趣的教学"历险"。至今想起，他仍觉回味无穷。

一日，他到江苏南通讲学，当地负责人根据老师的要求，临时让他上一堂观摩课。由于时间紧迫，又巧遇星期日，来不及调动整个班级的学生上课，负责人只好派人到附近各校"抓"学生。结果抓来了40个"杂牌军"，高的高，矮的矮，大的大，小的小，从小学五年级到初中三年级都有。而钱梦龙要教的《中国石拱桥》是初二的课文，怎样上这样的课呢？

课堂上，他把学生按年级分成四个学习小组：小学组、初一组、初二组和初三组。课前，他观察学生的表情，发现有的学生惶惑不安，有的学生紧张拘谨。面对这种情况，钱梦龙做了一次简短的"心理谈话"。他对小学组、初一组的学生说："今天要学的是初二的课文，你们是超前学习，尤其是小学的同学，超前了好几年，要你们学好是困难的。但是，我敢肯定，你们中智力高的学生一定学习得很好。你们是不是愿意趁学习这篇课文的机会，测一下自己的智力是高还是低？"这时，他们多数人有一种跃跃欲试的劲头。他又对初三组的学生说："我知道你们已经学过这篇课文，你们在课堂上是知识最多、能力最强的老大哥。我现交给你们一个任务，协助老师指导其他几个年级的同学学习。他们有讲错的地方，由你们纠正；他们有遗漏的，由你们补充；他们讲对的，由你们认可。你们愿意当老师的助手吗？"初三学生认为反正是来了，何乐而不为呢？他又对初二的学生说："今天要学习的课文，就是你们这个年级的。老师相信你们能成为这堂课的主力军！"

经过谈话，每组的同学都以不同的心态和共同的自信进入了角色。钱梦龙也进入了角色，当了这支"杂牌军"的司令。课堂上，他相机指导、分别启发、提问质疑、游刃有余，课堂气氛顿时活跃起来。初一和小学组的学生，各个思维活跃，不时有高质量的发言；初二年级的学生也不示弱，质疑解疑，主动出击；初三组的学生纠正、评判，乐不可支。钱梦龙恰如其分的表扬以及同学们相互竞争所形成的特殊气氛，又提高了他们积极投入的兴趣。两节课结束，同学们走出教室，脸上都充满了自信，因为他们不但证明了他们的智力，而且也学到了相应的知识，获得了乐趣。这堂课之所以获得成功，其原因之一就是钱梦龙把学生当成具有潜力的、活生生的人，给他们创造了积极参与的氛围和条件，使学生的思维潜力得以发挥。

钱梦龙更擅长教文言文。他认为，文言文的"文"，是作者的思想感情、道德评价、文化素养、审美趣味等的"集成块"，是一个有生命的、活的整体，而不是古汉语材料的"堆积物"。因此，他的文言文教学，一般都是在学生"自读感知"的基础上，通过"教"和"学"的互动，帮助学生在整体上把握文章情感的同时，领会文言字词的含义和用法，而不是离开具体的语境去孤立地解释字词或讲解古汉语知识。

比如《愚公移山》这个教学片段：

师：大家说说看，这个老愚公有多大年纪了？

（学生纷纷答，有人说"九十岁"，有人说"不到九十岁"）

师：到底是九十，还是九十不到？

生：（齐声）不到。

师：不到？从哪里知道？

生："年且九十"，有个"且"字，将近九十岁。

师："且"，对！那么，那个智叟是年轻人吗？

生：（齐声）老头。

师：怎么知道？

生：（齐声）"叟"字呀！

师：啊，很好。愚公和智叟都是老头子。那么，那个遗男有几岁了？

生：七八岁。

师：你又是怎么知道的？

生：从"龀"字知道。

师：噢，这个字很难写，你上黑板写写看。（生板书）写得很好。"龀"是什么意思？

生：换牙。

师：对，换牙。你看这是什么偏旁？（生答：齿旁）孩子七八岁时开始换牙。同学们不但看得很仔细，而且都记住了。那么，这个年纪小小的孩子跟老愚公一起去移山，他爸爸肯让他去吗？

（生一时不能回答，稍一思索，七嘴八舌地说："他没有爸爸！"）

师：你们怎么知道？

生：他是寡妇的儿子。"孀妻"就是寡妇。

师：对，遗男就是——

生：（齐声）孤儿。

钱梦龙在教学中喜欢用这种迂回的手法提出问题，学生的思维也要"拐一个弯"才能找到答案，他把这种方法叫作"曲问"。这种"曲问"以及饶有趣味的师生对话，在整个教学中随处可见。教师教得轻松，学生学得愉快，又把文章的解读和文言知识的学习灵活地融合在一起，跟一般文言文教学的"串讲法"大异其趣。

小语名宿朱敬本

....

　　朱敬本之所以被称为小语名宿，是因为他在全国小语界很早就出名了。他是全国小学语文教学研究会第一届理事会理事，第二届、第三届理事会常务理事，第四届理事会顾问，担任过教育部中小学教材审查委员，著有《作文教学　学习小学语文教学大纲参考读物之一》《小学语文教学新探》等，为《小学汉字教学实用手册》《新课程小学语文读本》《小学生看图说话作文》《小学词句教学辅导》的主编。

　　我与朱敬本相识，是在 20 世纪 80 年代。

　　1984 年 11 月，朱敬本来黑龙江考察"注音识字·提前读写"教改实验。在讷河，我第一次见到了他。那时，朱敬本看上去非常年轻，40 多岁，西装革履，谦虚沉稳，儒雅睿智，谈吐不凡。通过交谈，我得知朱敬本当时是山东省教学研究室小学部主任，特级教师，在辅仁大学读过书，在《山东教育》杂志社做过编辑，在济南市第二十中学当过语文教师。

　　说来也巧，第二天晚上，我要回哈尔滨，在讷河火车站遇见了朱敬本，我们是同一趟火车。候车聊天时，他知道我家祖辈是从山东闯关东来到黑龙江的，就特别热情地拥抱了我一下。老乡见老乡，两眼泪汪汪。我们谈了济南的大明湖、趵突泉、千佛山，朱敬本邀请我有时间回山东看看。上车前，我掏出笔记本，留下了他的电话号码和单位地址。火车进站了，我们一起检了票，他去了卧铺车厢，我上了硬座车厢，就这样分手了。

　　山东是我的祖籍，那里有黄河，那里有泰山，那里有孔夫子，真想回齐鲁大地看看。

　　第二年秋季开学，机会来了，我跟随地区教育学院组织的学习参观团如愿以偿地去了山东，在济南首先拜会了朱敬本。朱敬本把我们让到了小会议室，大家围绕着小学语文教学改革的主题进行了座谈。朱敬本说，1984 年暑期，他在青岛搞了一次全省的小学语文教师培训，除了看当地的几节课之外，他还做了一场专题报告，题目是"以辩证唯物主义指导小学语文教学改革"，效果很好。

座谈结束时，我们要求到青岛听课学习，朱敬本立刻打电话联系，几分钟后，对方回话，答应接待。感谢了，掌声响起来了，我们请朱敬本吃饭，他婉言谢绝了。

从济南到青岛，我们坐了大半夜的火车，天亮了，才到达目的地。在火车站附近，找了一家宾馆。我们稍事休息，然后径直奔向江苏路小学。

青岛市江苏路小学前身是德国总督府小学，始建于 1901 年。校内生长着一棵大榉树，树干底部直径足有一米多。树的旁边，有一栋历史悠久的建筑，叫"钟楼"。钟楼共两层，一层有会议室、教师阅览室，二层是校长室。教学楼在钟楼的对面，中间是操场，布局科学大气。

一个上午，我们共听了三节课，其中一位老师教的是《蝙蝠和雷达》。在教学时，她指导阅读。学生知道了人们从蝙蝠身上得到启示，经过反复试验和研究，发明了雷达，装在飞机上，飞机就能在黑夜里安全飞行。在这个基础上，教师又启发学生联系学过的《鱼和潜水艇》《飞机和蜻蜓》《锯是怎样发明的》三篇课文，进一步认识到，人们是怎样从动物或植物身上得到启示，进行创造发明的。看完这节课，我突然想起了朱敬本在座谈时说过的一句话："以辩证唯物主义来指导教学方法的改革，就能使学生扎扎实实地学好语文，又不断地提高认识。"现在看来，《蝙蝠和雷达》的课堂教学和朱敬本的理论观点，仍具有指导意义。

1986 年。

金秋十月。

昆明。

大观楼菊花盛开，圆通山枫叶流丹。

在这风清气爽、姹紫嫣红的美好季节里，由昆明市盘龙区小语会主办的"全国小学语文名师教学观摩会"在工人文化宫召开。会上，我与朱敬本不期而遇，我们都是被邀请的嘉宾。开幕式后，朱敬本做首场报告，题目是"理想、情操与责任感"。他的报告，以斯霞、霍懋征、袁瑢三位名师为例，从三个方面具体阐述了一个合格的小学语文教师应有的职业道德：第一，教育者首先要受教育；第二，共产主义理想是力量的源泉；第三，高度的责任心是做好工作的保证。报告内容针对性强，分析鞭辟入里，例子信手拈来，语言风趣幽默，博得与会代表的阵阵掌声。

会后，我与朱敬本游览了石林，在莲花峰、剑峰池的最佳处合影留念，颇有诗情画意。

1991年6月，在哈尔滨召开了小学语文学科教材审查会议。会议期间，审查委员在黑龙江省教育学院二楼报告厅为哈尔滨市小学语文骨干教师做了一场精彩的报告。主席台就座的有高惠莹、杨再隋、戴宝云、袁瑢、朱敬本。远远望去，几位专家精神抖擞，腰板挺直，尤其是杨再隋和朱敬本，这两位男士穿的都是西装，一位系红领带，一位系蓝领带，显得格外潇洒英俊。杨再隋说话，湖北口音，朱敬本说话，山东口音。尽管与普通话相去甚远，但是，他们的报告掷地有声，语惊四座。

1993年，我去武汉开会，在武胜路新华书店看见了一本书，如获至宝。这本书就是朱敬本的《小学语文教学新探》。书的封面印有星星、月亮和一支点燃的红色蜡烛，于是，我想起了李商隐的诗句："相见时难别亦难，东风无力百花残。春蚕到死丝方尽，蜡炬成灰泪始干。"

朱敬本就是一个燃烧自己照亮别人的人。何以言之？请看朱敬本的同事林治金在《中国小学语文教学史》后记中的一段话："本书在编写过程中，得到了人民教育出版社陈国雄、崔峦，国家教育委员会基础教育课程教材研究中心骆桂明，中央教育科学研究所张田若，北京师范大学赵敏成、刘秀英，华东师范大学戴宝云，杭州大学董远骞、朱作仁，山东省教学研究室朱敬本，山东省教育委员会高文浩，山东教育出版社领导和责任编辑马惠敏等的支持与帮助，他们或给本书的编写提出过宝贵意见，或为本书的编写提供过珍贵的资料。在此，一并表示感谢！"

结缘王松泉

....

　　20世纪80年代的中国语文教育界，风云际会，群雄蜂起，百家争鸣，百花齐放。烟雨氤氲的江南有个王松泉，白山黑水的塞北有个魏书生，号称"南王北魏"，被誉为教育界两朵耀眼的"奇葩"。当时，王松泉致力于语文教育板书学的科学研究，魏书生热衷于语文"六步课堂教学法"的教改实验。他们一南一北，遥相呼应，珠联璧合，在全国语文教育界产生了深远的影响。这里不提魏书生，单说王松泉。

　　朱绍禹称王松泉为江南才子。

　　一次，我去长春拜访朱绍禹，朱先生提到了王松泉。

　　1986年，东北师范大学中文系受原国家教委的委托，举办了全国第一期语文教学论硕士研究生课程研讨班。这期研讨班实质上是语文教学论课程师资培训班，虽只一个学期，却办得十分正规。科研班长由王松泉担任。他与党政其他领导一起，各尽其职，为配合与支撑教学和学习起了很好的作用。学习期间，王松泉还协助主讲教师朱绍禹完成了《语文教育辞典》的编写任务。朱绍禹发现，王松泉学识之广、学养之深、思考之勤、劳作之繁，在班上无出其右者。

　　结业后，王松泉一直在绍兴文理学院中文系任教，著有专著和高校教材60余种，在《新华文摘》《人民教育》《教育研究》《中国教育学刊》《课程·教材·教法》《光明日报》等发表论文数百篇，创立多门学科。他的《阅读教育学》《阅读教材论》被语文教育界评为"影响中国20世纪的教育大著"。他年届七旬之际，再次被推举连任我国高校语文教育研究组织的最高学术职务——中国高等教育学会语文教育专业委员会学术委员会主任。

周一贯称王松泉为绍兴名儒。

一次，我在杭州遇见了周一贯，用餐时周先生谈到了王松泉。

1941年，王松泉出生在绍兴。父亲王念慈，学问渊博，是位私塾先生；母亲闻琴姑，相夫教子，是个贤妻良母。1948年，王松泉进入他父亲创办的培英小学学习。二年级时，王松泉遇到了对他影响深远的第一位语文老师胡锡侯。胡锡侯是个剧作家，教语文和历史，经常采用形象化的情境教学法教学，给王松泉留下了非常深刻的印象。1953年，王松泉进入柯桥中学学习，遇见了对他影响很大的第二位语文老师孙越舫。孙老师是鲁迅的学生，不仅学问高，教书也很有办法，十分重视训练学生的读写能力。在孙老师的帮助下，王松泉频繁地从学校图书馆和镇上文化馆借书看，写作也越来越努力，不但语文考卷往往被孙老师当作参考答案张贴，而且学校黑板报上差不多每期都发表他的文章。1958年，刚刚16周岁的王松泉因"成绩优秀，能力全面"被选为绍兴华舍镇民办中学教师。这个未成年的老师第二年便当上了学校的负责人。在此后20多年的中小学语文教育生涯中，他因教育教学工作成绩突出而多次被评为县级教师标兵、县级先进工作者。

1979年，王松泉从柯桥区校调到钱清区校，成为周一贯的同事。在业务上，周一贯主攻小学语文，王松泉主攻中学语文，搞教学研究，他们志同道合，硕果累累。两年后的1981年，王松泉调入绍兴教师进修学校，后来又调至绍兴师专（绍兴文理学院前身），从此，开始了高等教育的实践，执教语文教学论课程。他靠着坚强的毅力和不懈的努力，通过"志学—自学—治学"的艰难历程，沿着"实践—认识—再实践—再认识"的认识路线，不但成了优秀的中小学语文教师，而且也成了一名富有影响的大学教授。多年来，他致力于语文教育学学科建设，兢兢业业、孜孜矻矻地在这块富有魅力的土地上耕耘，成果辉煌。他一开始就不甘心做个平庸的"教书匠"，立志要做一个学者型的教育家。事实证明，他终于做到了。

我对王松泉仰慕已久，神交了30多年，始终没有谋面。有一年，我去绍兴，特意绕到文理学院，走树人路，来到树人广场，在鲁迅铜像前打听王松泉。几经周折，才知道他外出讲学刚刚离开学校。无奈，我只好在学校附近一家书店买了一本他的专著《语文教学探步》，连读两夜，披阅而尽。

机会终于来了，2018年11月8日，全国第二届"越语文大课堂"观摩研讨会在绍兴市上虞区百官小学举行。会上，我与王松泉不期而遇，共同见证了精彩的课堂。

上午8时许，百官小学大礼堂座无虚席，就连过道都站满了人。这时，两位老人匆匆忙忙走进会场，一位是周一贯，另一位便是王松泉。

王松泉，中等身材，圆脸，相貌儒雅，说话吴侬细语，举止之间显示出学者风度。在圆桌论坛上，他发表了"风味胆识越语文，精实醇美谱新声"的演讲。他的演讲，可以说是"孤篇盖全会"。广博的学识、开阔的视野、幽默的语言、敏锐的思维、清新的逻辑，完全看不出是一位老人。

他说，"越语文"的个性特色就是"风味胆识"。风，越风勤谨；味，越味涵蕴；胆，越胆大气；识，越识理性。正因为"越语文"有着此种个性特色，才有了越语文陈列馆无不自豪的一副联语："欲知母语如何听说读写，试看越地别样风味胆识！"

晚上，会议主办方宴请专家学者，我忝列其中。我的左手边是潘新和，右手边是王松泉，两位教授温文尔雅，酒不多，话不多，特别低调。酒过三巡，菜过五味，我站起来，先给王松泉敬酒。在交谈中，他建议我有时间到越语文陈列馆看看，我愉快地答应了。

会后，在钱清镇中心小学东校区，我参观了刚刚建成的越语文陈列馆。陈列馆里，一幅幅照片，一本本著作，一篇篇论文，一件件实物，让我目不暇接。溯流追源，对中华文化，包括对"越语文"产生深远影响的众多历史名人都在绍兴：王充、嵇康、谢安、王羲之、谢灵运、贺知章、范仲淹、陆游、朱熹、王守仁、徐渭、刘宗周、张岱、黄宗羲、吴楚材、吴调侯、章学诚。仰视他们的画像，静听对他们的介绍，让我肃然起敬。参观完毕，我在留言簿上写下这样一行字:"越语文乃母语教育的一朵奇葩。"

越中多才俊,何人不勤谨?越中多学问,何人不涵蕴?越中多砥砺,何人不大气?越中多稳慎,何人不理性?在当代语文界,王松泉就是这样的人!

他,老骥伏枥,志在千里。他站在教育这块精神高地上,实践着人生的理想,谱写着平凡而卓越的乐章。

好人潘自由

潘自由是长者、师者、学者，他做人、做事、做学问有口皆碑。

我和潘先生从相遇到相识到相知已有 40 多年的时间了，在这 40 多年的交往中，他对我有很大的帮助，对此，我没齿不忘。

早在 20 世纪 80 年代初，我便与潘先生在山西"不期而遇"，并且"一见如故"。太原解放路书店的书架上有一本霍懋征的著作，书名为《小学语文教学经验谈》。从作者的"后记"中我知道了潘先生是中央教育科学研究所的研究员，是他帮助霍懋征整理了这本书稿。从此，潘自由的名字就深深地印在我的脑海里了。

后来，我与潘先生有过多次交往。

1992 年仲秋，我带领老师到湖北当阳参加小语"学法指导"教学大赛。刚报到，大会工作人员便递给我一份加急电报，催我速回单位。我手捧电报径直跑到潘先生房间去请假，先生二话没说，叫我马上回去，并叮嘱我："注意安全，一路顺风。"——他是一个善解人意的人。

1995 年初冬，我去无锡讲学，路过北京，拜访了潘先生。在先生的寓所里，我们彼此没有寒暄，也没有讲客套，而是对语文教改坦诚地交换了意见。他坚信自己的学术观点，对小语界权威人士的一些言论，他敢于指名道姓的批评，丝毫不讲情面；对语文课堂上出现的臃肿、花哨、烦琐的教学现象，他更敢于鞭挞；对一线教师他非常热情，总是用心关注，毫无骄横跋扈，这就是潘先生的学术品质。——他是一个刚直不阿的人。

1996 年季春，潘先生在深圳市向西小学召开座谈会，研究小学语文学法指导的"菜单"问题，邀我参加。从北国冰城到南粤鹏城，尽管一路上我省吃俭用，但花销也不少，开了几天会，我便囊中羞涩了。先生得知我是自费来开会的，很是感动。于是，他把我让到校长室，给我补助了 500 元，并派人到车站又给我买了一张返程火车票。——他是一个助人为乐的人。

1998 年盛夏，第六届"小学语文学法指导年会"在乌鲁木齐召开。正赶上兰新线十三间房地区山洪暴发，铁路运输中断，我被困兰州，无法如期赴会。无奈，我只好将论文电传到新疆，之后，我日夜兼程返回黑龙江。归来不久，我便接到潘先生的一封亲笔信，信中附有一张论文证书和一份会议纪要，我非常感动，没想到先生办事如此认真。——他是一个诚实守信的人。

一片冰心在玉壶，真实之中见伟大。经历了一个漫长的历程，我终于认识了潘先生。我敬重他，因为他是一个熠熠生辉的好人。

下面我简单谈谈潘先生对语文教学的贡献。

在长达 20 多年的小学语文教研中，他始终站在时代的前沿，以全新的视角审视国内外教改动态及发展走向，脚踏实地地与一线教师共同探索，在汉语拼音教学、阅读教学、作文教学等领域均有精深的研究、独到的见解和卓越的建树。

一、始创汉语拼音"基础音节换韵直读法"

从 1989 年开始，连续三年，他在浙江省宁波市鄞州区钟公庙中心小学，与老师们合作，在吸收他人经验的基础上，搞了一个"基础音节换韵直读法"的拼音教改实验。这项实验影响广泛，对汉语拼音教学乃至整个小学语文教学具有推动作用。

所谓"基础音节换韵直读法"，就是不经拼读、不靠死记而使学生能够直接读出音节的教学方法。它的主要特点是先让学生熟练掌握与声母呼读音一致的 23 个基础音节，然后逐一用新教的韵母来更换基础音节中的韵母，并按声韵组合规律，直读带有新教韵母的音节。

过去的汉语拼音教学，主要沿用传统的拼读法教学。拼读法的主要特点是先零件（声母、韵母），后整体（音节）。它的缺点是拼音方法困难，拼音过程复杂，强调"呼必有三"。学生要通过"三拼"甚至"四拼"，一个字音一个字音地拼读，结果养成见字必拼的习惯，拼读时结结巴巴，读了后面忘了前面，把一个句子弄得支离破碎，不利于对整句话的理解，更无法快速阅读。而直读法教学从整体音节入手，通过音节与音节的对比，分析并认识音节的零件（声母、韵母）。这种方法正好弥补了拼读法的缺陷，从而收到举一反三、触类旁通的效果，使整个拼音教学成为一个启发式的教学过程，这有利于减轻学生的学习负担，充分发挥汉语拼音的多功能作用，提高教学质量。

二、提出阅读教学自身最重要的任务是学法指导

在潘先生看来，阅读教学自身最重要的任务是教给学生操作阅读过程的各种本领。他指出："这里首先要分清两个不同的概念，一个是阅读，一个是阅读教学。阅读是个体活动，好比张三骑自行车。阅读教学是双边活动，好比张三教李四学骑自行车。如果单就个人的阅读而言，阅读的人能把所读的对象中所有的因素都理解了，那么，阅读的理解任务自然也就完成了。然而，阅读教学主要是教师教学生学会阅读，掌握阅读的本领。所以，教师仅仅是教学生懂得了一篇文章的语言文字、思想内容、写作技巧等，还不能算完成了阅读教学的任务。阅读教学要研究的不仅是阅读的对象，更重要的是研究阅读这一活动的过程，要把阅读过程中如何操作的有关知识和实现操作所需的方法、技能、技巧等本领教给学生，最终达到使学生自能阅读的目的。"

学法指导强调阅读教学要教给学生阅读的方法，要让学生学会怎样阅读，掌握自能阅读的本领，把注意力放在阅读过程的能力培养上。这样的阅读教学，在我国的阅读教学史上确确实实是一次历史性的突破。

三、论证并指导一线教师搞"言语交际表达训练"

潘先生在长期的教学研究中认识到，传统的作文教学虽然有可资借鉴的地方，但其弊端也是明显的，严重的"就是脱离实际，脱离社会需要的实际，教学不讲社会效益；脱离学科自身的实际，在教学过程中抓不住学科自身的主要任务"。他认为："小学作文教学是言语交际中最基本的表达训练，训练应从言语交际的需要出发，为言语交际的需要服务，可按言语交际的本来面貌来改革作文教学。"

"言语交际表达训练"基本方法是：寓作文教学于活动、交际之中。他指出："'言语交际'的范围广得很。写有一定格式的应用文是言语交际的需要，写没有格式的记叙文、说明文、议论文也是言语交际的需要。"具体说，训练内容除了按大纲要求抓好记叙文的训练外，还有如下一些内容：日常生活中的会话、转述、会议主持发言、即席发言、讲故事，以及日常的应用文，除大纲规定的之外，还有专用书信、海报、贺词、欢迎词、答谢词、广告、简讯、解说词等。

潘先生的"言语交际表达训练"主要特点有三。第一，从教学的指导思想来说，它否定了为作文而作文，为升学考试而作文的不正确思想，强调了应用学科的应用性，强调了作文教学的社会效益。第二，从教学内容来说，它主张从内容入手，要求学生有话可说，有内容可写，做到提笔有目的，心里有读者。在重视记叙文训练的同时，重视应用文的训练，把作文教学的目的落实在"用"字上。第三，从训练的方式来说，它强调在言语交际中学习言语交际的表达本领，变单一的课堂上的作文教学为开放型的多渠道说、写训练，走出了一条在实践中练兵的新路子。

"中国的保尔"贾志敏

2019 年 2 月 5 日下午，贾志敏老师遗体告别仪式在上海举行。我远在千里之外的北海，不免老泪纵横。虽然我与贾老师只有一面之交，但是他的道德文章，却像一座山峰高高地耸立在我的心中。我称他为中国小语界的保尔·柯察金，这一点儿也不为过，我信。

2009 年，他被诊断为肝癌，到 2019 年，病痛整整折磨他十年。

这十年里，他中风过，骨折过，病情复发过，凶险屡屡发生，每次手术疼痛难忍，但是，再大的磨难都没有使这位刚强的老人倒下。他说："我很乐观，我把自己看得很轻，不怕死，所以每天睡得着，吃得下。"

这十年，在与沉疴抗争的同时，他用一支粉笔、一块黑板，为数以万计的语文教师带来了一场场朴实、生动的语文课。他说："当年，我为了生活而走上这三尺讲台；今天，我离开这三尺讲台则一刻也无法生活。"

这十年，他为祖国语文的健康发展而呐喊，而呼吁。他作报告，写文章，办讲座，和老师们共同备课、讲课、析课，在奔波与劳顿中，与厄运、病魔抗争。他说："老骥伏枥，志在千里，我要用绵薄之力，为祖国的教育事业蓝图再添一抹亮色。"

这十年，以信念逾越、战胜病痛，将师道之弘毅、壮美演绎到极致，让人仰视。这就是贾老师的生命姿态。

2017 年 5 月，贾老师的弟子朱煜获得 2016—2017 年度全国小语"十大青年名师"称号。颁奖典礼在厦门举行，他与贾老师一同前往。朱煜去领奖，贾老师去颁奖。朱煜上第一节展示课，贾老师上最后一节展示课。那时，贾老师刚做完一个疗程的腿部放疗，朱煜和贾老师的家人都劝他不要去了。贾老师不肯，说答应了的事情，一定要做到。到了机场，办理登机手续的柜台就在 30 米开外的地方，贾老师拄着手杖走不动了。正好一辆武警巡逻车从身边开过，贾老师急忙招呼对方停车，说："我是个病人，不良于行，能否载一段？"武警将贾老师送到柜台前，服务员搬来一把椅子，请贾老师坐下。贾老师一边落座，一边痛得惊叫。朱煜还是第一次听到贾老师这样大叫，不禁吓了一跳。办完手续，朱煜扶着贾老师起身，他又是一声痛苦的惊叫。朱煜这才真正意识到此次出行任务艰巨——一定要陪贾老师平安回家。

到了厦门，朱煜觉得贾老师的状态不太好，于是就悄悄地跟活动主办方打招呼，请他们做好贾老师无法上课的准备。没有想到，活动最后一天，贾老师还是拄着手杖上台了。站在台上，他竟把手杖放在一边，开始上课。他拿着话筒，在课桌椅间走来走去，朱煜的心一下子提到了嗓子眼。因为医生说过，千万不能让贾老师摔跤。课上到一半，为了让小朋友理解"推敲"的意思，贾老师竟然让一个孩子上讲台前，表演推他的动作。朱煜的背上惊出冷汗来，万一小朋友不知轻重把贾老师推倒在地怎么办？还好，课顺利上完，担心的事没有发生。课后，朱煜问贾老师："怎么在台上不用手杖呢？"贾老师笑笑说："这就是精神的力量！"

2018 年 4 月，"浦东之春"语文教学高峰论坛在上海举行，贾老师来上课了。台上，一位老人，一辆轮椅，几桌学生，几束灯光，构成了这独特的语文课堂。

贾老师的头发全白了。他穿一身笔挺的黑色西服，戴一副高雅的金丝眼镜，执教五年级《素描作文》，指导学生学习景物、静物、叙事三种素描作文方法，并以此作为实践成果展示给参会代表。

贾老师坚持站着上课，无线话筒下端连着一条长长的线，线的另一头拴在手杖的把手上。站累了，贾老师支撑一下手杖，但更多的时间，他或慷慨激昂或循循善诱，还不时地在同学中间巡视。大约 40 分钟，他的课上完了，工作人员搀扶着他走下台，坐上轮椅，说是要回病房了。之后，贾老师的病情更加严重了，以至于躺在病床上，无法出席 2018 年 11 月的"浦东之秋"语文教学高峰论坛的活动了。

那是贾老师的最后一堂课。他眷恋课堂，喜欢孩子。

贾老师，一生坎坷，命途多舛。

粉碎"四人帮"后，贾老师"收拾"起尊严，开始拼命地工作。1994 年，他被评为语文特级教师；1999 年，获上海浦东开发建设特殊贡献奖；2000 年，被授予"浦东名师"光荣称号。电视系列教学片《贾老师教作文》在中央及各地方电视台播出以后，引起社会广泛关注。他又先后出版了《贾老师教语文》《一个校长的演讲》《与讲台同在》《积攒生命的光——贾志敏教育口述史》等著作。

2019 年 2 月 5 日，81 岁的贾老师，拄着手杖，走向了天堂。

绿水青山长驻，笑貌音容如昨。

贾老师，您太累了，需要休息，您放心地安息吧！

支玉恒其人

··

京剧界昔有梅兰芳、程砚秋、荀慧生、尚小云"四大名旦",流派纷呈;小语界今有贾志敏、支玉恒、于永正、靳家彦"四大名师",风格各异。现在,我来说说怪才支玉恒。

支氏有诗云:"呱呱塞北,足迹八方。一生从教,两鬓披霜。迷恋语文,几近癫狂。"支玉恒半路出家,在语文这方丰田沃土上守望了 30 多年。语文在他的心中成了别样的情思,别样的风景,别样的梦境。在如画、如诗、如歌的语文课堂上,他勇立潮头唱大风,成为三尺讲台上风采卓然的名师高手。

一、支玉恒的道路

1939 年,塞外山城张家口。

狼烟中,支玉恒呱呱坠地。

孩提时代的支玉恒十分顽皮,经常得到父母笤帚把儿的"奖赏"。"自幼爷娘笤杖勤"这句诗真实地写出了当时的情景。

1945 年 8 月 24 日,中国人民解放军从大境门入城,年幼的支玉恒,手举小红旗,跟着大人上街,高呼口号,迎接家乡的解放。

翌年,支玉恒上了小学。在学校里,他还是那么淘,而且淘得出奇。初中毕业后,支玉恒进了体校,踢了三年足球。"运动衣还乡"后,他教了 20 年体育。1977 年,支玉恒改行当了语文先生。因为斗大的字识不了半口袋,他只好硬着头皮嚼了几年方块字。1984 年,阴差阳错,他当上了桥东区实验小学校长。1985 年,支玉恒被派参加国家教委举办的全国小学教育研究班。1989 年,他自动退位让贤，到桥西区教研室做了教研员。不久，支玉恒南下，开始了第二次创业，过上了"云游"各地的生活。

回首名师来时路，他庆幸自己最终能够成为一名语文教师，穿行在博大精深、馨香馥郁的语文世界里，尽享"玉鉴琼田三万亩，著我扁舟一叶"的畅快。他说："这么些年来，在这么多地方，给这么多孩子和老师，讲了这么多的课，我没有敷衍应付，没有弄虚作假，没有因循守旧，没有停滞不前。我非常得意，因为我没有误人子弟。"

我所看到的支玉恒的代表著作有《小学语文教学文集》《欣赏与评析》《支玉恒阅读教学方法集粹》《支玉恒阅读习作典型课例全辑》《支玉恒老师教语文》等。

二、支玉恒的磨难

"自古雄才多磨难，从来纨绔少伟男。"年已古稀的支玉恒，经历了许多人生的沟沟坎坎，他把自己坎坷的人生经历当成一笔宝贵的精神财富，看作人生乐章中一个悲怆的乐段，并充满激情地演奏出人生的华彩篇章。

支玉恒是一个生活恬淡、豁达开朗的人。就拿得病来说吧，五次大难不死：14岁患脑膜炎，昏迷七天，醒来大小便失禁，不认识亲人；35岁消化道溃疡四次，内脏出血；50岁脑血管栓塞，瘫痪近半年；62岁心肌梗死，无血压脉搏；66岁患冠心病，做心脏搭桥手术。因为磨难太多，支玉恒反而不怕磨难了。

2005年1月，在做心脏搭桥手术的前一天晚上，他平静地写下这样一首诗：

> 一生风雨未彷徨，
> 小恙何奈老夫狂？
> 开胸不过七寸口，
> 搭桥只需三根梁。

上天趁便陪父母，

入地权当访家乡。

不日轻骑重挽辔，

天南海北马由缰！

　　这次搭桥手术，他老伴儿签字时手哆嗦得写不成字，而支玉恒躺在手术台上却还在和医生开玩笑。那首七律就是他当时真实的内心表白：死有什么可怕，只不过是早走一步，也许能到另一个世界抢个好座位，就当是去"陪父母""访家乡"。正因为一生多磨难，没有被打倒，才把手术看成"小恙"。既是小恙，就能康复，才有"重挽辔""马由缰"的想法。在死神面前，他如此乐观、洒脱，这是怎样的一种人生境界！

三、支玉恒的学识

　　很多媒体都称支玉恒是特级教师，这是大错而特错的报道。其实他不是特级教师，而是一位名师。名师不一定是特级教师，特级教师也不一定是名师。名师的"名"不在于"名"，而在于"明"，"明"者，智慧也。支玉恒虽然学历很低，非科班出身，但是，他知识渊博，学养丰足，视点高远，卓尔不群，他就像一本内涵十分丰富的智慧教科书。

　　我与支玉恒相识多年，读过他的著作，听过他的讲座，看过他的教学，还与他一起当过教学大赛的评委，对他的学识修养、道德文章是非常敬佩的。他上课，旁征博引，品词析句，凿开顽璞，取出玉石，有很强的文学功底。他讲座，从不用讲稿，最多是一个极简单的提纲，但讲起来滔滔不绝，头头是道，甚至出口成章。支玉恒之所以能达到如此程度，其中一个重要原因就是他善于学习。一次，我与支玉恒在深圳参加教研活动，同住金融大厦一个房间。夜已经很深了，我一觉醒来，只见他还在灯下读书。我劝他早点休息，他却说："对我来说，看书就是最好的休息。"这种"孤灯伏案，不知漏长"的精神深深地感动了我。

"泰山不让土壤，故能成其大；河海不择细流，故能就其深。"我从支玉恒的身上懂得了做人的道理。

从1985年暑期到1986年暑期，国家教委在北京师范大学举办了为期一年的小学教育研究班。研究班集中了全国部分小学的优秀教师和干部，吸收了中央教育科学研究所和高等师范院校专门从事教育科学研究的专家学者，按照专家与教师相结合、理论与实践相结合、提高与普及相结合的原则，对于如何改革小学教育教学进行了较为广泛的研究与探讨。在精英汇聚、群贤毕至的研究班上，每一门课程都请了国内公认的语文教学论权威、名副其实的学科带头人担任主讲教师。通过刻苦学习，支玉恒开阔了视野，提高了理论水平，奠定了他后来做学问的基础。

四、支玉恒的教学

提起支玉恒的课堂教学，在全国小语界有口皆碑。早在30多年前，他在成都就下了一场"大雪"。这场"大雪"不仅让来自全国各地的小语界同行交口称赞，也让专家学者击掌叫绝。

1989年11月的成都，汇聚了全国各省市自治区语文教学精英近3000人。中华人民共和国成立40年来第一次全国小学语文阅读教学带有"大赛"性质的观摩大会，在这里举行。11月10日上午，支玉恒应邀上了一节示范课《第一场雪》，引起了轰动。著名特级教师袁瑢当时担任大会评委，坐在台上，使劲给支玉恒鼓掌。华中师范大学杨再隋教授也是评委，他看了支玉恒的课，情不自禁，感叹不已。他说："支玉恒把'读'的功能发挥得如此淋漓尽致，让语文教学的魅力展现得如此多姿多彩，实在难能可贵。"

支玉恒开了小学语文教学"以读代讲"之风，为当时从"一讲到底"到"一问到底"的语文课堂教学送来一股清凉的风。"谁能把雪读得很大很大？""谁能把山村静夜读得很静很静？""谁能把雪景读得很美很美？"通过巧妙的引导，学生读出了趣，读出了形，读出了情，读出了神。范读，这是语文教师最见功底，也是最显才情的事。支玉恒敢于范读，也善于范读，他把语文课堂教学演绎得出神入化，让我们感觉他就是语文，语文就是他。

《淮南子》中说："智过万人者谓之英，千人者谓之俊，百人者谓之豪，十人者谓之杰。"把支玉恒称之为中国当代小语界的英才，当不以为过。

于永正的戏剧人生

2017 年 12 月 8 日，雪。

一波一波的冷空气，早已把哈尔滨扯入了严冬。今天上午，我冒着鹅毛大雪来到松花江畔，拍摄北国风光。突然，手机响了，是无锡诸向阳的微信："悼念一代名师——于永正，先生一路走好。"我揉揉眼睛，定睛再看一遍，果然还是这 15 个字：悼念一代名师——于永正，先生一路走好。

我呆呆地站在一棵大树下，很久，很久，冻僵的我简直不敢相信这是事实。2017 年 5 月，"于永正教学思想高峰论坛"在江苏徐州举行。会上，永正老师发表了"对'儿童的语文'的几点思考"专题演讲。2017 年 8 月，永正老师的《病中"吟"》刊登在《小学语文教师》刊物上，文章说，谨以此文献给全国各地所有关心他的朋友、老师、弟子和学生们。谁知，永正老师竟然走得这么快。

望着漫天飞雪，我思绪万千。

记得，初识永正老师，是在 20 世纪 90 年代。1995 年 8 月，大连开发区教师培训中心在大连外国语学院举办全国骨干教师培训活动，我和永正老师应邀给学员授课。

晚饭后，我陪他在体育场散步，从聊天中得知，气质儒雅的永正老师一生以戏为伴。他的京剧，字正腔圆；他的京胡，行云流水。京剧伴他几十年，上小学三年级的他学拉京胡，一把刻有"民国三十一年，杨宝忠监制"的京胡，一直伴随着他，这便是见证。永正老师第一次看《失空斩》，个子还没有戏台高，诸葛亮的一段西皮快板"一见马谡跪帐下，不由老夫咬碎牙！言过其实多空话，刚愎自用误国家"，让他泪流满面。中学时代，学校里有一批喜欢京剧的老师和同学。他们常常聚在一起谈戏、唱戏，有时还到广播室里唱，向全校广播，吸引了一群粉丝。永正老师擅长小嗓，嗓音清亮甜美，颇有梅兰芳大师的神韵。参加工作后，永正老师更是一个戏迷，听广播，看电视，周信芳的《徐策跑城》，袁世海的《九江口》，尚长荣的《黑旋风李逵》，令他激动不已。

每学一段京剧唱腔，每唱一遍哪怕是很熟悉的唱段，对他来说，都是一次感情上的洗礼，都会增加一次感情上的积淀。京剧使他懂得了爱，懂得了恨。京剧教会了他喜，教会了他怒，教会了他悲，教会了他乐。总之，京剧让他懂得了人世间重要的一个字——情。

永正老师说："如果我身上有一点灵性，比别人多一点悟性，我想，与我学京胡、唱京戏、热爱艺术有很大关系。"

永正老师与京戏结缘，提高了他的艺术修养，使他具备了演员的某些素质。这种素质又无形中渗透到了语文教学之中，使他的语文教学有了更多的成功。

2002 年 10 月，我与永正老师在杭州的教学观摩会上不期而遇。他的《梅兰芳学艺》一课，给我留下了深刻印象。

上课伊始，永正老师脸上挂着微笑，对学生说："我知道你们都很喜欢听音乐，今天我要让同学们听一段京戏。"于是就播放了梅兰芳在《宇宙锋》中的几句唱词。优美动人的旋律，独具韵味的唱腔，激起了学生的极大兴趣。他问："好听吗？"学生都说："好听。""你们知道这是谁唱的吗？""梅兰芳。"永正老师在屏幕上打出梅兰芳的大幅照片，说："这就是梅兰芳。他是四大名旦之一，是著名的京剧大师。他的戏唱得这么棒，是勤学苦练的结果。他 9 岁那年，跟一个姓吴的师傅学戏，师傅说他眼睛没神儿，不是唱戏的料子。他没有灰心，下决心练好基本功，终于成为世界闻名的京剧艺术大师。想不想知道他是怎样唱戏的？""想！"一段唱腔，一张照片，几句颇能勾起悬念的开场白，激起了学生学习这篇课文的兴趣。

课快要结束的时候，永正老师笑容满面地说："我从小就喜欢京戏，二、三年级刚开始学的时候，老师也说我的嗓音不好，声音不亮，但是我不服气，我反复地练习，唱了一遍又一遍，后来老师夸我说，于永正，你唱得还真行！你们想不想听我唱？"学生说："想！"接着，永正老师唱了梅兰芳代表剧目《霸王别姬》中的南梆子"看大王在帐中和衣睡稳"，结果一句一个满堂彩。他嗓音脆亮，甜美，这种以假乱真的男喉女声赢得了听课的老师和同学们的热烈掌声。

没想到，真的没想到，这位爱唱京戏的老师，就在今天上午6时许，驾鹤西去了，享年76岁。

生前，永正老师在《跟京剧一块活着》一文中写道："京戏真好。生活不能没有京剧。有了京剧，我的生活才如此多姿多彩，才如此有滋有味。"

愿永正老师在天上，与国粹相伴，与语文相守，与白云相处。

白金声含泪给您送行了！

靳家彦与《跳水》

靳家彦，语文特级教师，曾任天津市南开小学校长。荣获过天津市模范教师、天津市劳动模范、全国教育系统劳动模范等荣誉称号，被国家授予"人民教师"奖章，是享受国务院政府特殊津贴的教学专家，主要著作有《导读式教学新探》《导读原理与艺术》《导读理论与实践》《小学语文导读法》等。他应邀到全国近 30 个省、市、自治区及大专院校讲示范课，交流经验，做过 600 多场公开教学。仅《跳水》一课，他就讲了 200 多节，这个课的录像也曾获得"联合国儿童基金会与中国政府教育合作项目"一等奖。

他主张：语思统一，口书并重，内外相通，以读为本，教师致力于导，学生循导学读。

他曾赋诗言志：

简册谁重童子师，今逢盛世感荣祁。
誓为祖国培翘秀，奋此年富力强时。

贾志敏说："靳家彦凭借深厚的文化功底在课堂上挥洒自如，学生在他的课上学习，如沐春风，如沐春雨。他的教学思想、教学设计和教学机智使他的课堂教学达到了一种艺术的境界，召唤着课堂上每一位学生的生命活力。"

1988 年。

暑假。

牡丹江。

靳家彦语文导读法研讨会在这座城市举行。会议由牡丹江市教科所研究员李守仁主持。靳家彦讲《跳水》，有这样一组镜头：

  师：你们想不想亲眼看一看猴子是怎样逗孩子的？

  生：（兴致很高地）想看。（互相议论，气氛活跃）

  师：请同学们闭上眼睛，我准备好就让大家看。

  生：（笑着闭上了眼睛）

  师：（有感情地朗读课文）猴子跳到一个 12 岁的孩子（他是船长的儿子）面前，把他的帽子摘下来，戴在自己的头上，很快地爬上了桅杆。水手们都笑起来，只有那个孩子哭笑不得，光着头站在那里。猴子坐到桅杆的第一根横木上，把帽子摘下来，用牙齿和爪子撕。它好像故意让这孩子生气，指着孩子，冲着他做种种鬼脸。孩子吓唬它，朝着它大声叫喊，但是它撕得更凶了。

  师：请大家睁开眼睛。你们看到了吗？

  生：看到了。

  师：看到什么了？

  生：我看见了一只长着一双圆圆的小亮眼睛的猴子，顽皮地摘下孩子的帽子，飞快地爬上了桅杆。还看见了它怎样撕帽子，做鬼脸气孩子，就像在眼前一样。

  师：明明闭着眼睛，你怎么说看到了呢？

  生：在我脑子里就像电影一样，这是因为我进行了想象。

  我评课时说，这里，靳家彦既是对学生进行再现课文事物的思维能力亦或说是形象思维能力的训练，也是在尽力设计一种新颖的、活泼的、饶有趣味的读书形式，使学生领会到开动脑筋、探索知识是一种快乐的劳动。

  靳家彦多次谈到，语文教学应当有情，包括情绪、情感、情操。情是纽带，要把教材之情、教师之情、学生之情水乳交融地贯穿于整个语文教学之中。语文教学应该有情，让学生学得有兴趣，不断体验成功的乐趣，培养高尚的志趣。要以情励学，以趣激学，小学语文课堂教学改革的一个重要课题就是如何把课上得情趣盎然。

会后，牡丹江市教科所招待靳家彦，我作陪。桌间，李守仁首先敬酒，他说了一条谜语，花河，打一城市名，让靳家彦猜。这位长期站在课堂上的校长，英俊的脸庞，写着学者的风度，哪能猜不着呢？他随口说道："牡丹江。"李守仁说："小城有一种地产啤酒叫花河，口味不错，咱们用这个，行吗？"靳家彦扶了扶眼镜说："可以少尝一点儿。"

就这样，一堂《跳水》课，一听花河酒，让我醉倒在牡丹江。

西子湖畔的张化万

我在县里刚当小学语文教研员的时候，便知道西子湖畔有一所名校，叫天长小学。这所学校历史悠久，底蕴丰厚，人才辈出，号称学生腾飞的摇篮，教师成长的沃野。在这所学校里，有一位响当当的名师，叫罗云仙。我读过她的文章，写得非常好。当时，罗云仙是学校的教导主任，主管教学，业务能力特别强。也就是她，早在1963年，代表学校到杭州师范学校挑选毕业生，她慧眼识珠，一下子看中了一个名叫张化万的男生。

没想到，18岁的张化万，在天长小学的讲台上一站就是28年。就是这个初出茅庐的青年，第二年便开始执教公开课，做杭州师范学校实习生的指导教师。1963年到1966年带的两个班级先后被评为上城区三好班级、杭州市优秀中队。1979年，他在《教学月刊》发表第一篇教学论文《千方百计调动学生学习的积极性》，受到好评。1981年开始进行"小学语文教学最优化"的研究。1983年在"浙江省第二届小学语文研究会"上作"语文课堂教学最优化的尝试"的介绍。以后开始到外地讲学、上示范课，1986年，张化万被浙江省人民政府授予特级教师称号。

如果说罗云仙发现了张化万，起到了提携的作用，那么杭州市教研员宋寿朝则是张化万成名的导师。在张化万起步的时候，宋寿朝经常与其研究课堂教学改革，给予张化万许多忠告和无私的帮助。可以这样说，没有宋寿朝的鼎力相助，就不会有今天的张化万。

人生有两种滋味：燃烧的痛苦与平庸的安逸。张化万义无反顾地选择了前者。如今，他已是杭州市小学语文研究会副理事长，浙江省特级教师协会副会长，全国小学作文教学研究会副会长。2002年由语文出版社出版的专著《现代小学写话与习作教学》，被教育部师范司审定为全国中小学语文教师继续教育的教材；他主编的《小学生快乐读写》《小学生作文新时空》等丛书深受学生和家长的喜爱；"小学作文教学名师名课选萃"《张化万小学阅读教学》等录像在中国教育电视台被反复播放；2003年由山西教育音像出版社出版的国家新闻出版署重点课题"中国名师——张化万小学语文教学专集"，和由他主编的教育部基础教育课程资源库《走进新课程——小学语文教学》在全国发行，产生很好的影响；他的自传性专著《我的语文人生》，已于2004年12月由高等教育出版社出版。回首50多年的教师历程，张化万还是那么执着地说："倘若老天给我第二次青春，我还将这样燃烧。"

玩是孩子生活的主要内容，是他们认识客观世界、获得身心各方面发展的最基本手段。孩子可以在玩中获得快乐，学会遵守纪律，与人交往，学会独立思考、解决问题。孩子也可以在玩中获得劳动的乐趣，学会劳动的技能，让心智得到充分的发展，玩童才是健康的儿童。

浙江省小学语文三年级教材里有一项"洗手帕"的习作训练，要求学生把洗手帕的过程写清楚。很多老师上课会询问学生们有没有洗过手帕，手帕是怎么洗的，让同学之间讨论，梳理清楚洗手帕的步骤。张化万不是这样上课的。他要学生们每人都玩一次洗手帕。孩子真实经历过，记忆自然会深，习作会方便，孩子也会在玩和比赛洗手帕的过程中，尝到劳动的快乐。

请看张化万是怎样指导学生玩洗手帕的：

一上课，他就要求大家把手帕拿出来。孩子们以为老师要向他们借手帕，争着抢着给他："张老师，我这块手帕干净。""张老师，我的手帕今早刚从衣柜里取出来的。""张老师，用我的，新的。"张化万却取了其中最脏的一块手帕，并举起来让大家说说看到手帕的情形。"嗨，这块手帕皱皱的，手帕上的小熊猫黑乎乎的，都该洗澡了。"然后，张化万请一个叫小莉的女生上来洗手帕。一边洗，一边问学生："第一步干什么？""浸湿。""接着呢?""打肥皂。""然后呢?""打完肥皂开始搓。"中年级学生在活动时没有学习意识,看着搓出来的黑色泡沫,叽叽喳喳地在一旁议论。当张化万把搓干净的手帕放在学生面前时问:"手帕是不是洗干净了?"学生们异口同声地说:"没有,还要用清水去漂洗。"直到把手帕在清水里漂洗完、抖开、展现在学生面前时,学生说:"今天小莉给小熊猫洗了个脸。""小熊猫干干净净地坐在草地上吃竹子呢,真可爱!"孩子们看小莉上来洗干净了手帕,也纷纷举手,也想洗一回手帕。

看十遍不如做一遍。张化万让大家分成八组都动手洗手帕。把事先准备好的八个盆子分给大家。一声令下,洗手帕比赛开始了,孩子们玩得非常高兴,到处是欢声笑语。孩子们从静静地看,到自己动手实践,然后通过比赛又加深了对洗手帕过程的印象,在劳动过程中获得了成功的乐趣。在学生们洗完手帕后,张化万告诉学生今天可以写洗手帕比赛,可以写小莉洗手帕,也可以写自己平时在家洗手帕、袜子、红领巾的过程。

有了"玩",两节作文课,孩子们洗得不亦乐乎,说得不亦乐乎,写得不亦乐乎。印象深了,他们还萌发了自己的事情自己做的意识,减少了写作的障碍。假如不让孩子们人人动手玩一下"洗手帕",只是按写作的知识要求,按部就班地去指导教学,是不是课堂教学中儿童成长的生命意义就会少一点什么。

周一贯指出:"张化万老师是我国小语界标杆式的名师。我虽比他年长,但从部队转业在农村当教师,第一次上省城听课,听的就是他的作文课。他的'玩玩写写'作文教学思想,对小学语文教学影响深远。'玩'是儿童生活的主题,它不仅应当是主要的作文题材,也是应该追求的作文境界。当把'写作文'变成了'玩作文'之时,才是小学作文教学的成功之日。理性的作文教学不应定格于书本世界而脱离儿童的生活世界、心灵世界。"

我与张化万第一次见面是在 1988 年。

那年的金秋十月，全国部分省市小学作文教学研讨会在西安召开。研讨会上，张化万上了一节观摩课，题目是"烧不破的手帕"。这节课给我留下了深刻印象。上课时，张化万站在黑板前，先将一个鱼缸状的器皿放在讲台上，然后把一瓶无色透明的液体倒进器皿里，接着在器皿里放进一块干净的手帕，用火柴点燃液体。过了一会儿，张化万熄灭了火焰，用镊子从液体中夹出手帕，这块手帕竟然完好无损。我看呆了，学生也看呆了，这手帕怎么会这样神奇，竟然烧不破？是什么做的？这是不是魔术？越看越觉得惊讶。由于这堂课设计新颖，悬念陡生，引起学生的认知冲突，学生探究的兴趣浓烈，习作的自主性、积极性高，这是一节成功的作文课。

回到宾馆，在用餐的时候，我闻到张化万身上有一股淡淡的酒精味，他冲我神秘地一笑，原来这竟是一个有着张氏色彩、张氏风格、张氏气派的科学小实验。让学生看实验，写实验，匠心独运，富有创意。那时，他 43 岁，一张娃娃脸，看上去非常年轻，让我羡慕死了。

张化万出名了，但一枝独秀不是春，万紫千红才是春。他深知单凭一己之力，对于语文教学改革和发展无疑太势单力薄。只有让更多的语文教师成长起来，群策群力，百家争鸣，才能真正迎来语文教学的春天。

1990 年，张化万调入了杭州市上城区教育局教研室，开始了提携后生、培养新秀的工作。

1994 年 6 月，张化万建议并酝酿已久的首届上城区"跨世纪园丁工程"拉开了帷幕。"园丁工程"以名教师"带徒授艺"的方式，帮助青年教师学习教学经验，提高其教学水平。他组织发动全区优秀教师带徒授艺，他更是热诚地把自己几十年积累的教学心得传递给后来者，让他们少走弯路，早日达到事业的巅峰。他带的学员中有两人成了特级教师，两人获得全国青年教师阅读教学大赛的奖项，两人成了浙江省教坛新秀，他和三位学员六次在全国小学语文教学研究会主办的全国会议上上公开课、研究课。

2006 年 3 月，在众多专家和中青年教师企盼的目光和掌声中，"张化万浙派名师培养工作站"成立了。执牛耳的他，又开始了探索高端学科带头人培养的新历程。

　　岁月染白了双鬓，风霜刻上了额头。半个世纪的人生，张化万为小语事业写出了浓墨重彩的一笔。面对别人或许一辈子都不可能拥有的成就，他平静地说："我不想成为高挂天穹的明月，只想燃烧短暂的人生成为闪亮的流星。"

我所了解的成尚荣

2017 年，"千课万人"全国小学入行未满三年新教师专业提升培训会，5 月 26 日在杭州举行。组委会邀请成尚荣讲"一个人·一辈子·一件事"，成尚荣因故没有到会，让我替代，也讲这个题目。救场如救火，我应允了。

我虽然和成尚荣没有见过面，但是对他还是比较了解的。很早以前我就从杂志上读到过他的文章，也从朋友那里听说过他的一些情况。

成尚荣，1941 年生，江苏南通人，江苏省教科院研究员。做过小学语文教师，担任过小学校长，省教育厅处长，江苏省教科所所长，第七届国家督学。现为教育部基础教育课程改革专家委员会委员、中小学教材审查委员、中国教育学会学术委员会顾问。

在一篇文章里，孙双金是这样描写成尚荣的："他今年已是 76 岁的高龄，但仍精神矍铄，面色红润，身材挺拔，思维活跃，记忆力超群，被誉为教育界的'传奇'。"

在网上，我看到的成尚荣形象是：满头银发，目光炯炯，报告声音洪亮，讲座思维敏捷，对话聪颖睿智，气度博雅从容，一派学者风范。

朋友说，成尚荣小时候，他的功课成绩很好，尤其是作文更好。那时，他有一个巴望，巴望老师早点发作文本。因为发作文本之前，总是读一些好作文，他的作文常常被老师当作范文。朋友还说，隔壁班的老师也拿他的作文去读。每当那个激动人心的时刻来临时，他会想：总有一天要把作文登在报刊上，尤其是一定要在《新华日报》上刊登一篇文章。

1962 年，21 岁的成尚荣从南通师范学校毕业，被分配到南通师范学校第二附属小学担任语文教师。在南通师范学校第二附属小学的 23 年中，成尚荣先后担任过学校的副教导主任、副校长，后来又做了校长。李吉林也在这所学校任教，他们是同事，长成尚荣三岁。后来，成尚荣回忆说，他自己最大的收获，就是在李吉林的引领和帮助下学会了研究。"我向李吉林老师学习了很多，尤其是她'把工作当作研究来做'的品质。她不是一个普通的教书匠，而是一个真正的儿童研究者，不断地在寻找教育的规律。"

20 世纪 80 年代，一次偶然的机会，让成尚荣迎来了职业生涯的重要转折，他被调到江苏省教育厅任初教处副处长。到省教育厅工作以后，他得知南京师范大学正在筹备举办大学本科函授班，便打算报考。"那段时间，我拼命地读了很多书，大学语文、哲学、心理学、教育学……"天道酬勤，最终他考取了南师大教育系学校教育本科专业。三年函授教育，他比较系统地学习了教育理论。

从一开始教小学六年级，到被调至省教育厅任职，再到担任省教科所所长，之后又参加第七次、第八次课程改革，成尚荣在他的教育生涯中有幸遇到了这一次次机遇。每一次他都非常投入，认真地把握这些机遇。他无限感慨地说："有人说，机遇总是垂青于有准备的人，我却更愿意将这句话解读为：机遇是自己创造的，只要刻苦、努力、勤奋，就会有机遇。"

成尚荣将自己没有正式受过高等教育的训练当作人生最大的遗憾。因此，他尤其喜爱到大学校园漫步，欣赏学子们晨读的身影，感受大师们的流风遗泽。"知道自己基础薄弱并不是难为情的事情"，几十年如一日的努力正是出于这样一个朴素的认知——"勇敢地面对才能不断地激发自己、鞭策自己、提醒自己：世界有多大，学问有多少，你只读了这么一点点怎么够？"

一直以来，成尚荣阅读的书目都不止于教育类书籍，而是多方涉猎，包括哲学、经济、政治、伦理、社会学等各方面。他说："我读书的时候，会把别人的认识、观点纳入自己的思考框架，丰富自己的知识架构，甚至让自己的知识框架产生突破，我称之为'猜想性阅读'。"在他眼中，世界如此丰富多彩，只关注一个方面远远不够，而跨界可以开阔视野，创新也常常发生在知识的边缘地带、学科的交叉地带。"猜想性阅读"正是这样一种兼收并蓄的学习方式。

2002 年，61 岁的成尚荣退休了。退休后，他从未停止过读书和研究的脚步，在公务外出、讲学以外的大部分时间里，家里的那张书桌是他永恒的一方天地。他说："对我来说，只有坐在书桌前，才能追寻到人生意义。"成尚荣订了很多报纸杂志，如《光明日报》《文汇报》《读书》《新华文摘》《教育研究》《课程·教材·教法》等。对这些报纸杂志，他不是每篇都读，而是有选择地读。成尚荣不上网，网络上人家说什么他都不知道，心里很静。他不会打字，就是手写，写完后请别人在电脑上录入。他说："手写的感觉好。手写，我的思想全在里边了。"成尚荣写作从来不打草稿，一天最多可以写六七千字。昆曲《班昭》里有这样的唱词："最难耐的是寂寞，最难抛的是荣华，从来学问欺富贵，真文章在孤灯下。"成尚荣最喜欢这四句话，一直把它作为自己的座右铭。

"智慧是一种整体品质，它在情景中诞生和表现，以美德和创造为方向，以能力为核心，以敏感和顿悟为特征。""教育科研的最高原则是道德。""学校应成为教师专业发展的文化栖息地。"这一句句闪耀着智慧的话语，均出自成尚荣播撒于全国各地精彩的演讲和论坛实录。仅在 2015 年一年的时间里，他就在全国各地讲学、主持不下 50 场，为数以万计的一线教师播撒知识、廓清问题、探索新知。与此同时，他坚持为时而著，笔耕立言，十年中，他所撰写并收录于中国知网的理论文章就逾 400 篇。

"心有良知璞玉，笔下道德文章。一介布衣，言有物，行有格，贫贱不移，荣辱不惊。"2006 年，"感动中国十大杰出人物"评委会授予季羡林先生的这段颁奖词，成尚荣始终熟稔于心。他说："一个人总归要对这个社会发出点声音。作为教育人，应向季先生那样，作'道德文章'，做有良知的知识分子。"

王旭明重返讲台

为了参加中国新诗百年抒情诗论坛暨王旭明诗集《人与土》研讨会，我在绿皮火车上站了一宿，太阳升起时，才到达北京。下午，我来到商务印书馆，在涵芬楼二层《钦定四库全书》书墙下，找到了自己的座位。不懂诗歌创作和诗歌评论的我，为什么到诗界翘楚云集的会上凑热闹？因为我要见王旭明。

王旭明"头衔"很多：教师、记者、诗人、出版家、教育部新闻发言人。面对上述这些头衔，60岁的王旭明非常眷念最初的语文教师职业生涯。这话还得从30多年前的一堂课说起——

1984年8月，北京的夏天特别热，热得知了在树上不停地鸣叫，热得不少男人在胡同里变成了"膀爷"。就在这一年的暑期，有一位英俊潇洒的小伙子从北京师范学院（现首都师范大学）毕业了，他就是王旭明。

那一天，王旭明身着一件白色短袖衬衫，脚蹬一双黑色凉皮鞋，冒着酷暑来到了丰台南路。他抬头一看，面前正是他要报到的地方——丰台七中。这是一所刚刚建立的初级中学。新学校，新学期，新学生，新课本，新老师，新环境，对他来说，这里的一切"像刚落地的娃娃，从头到脚都是新的"。就是在这所学校里，王旭明当了整整七年的语文先生。

王旭明在大学是学中文的，刚参加工作时，他的"初心"就是要教好语文。可是，初登讲台，像许多年轻老师一样，他不知怎样才能把课上好。随着"时髦"走，放录音，拿腔作调朗读，煽情朗读，把语文泛化、虚化、情感化，浅表滑行的对话，大搞"人文关怀"，以及公开课前让学生"排练"，等等，他都有表现。

有一次，区教研员吴桐祯听他讲朱自清的《春》，非常不满意。座谈时，吴老师提了几个很尖锐的问题:《春》是一篇妩媚的散文，这堂课你让学生学到了什么？文章的题目和文本是什么关系？文本中的几段内容之间又是什么关系？"盼望着，盼望着……"只写一个"盼望着"行不行？这几个问题问得王旭明丈二和尚摸不着头。带着这些问题，他仔细学习吴老师的语文自学体系小册子，多次登门拜访，请吴老师指教。在吴老师的精心指导和耐心帮助下，第二年，王旭明又一次做了公开课《春》。此课得到吴老师的充分肯定，也成为区级优秀课，他也因此成为区级优秀青年语文老师。从此，王旭明拜吴老师为师，紧扣字、词、句、段、篇、语、修、逻、文，去掉"豪华包装"，简简单单教语文，本本分分为学生，扎扎实实求发展。在不断的历练中，王旭明也把对语文教育事业的热爱深深地植根于他的心中。

白驹过隙，岁月奄忽，30 个春秋过去了。

2016 年，国庆前夕，王旭明重返讲台，在河南郑州给二年级小学生上了一节口语交际课，题目是"学习打电话"。王旭明呈现的这节课，让 800 多名与会者感受到了语文教学的幸福与魅力。

请看他引导学生解读"语文"的片段：

师：刚才同学们说了，二年级学了很多科目，那么第一门课是什么？

生：语文。

师："语文"的第一个字是什么？

生："语"。

师：我想问问大家，语文的"语"是什么意思？

（一人举手）

师：就一个人知道。你是语文科代表吗？

生：是。

师：就一个科代表知道。老师告诉你们，语文的"语"是语言的意思，是……

生：说话。

师：你把老师的话给说出来了。"语文"的"语"就是什么意思？

生："语文"的"语"就是说话的意思。

师：大家听见了没有？

生：听见了。

师：大家记住，语文的"语"就是说话的意思，所以上语文课就要说话。今天咱们的说话，看谁说得好，看谁会说话，看谁敢说话，看谁说话次数多。这两位同学已经多次举手，要向他们学习。可能大家都有疑问，说话还用学吗？

生：用。

师：说话是生下来就会说的吗？

生：不是。

师：后来是自然就会了，那还用学吗？

生：用。

师：很好，大家异口同声地说。（对学生）你要说什么？

生：还要说普通话。

师：对，不仅要说话，还要说普通话。大家的认识非常对，学语文要学说话。今天我们就上一堂学说话的课。说话的方法那么多，我们今天要学说哪一种呢？大家手里都有教材，请大家看一看，要学什么？

生：打电话。

口语交际特别重要又少有人讲。为引导老师用好教材，为让学生在实践中学语文，王旭明凭着自己的学识、修养和功底，力排众议，亲自"下水"示范，足以证明他的实力。

坐在台下的贾志敏目睹了这节真实、朴实、平实、扎实的口语交际课，为王旭明那非凡的勇气而肃然起敬。他说："此时，电影《英雄儿女》中，在战壕里，王成冒着连天炮火，孤身一人向着对讲器声嘶力竭地喊着：'向我开炮——'的一幕油然而生。壮士也！"王旭明大胆尝试，勇于创新，正像有的专家评价的那样，在真语文的路上，他赴汤蹈火，在所不辞。他有荆轲"风萧萧兮易水寒，壮士一去兮不复还"的坚定和壮烈，他有刘邦《大风歌》中"大风起兮云飞扬，威加海内兮归故乡，安得猛士兮守四方"的那份踌躇满志和心怀天下的胸怀。

王旭明为什么要重返讲台上语文课？

他说："以我的年龄、经历和资历，再回到讲台给孩子们上课，是想评高级教师职称吗？当然不是。是想获得大师的称号和其他社会荣誉吗？当然也不是。"那么，王旭明为什么在阔别讲台 30 年以后，"卷土重来"呢？

2008 年，他出任语文出版社社长。由于工作的关系，他开始重新接触中小学语文教育。无数次走进学校和课堂，他目睹了语文教育的种种怪相，他为语文教学之现状及前景表示无尽忧虑和无限失望。

源于此，2012 年 11 月，他组织一批同人志士集结在福建泉州，发出倡议，提出理念，用语文的方法教语文，引导学生说真话、写真文、诉真情、做真人，并发表了《聚龙宣言》。在此后的四年里，他率领众多教师，奔赴大江南北，转战长城内外，在全国开展"真语文"活动。此次，"真语文"首进中原大地，在河南郑州站活动现场，他凭着对语文教学深深地爱，以及对当下中小学生语文水平不尽如人意深深地担忧，现身说法，上了这节口语交际课。

"长风破浪会有时，直挂云帆济沧海。"据悉，王旭明有生之年，要在全国培养十万名合格语文教师。我为之点赞，王旭明，你有魄力！

挚友赵景瑞

2014 年 11 月，第 40 届"创新杯"全国优秀青年教师教学艺术大赛暨学术研讨会在成都如期召开。遗憾的是，我的同伴赵景瑞因病没有到会，大会组委会临时将我安排到语文会场，替他负责赛事的组织工作。

赵景瑞长我四岁，特级教师，退休前为北京市崇文区教育研究中心副主任，我习惯称他为赵兄。我与赵兄相识近 20 年，对他的了解就像读一本书，由初识到熟识，由熟识到深知，由深知到挚友，在"创新杯"这个平台上结下了深厚的友谊。2007 年，在四川绵阳会议上，志同道合的我们双双获得了"全国教学艺术特别贡献奖"。

赵兄的颁奖词是：

> 著名特教教师赵景瑞，一位年已六旬的老者，精神矍铄，退而不休，仍活跃在全国小语研究的舞台上。20 世纪 80 年代，他与反馈创新结缘，扩展到语文领域，先后在首都北京主持承办了三届年会，影响深远，功不可没。他乐于提携后生，精心培养后生，赛台锻炼后生，众多后生脱颖而出，人梯精神可敬可佩。他的教学，幽默风趣，挖掘深透；他的点评，互动和谐，切中精辟；他的论文，选题创新，贴近实际。获此殊荣，实至名归。

我的颁奖词是：

> 朴素、朴实的白金声，虽年事已高，是国务院政府津贴的获得者，著

名的特级教师，但在反馈创新的平台上，却生龙活虎，俨然普通一兵一样，主持、点评、搬物、布台，主动超前，样样跑前，贡献无人可比，奉献无人不敬。他的教学，情感激昂，训练扎实；他的点评，切实中肯，底蕴深厚；他的博客，交流及时，人气旺盛；他的为人，平凡中见精神。获此殊荣，众望所归。

我把赵兄称为同伴，原因是在"创新杯"活动中，我们几乎形影不离。开会，同在一组；住宿，同在一室；用餐，同在一桌；游览，同去一处，如同一个人似的。

有人曾这样描述过赵兄："这个老头，赤红脸膛上最显眼的是那灰白长眉和那对深陷眼窝里闪着睿智灵光的双眸，瘦高身材中最显眼的是那左肩高右肩低的斜线，魅力指数中最显眼的是他那洪亮的大嗓门和风风火火的急脾气。"他的形象的确这样。

有一次，"创新杯"教学艺术大赛开幕式结束后，他做公开课。一千多人在台下听课。三年级的小学生哪见过这样大的场面，他们真有些紧张。赵兄大步流星地走到台上开始讲课。

师：孩子们，你们知道我姓什么吗？

学生：（怯生生）不知道。

师：要是不知道的话，那就来猜猜吧，能行吗？

生：（声音不高）能行。

师：能行吗？

生：能行。

师：那好，我先说姓："我走在岔路口。"

生：赵。

师：怎么猜出来的？

生：因为"走"字上面加一个叉，就念"赵"。

师：你真会动脑筋！接着猜：北京的上头有日头。

生：景。

师：为什么你认为是这个字？

生：因为北京的"京"字上面加一个"日"字就念"景"。

师：太好了！第三个字难点儿：王、山、而，三个字凑一凑，看你怎么凑？

生：是个"瑞"字。

师：哪个"瑞"字？

生："瑞雪"的"瑞"。

短短几分钟的交流，学生们在这位和蔼可亲的长者面前，就已经放松和自然了很多。而这看似不经意的交流，正体现了赵兄育人的智慧。他不把自己的名字直接告诉孩子，而是采用猜谜的方式引发学生的兴趣，缓解学生坐在偌大的剧场上课的紧张情绪，体现了对学生的关爱。而在积极动脑猜字的过程中，又使学生潜移默化地感受到了汉字的趣味性，热爱祖国文字的情感悄悄植入学生的心灵。

猜字导入，情智相容，这是上课。我们再来看看赵兄是如何评课的。

在"创新杯"教学艺术大赛中，我与赵兄是"同一战壕的战友"，多年听他的评课，特别喜欢他独特的点评方式。他擅长于在互动中评课，在询问中评课，在研讨中评课。点评时，评者不在上，不在外，而是融入人文关怀之中。优点评够，不足评透，方法给够，不但有理论，还现身说法，信手拈来的教学案例总是那么鲜活，又能利用一切教学资源。在风趣幽默的对话中，常伴随着爽朗的笑声，这笑声能很快消除陌生老师对他的戒心。

与赵兄同住一个房间，简直受益太多了。赵兄喜欢聊天，聊天时，他三句话不离本行，聊着聊着，最后，话题总会落在教研上。在我的笔记本上，还记着他的一些金句：

> 搞研究需要有三劲：没有钻劲，就深不了；没有拼劲，就干不了；没有韧劲，就做不好。
>
> 长江后浪推前浪，这是趋势；长江后浪超前浪，这是必然；长江前浪帮后浪，这是责任；长江前浪让后浪，这是境界。

说得多好，太精辟了！

每次开会，晚饭后都有一些青年教师来到房间请他帮助备课。只要和他在一起研究教材，老师们就会被他的智慧和幽默所吸引。他习惯于在房间里背着手踱来踱去，从不告诉这课应该如何设计，而是先让教师来说，他静静地听，认真地记，而后再启发教师思考。这种做法像中国武术中的接招、拆招的训练，他提的每一个问题，令你不得不深思。比如，《可贵的沉默》这一课，他让老师从题目入手研读课文，课题为什么叫《可贵的沉默》？沉默为什么可贵？沉默对于谁是可贵的？带着这些问题备课，能牵一发而动全身。"接招"的老师恍然大悟："我怎么没想到这统领的关系？赵老师不愧是大师！"

夜深了，老师走了，他便打起了鼾。

该起草会议纪要了，为了不打扰他休息，我从床上悄悄起来，蹑手蹑脚地走进洗手间，轻轻地关好门，坐在马桶上，动笔写起来。不知过了多久，他着急忙慌地推开洗手间的门，见我正在昏暗的灯光下奋笔疾书呢，惊讶地喊道："干嘛呀您，吓死我了！"也许是惊吓的缘故，后半夜他一直在床上辗转反侧，久久未能入睡。都怪我，不该背着他深更半夜在洗手间里起草会议纪要。

我和赵兄都是热爱生活的人，喜欢旅游是我们共同的爱好。"创新杯"活动结束后，只要时间允许，我们都要在当地玩上半天，或浏览湖光山色，或了解风土人情，或品尝特色小吃。在昆明，我们去过滇池；在吉林，我们去过长白山；在厦门，我们去过鼓浪屿。每到一处，他都会用照相机留下那美好的瞬间。

赵兄愿意写诗，2006 年 11 月，在长沙湖南第一师范学校举办的"创新杯"教学艺术大赛上，他勉励获得一等奖的选手们：

手捧奖杯笑盈盈，回首历程苦乐情。

难忘平台谁搭起，劲草实为高山擎。

遥望前方成才路，柳暗花明喜登程。

创新艺术无止境，无限风光在险峰。

在颁奖时，他语重心长地对获奖选手们说："要牢牢记住，你是山上的一棵草，不是你高，而是山高。"这是在教青年教师做人啊！

2008 年，教育科学出版社出版了我的专著《我为语文而来：白金声教学艺术》，翌年，又出版了他的专著《我的探索——小学语文教学：思想与艺术》。在南宁开会的时候，他送给我一本他的大作，顺手在扉页上写下这样几个字：

与金声为语文而去！

赵景瑞

2009 年 3 月 10 日于南宁

不知赵兄为何写这样的话，好不叫人伤感！想着想着，我忽地释然了：齐肩为朋，同道为友，一日语文人，一世语文情。只要活着，我们的人生就没有句号，一直到死！

徐州的"四条汉子"

"四条汉子"的称谓，源自鲁迅先生的《答徐懋庸并关于抗日统一战线问题》一文，指阳翰笙、田汉、夏衍、周扬四人。本文的"四条汉子"乃小语界名闻遐迩的张庆、徐善俊、于永正、高林生。从年庚上论，张庆应为伯，徐善俊应为仲，于永正应为叔，高林生应为季。他们都是徐州人，且在一个师范学校读过书，互称学兄学弟。毕业后，又成为"同一战壕战友"，均在彭城长期从事小学语文教学与研究工作，先后被评为特级教师。几十年的相处，哥四个彼此志同道合，具有团队智慧，所向披靡，形成了"徐州现象"，蜚声全国。

一、读书、写书、编书的张庆

南京。

2009 年 4 月 16 日。

钟山宾馆会议大厅灯火辉煌，座无虚席。由教育部基础教育课程教材发展中心等单位联合主办的"《张庆文集》首发式暨张庆语文教育思想研讨会"在这里召开。主席台上，一位戴着眼镜的老人坐在柳斌身旁，在热烈的掌声中，他站起来向台下 700 多名与会代表招手致意。这位鹤发童颜的老人就是张庆。

张庆，1957 年毕业于徐州师范学校，曾教过小学、中学等。1962 年调到徐州市教研室从事小学语文教研工作，一干就是 30 多年。从 1994 年起，担当苏教版小学语文教材建设重任。张庆一直以一位优秀的小语教研员和小语教材主编的身份出现，几十年的工作生涯，他头上没有几顶桂冠，也缺少耀眼的光环。他一心治学，甘坐冷板凳，能够单独出版八卷文集，不能不说他是一位学富品高的教育专家。

张庆有着厚实的古文功底，他对古文感兴趣始于1954年上师范的时候。那时的语文分成文学与汉语两科，而文学课本是按照文学史的顺序编写的，选入的课文全是中国古典文学中脍炙人口的名篇佳作。第一课便是《诗经》中的《关雎》："关关雎鸠，在河之洲。窈窕淑女，君子好逑……"这首民间歌谣点燃了张庆对古文乐此不疲的研读欲望。

张庆"恶补"古文是在20世纪50年代末。他知道，研读古文的关键不在于语法，而在于是否掌握足够的文言实词。为此，他买来一本不加注释的《聊斋志异》，如饥似渴地逐篇细读。读书时，左边放一本《辞海》，右边放一本笔记本。遇有不认识的字或不甚理解的词语，就联系上下文想一想，猜一猜，然后再查《辞海》加以印证。直至彻底弄懂了，再将《辞海》中的相关解释摘抄到笔记本上。就这样，一部《聊斋志异》读完了，光笔记本就密密麻麻地记满了三大本，不啻为全书作了注释。

"文化大革命"结束以后，张庆开始致力于文字训诂和文化史方面的研究。他说："要透彻地读懂文言文，除了要有语法、词汇知识的积累外，还涉及许多问题，如对那个时代的文化，诸如天文、地理、历法、乐律、制度、刑法、职官、科举、礼仪、姓名、宗法、岁时、风俗、宫室、车马、饮食、衣饰等方面的情况都有所了解。"张庆是这样说的，也是这样做的，他过硬的古文功底为后来编写语文教材奠定了坚实的基础。

张庆长期从事语文教学和研究工作，硕果累累，个人专著有《我的小学语文观》《面向未来的母语教育》和煌煌八卷本的《张庆文集》。这些著作全面总结了他半个多世纪的语文教学思想，凝聚了他长期探索和思考的心血和智慧，为母语教育的研究献上了一个完整"样本"。

《张庆文集》第一卷为《感悟篇》，主要讲他对母语教育的一些基本观点和思想。全书共设14个标题，每个标题下以一首短诗来概括其内容，这些韵语是对语文教学规律性的提炼和总结。限于篇幅略举几首。

"养成好习惯，恒久乃为功。终生受其益，譬若影随行。"

"岂唯纯工具？写字可育人。砚穿池尽墨，笔走泣鬼神。"

"教者如媒妁，促其自沟通。读书须自悟，哓哓不中听。"

"书山趣为径，有径自奋登。何为教之道？蹲下看学生。"

"学理若筑塔，习文是聚沙。铢积复寸累，日久气自华。"

张庆是苏教版小语教材建设的主将，更是身先士卒、举重若轻的优秀指挥员，苏教版和他的名字是紧紧连在一起的。他认为，主持新教材的编写工作可以将自己积蓄了大半生的语文教学、教研经验和体会通过编教材完全"释放"出来。为了编好新教材，张庆从一开始就下决心与编写组的同人一起，殚精竭虑，干好这件功德无量的事。

张庆首创"词串识字"，闪耀着创造智慧的光辉。他高屋建瓴，以丰厚的汉语文化为背景，以行之有效的优秀启蒙做法为基石，以现代生活的需要为标杆，追求独特，大胆创新，使教材面貌焕然一新。请看二年级上册"识字六"：

骏马　秋风　塞北

杏花　春雨　江南

椰树　骄阳　海岛

牦牛　冰雪　高原

这类识字课文，表面看来，好像是几行排列整齐、毫不相干的词语，其实这些词语不仅是联系紧密、语义相关的，而且是形式整齐、押韵合辙的，是词语的串联，就像北京的冰糖葫芦那样，所以称它为"词串"。这篇识字课文共四行：第一行讲的是塞外风光，第二行讲的是江南景色，第三行讲的是南国椰林，第四行讲的是西藏高原。气象阔大，包容春夏秋冬和东南西北，且对仗工整，自然化用。纵向看，第一列是各地典型的动植物，第二列是反映一年四季的典型事象，第三列是祖国不同的地域、地形。二、四两行押 an 韵，读起来朗朗上口——民族化的教材，现代化的教材，简约化的教材，汉语独特的美，母语浓浓的情，诗情画意，充盈其间。

有人说，张庆是云龙山下的一智翁；有人说，张庆是全国小语界的"常青树"；有人说，张庆是基础教育战线的"江苏之子"，更有人撰联表达对他的敬佩之意："经纶杏坛，情注七彩语文，沾溉桃夭李馥；淹漫学海，笔煊八卷墨香，氤氲凤髓龙肝。"这就是读书、写书、编书的张庆！

二、善抠、善问、善读的徐善俊

2014 年 3 月 21 日，江苏省于永正语文教学研究所揭牌仪式暨高层论坛活动在徐州白云酒店举行。掌声中，一位老人缓步走上讲台，发表了热情洋溢的讲话。这位老人就是小学语文界大名鼎鼎的徐善俊。

出身于教师世家的徐善俊，1959 年徐州师范学校毕业后，就到徐州市鼓楼小学当了教师。在领导的提携下，他经常上"接待课""公开课""比赛课"，并立下了誓言："衣带渐宽终不悔，课不惊人死不休！"1984 年，他被调到鼓楼区教研室，做了语文教研员，与身怀绝技的张庆、于永正、高林生共事多年。1993 年被评为全国优秀教师。1995 年，到徐州市民主路小学当副校长，积极参与并引领全校教学改革。1998 年获江苏省"红杉树"优秀园丁奖。1999 年以后，退而不休，凭着丰富的经历和多元的经验，到全国各地上课、讲学，深受老师们的欢迎。

徐善俊的教学观很大气，教学风格也很独特，他教语文，实而不死，活而不花。钻研教材，讲究一个"抠"字；教学过程，主张一个"问"字；教法设计，追求一个"读"字。人称善抠、善问、善读的徐善俊，是如何"抠""问""读"的呢？下面我们就来领略一番。

1985 年秋，他在徐州空军后勤学院的大礼堂里教授《视死如归》。课文中有这样一句话："什么'招'字，早就从我的字典里抠掉了。"这是王若飞回答敌人的一句话，此话非常好懂，按一般的处理方法，指导学生朗读一下就过去了，可徐善俊却在这里教出"彩"来了。

    师：是不是王若飞真的拿出字典把"招"字抠掉了？

    生：不是！

    师：那这句话是什么意思呢？谁能改变一下说法，不说"从字典里抠掉"，但意思不变。

    生：我绝不说出党的机密，不当叛徒！

    师：对！可王若飞为什么不这样说，而说"什么'招'字，早就从我的字典里抠掉了"呢？

    生：这样说，听起来特别有力，显得特别坚定！

    师：是的，这句话里有两个词最能突出王若飞对革命忠心耿耿，对敌人无比蔑视，读一读，看看是哪两个？

    生：一个是"早"字，一个是"抠"字。

    师：对。"早"就抠掉了，早到什么时候？

    生：早到王若飞参加革命的那一天。

    师：说得对！从这里可以看出，王若飞从参加革命那一天开始，就下定决心忠于革命，绝不叛变革命。——"抠"是个表示动作的词，不用"抠"还可以用什么词？

    生：还可以用"擦"。

    生：还可以用"涂"。

    师：那么，王若飞为什么说"抠"掉，而不说"擦掉""涂掉"呢？请大家做一下"抠"和"擦""涂"的动作，比较比较，体会体会。（学生做"抠""擦"和"涂"的动作，纷纷举手）

    生：用"抠"更有劲！

生："抠"更能突出王若飞对叛徒的恨！

徐善俊为什么要花大工夫来抓这些闪光的字眼呢？他说："语文教学要咬文嚼字。特别是名家名篇，很讲究词语的锤炼。作者总是呕心沥血地搜求最贴切的词语，来准确地表达意思。我们就是要抓住这些闪耀着作者智慧的'光点'不放，引导学生反复咀嚼，反复玩味，反复吟诵，来寻求文章的内蕴，体会作者遣词造句的匠心。这是培养学生阅读能力和用词造句能力的一项重要训练。"

徐善俊潜心研究"以问促读促思"阅读教学方法，究竟怎么个问法才能达到"促读""促思"的目的呢？他在实践中进行了可贵的尝试，也取得了可喜的成果。如在教《将相和》中"完璧归赵"的故事时，徐善俊提出了这样一个问题："蔺相如抱着和氏璧要撞柱子，是真撞还是假撞？"蔺相如到底是真撞还是假撞？一些学生坚持说真撞，因为蔺相如很勇敢；另一些学生则认为他是假撞，他不过吓吓秦王而已，说明蔺相如很机智。徐善俊不置可否，只是说："请大家默读课文，前后联系起来想一想。"课堂上又是一片沉静。读了又议，议了又读，新意见终于出来了："蔺相如撞柱子不能说真，也不能说假。如果秦王答应了他的要求，就不会撞；如果不答应，来抢，他就会真撞。"徐善俊正要表扬这位学生，又有一个学生站起来说："蔺相如是见机行事，这才能看出他既机智又勇敢。"徐善俊笑了，听课的老师啧啧称赞。是的，这才是蔺相如的品格啊！学生的这些见解，都是徐善俊绝妙的问题给激发出来的。

朗读是徐善俊的绝活，也是他语文教学的重要手段。他精力充沛，情感丰富，朗读课文声情并茂。他特别擅长教有关历史故事、战斗故事及有悲壮美的课文。他上这样的课总能激起学生的情感波澜。他朗读《景阳冈》"武松三闪"，跌宕起伏，扣人心弦，好像武松就在眼前；朗读《小珊迪》却又如泣如诉，让人撕心裂肺，好像小珊迪就在身边。需要讲解时，则言简意赅，画龙点睛，或褒或贬，或抑或扬，充满激情，使人感奋，使人震撼。1979年，他在《江苏教育》

上发表的第一篇论文就是讲朗读的，题目是《讲读课必须重视朗读》。

1991年暑假，徐善俊到大连讲学、上课。课后，一位青年教师对他说："我们在报刊上经常见到您的名字。在我的想象中，您是一位女老师，是一个文质彬彬的人，没想到您竟是一位这么魁梧的男老师。您在讲台上是那么有朝气、有魄力、有活力，朗读得竟是那么有感情、有韵味！具有阳刚之美。"徐善俊笑了，语重心长地说："朗读是语文教师的基本功，语文课岂能等闲视之，基本功不可低人一等！"

三、童心、童趣、童真的于永正

于永正这个名字，从20世纪80年代至今，在中国小语界几乎无人不晓。他是江苏省继斯霞、李吉林之后涌现出来的具有探索精神和鲜明教学个性的又一位名师。

于永正，1962年毕业于徐州师范学校，随后，一直从事小学语文教学工作。他缘何从一名普通教师成长为教育部"跨世纪名师工程"向全国推出的首位名师？他靠什么征服了那么多听过他的课的老师？苏霍姆林斯基说："只有那些始终不忘记自己也曾是一个孩子的人，才能成为真正的老师。"答案就在这里。于永正教了50多年的书，最终把自己教成了孩子。岁月的刻刀可以在他脸上刻上深深的、密密的皱纹，却刻不到他的心上，因为他是个"老顽童"。

"您在我的心目中，不但是一位好老师，而且是一位好的大朋友。您亲切、和蔼。我第一次上您的课时，就不怕您，一点也不怕。我永生也不会忘记您这位思想活跃、开阔，性格活泼的大朋友。"——这是一位叫张婕的学生在毕业前写给永正信中的一段话。课堂上的于永正俨然是个大孩子。瞧，在《狐假虎威》中，他成了那只"东张西望、半信半疑"的老虎，他气急败坏地喊道："我也没到退休的年龄，也没有犯错误，凭什么叫我下岗？"多有趣！那诙谐的语言、夸张的动作、极富变化的表情，似乎真的将你带入了神奇的语文艺术殿堂。有人说："于永正教学上的成功，多半归功于他的微笑。"此话千真万确。鲜花，是春天的微笑；星星，是夜空的微笑；浪花，是大海的微笑；焰火，是节日的微笑；爱心，是教师的微笑。教师的微笑，有着神奇的感染力，它能激发学生的学习兴趣，开启学生心灵的窗扉。对学生多一份微笑，教学情感的氛围就多一份浓度。

下面让我们再来看看学生张婕的这位"忘年"学习伙伴在课堂上的表现吧。

上作文课《爱鸟》时，只见他戴着一撮胡子，穿着一件马褂，手持一杆猎枪，蹑手蹑脚地走进"树林"里。

（生哈哈大笑）

师：哈哈！树林里的鸟真多呀！瞧，这只大山雀多肥呀！我看它往哪飞！（说完，举枪瞄准，"啪"的一声枪响）唉，没打着。

（生无动于衷）

师：你们应该干什么？你们能让人随便打鸟吗？你们怎么坐着不动呀？

生（纷纷站起来）：叔叔，不能打！不能打！

师：我能打，我的枪法好得很！别吵，别把鸟儿吓跑了。

生：不行，因为鸟可以捉虫子。

师：我知道。可是它的肉好吃。俗话说："宁吃飞禽一两，不吃走兽半斤。"不信，我给你们一人打一只，拿回家烤一烤，尝一尝！

生：不行！不行！

师：为什么不行？

生：因为鸟能吃害虫呀。

师：吃害虫？一只小鸟能吃多少害虫？打死三只两只没关系！

生：它一个夏天能吃3000多只害虫呢。

师：我才不相信呢，一只小鸟能有这么大的饭量？

生：叔叔，这是书上写的。一只鸟能吃3000多只害虫，那一树林子里的鸟能吃多少只害虫呢？你要是一天打一只鸟，这树林里的鸟迟早要被你打光的。这样，大自然的生态就失去平衡了！

（师静静地听着学生的发言，一副虔诚虚心的模样。最后，放下猎枪，去掉猎人的装束）

教古诗《草》时，他检查学生学得是否扎实，要求学生回家将《草》背给家里的人听。在课堂上，师生模拟回家背诵的情景：

师：小朋友，放学回家谁愿意背给妈妈听？

（生纷纷举手）

师：现在，我当你妈妈，你背给我听听好吗？想想，到了家里该怎么说。

生：妈妈，我今天学了一首古诗，背给你听听好吗？

师：好！（生背）

师：我女儿真能，老师刚教完就会背了。谁愿意回家背给哥哥听？现在我当你哥哥，你该怎么说？

生：哥哥，今天我学了一首古诗，我背给你听听好吗？

师：哪一首？

生：《草》。

师：噢，这首诗我也学过，它是唐朝大诗人李白写的。

生：哥哥，你记错了，是白居易写的。

师：反正都有个"白"字。我先背给你听听：离离原上草，一岁——

生：一岁一枯荣。

师：野火烧不尽，春……春……哎，最后一句是什么来着？

生：春风吹又生。

师：还是弟弟的记性好！

师：谁愿意背给奶奶听？现在，我当奶奶。你奶奶没有文化，耳朵有点聋，请你注意。

生：奶奶，我背首古诗给你听听好吗？

师：好！背什么古诗，什么时候学的？

生：背《草》，今天上午刚学的。

师：那么多的花不写，干嘛写草哇？

生：嗯，因为……因为草很顽强，野火把它的叶子烧光了，可第二年又长出新芽。

师：噢，我明白了。背吧！（生背）

师："离离原上草"是什么意思？我怎么听不懂？

生：这句诗是说，草原上的草长得很茂盛。

师：还有什么"一岁一窟窿"？

生：不是"一岁一窟窿"，是"一岁一枯荣"。枯，就是干枯；荣，就是茂盛。春天和夏天，草长得很茂盛，到了冬天，就干枯了。

师：后面两句我听懂了。你看俺孙女多有能耐！小小年纪就会背古诗！奶奶像你这么大的时候，哪有钱上学啊！好，今天的课就上到这，小朋友，放学回家后请把《草》这首古诗背给家里的人听。

于永正，深谙语文教学的真谛，创造了令人陶醉的教学艺术。

四、能说、能写、能干的高林生

高林生是一位传奇式的人物。他"五岁诵六甲，十岁观百家"，小时候就会背《过秦论》和《曹刿论战》。在徐州师范学校上学时，几乎没有认真听过一节课。干什么呢？偷看课外书。课余，他喜欢说山东快书，哪里有高林生，哪里就有竹板声，竹板声响遍了学校的角角落落。工作后，他开始教语文，接着改教体育，当过游泳运动员，曾做过大军区田径队的教练。后来，和著名笑星韩兰成合说相声。那时，在14寸黑白电视中，经常能看到他的演出。再后来，他在徐州市鼓楼区教师进修学校教大学语文。他讲古文从不看书，边背边讲，学员们听得眼睛都直了。几年后，被调到鼓楼区教研室任语文教研员。因为他既有实践经验，又有一定的理论水平和文学修养，工作很出色，48岁时，高林生当上了鼓楼区文教局副局长，分管教学工作。不久他到了南京，成了"苏教版小语教材常务编委"，领导又给他安排了个培训部主任的职位。2002年，他评上了特级教师，还被多所大学聘为客座教授。晚年，他坐拥书城。几千册的藏书中，多数为文史古籍，单是《说文解字》就有好几种。他读书很杂，即使像《脑神经解剖学》《脑神经心理学》这类专业性很强的书，他也苦读过。

高林生阅历丰富，见多识广，学养丰厚，知识渊博，人送绰号"万人迷"。

他嘴皮子厉害，平时说话幽默风趣，开心的笑声总荡漾在他的周围。作报告时，常常旁征博引，充满智慧，牢牢抓住听者的心。

2005年元月20日，苏教版小语教材全国第八次培训会议在西安市召开。晚上，来自全国各实验区的1200多位代表在陕西省政府宴会厅举行联谊会。联谊会由高林生主持，他上串下联，自然流畅；才思敏捷，妙语连珠。中间或穿插一曲他的男高音独唱，或穿插一段他的快板书。整个联谊活动欢声笑语，不绝于耳。

2006年6月底，在连云港举办苏教版小语教材省级培训活动。时值下午，听了一天课的老师有些累了。当他评课时，已有老师陆陆续续退场，会场比较杂乱。面对这种场面，他的几个徒弟都替他捏了一把汗。这时，高林生不慌不忙，语言顿挫，大声说："今天听了六节课，总体的印象是一句古诗——'梅花香自苦寒来'。我想说的第二句话是，'革命尚未成功，同志尚需努力'。"接着他用"重情趣、重感悟、重迁移、重积累、重习惯"来概括下午的课。原来退场的老师被他精彩的评课吸引了，又陆陆续续回到原先的座位上，拿出笔记本跟着他评课的节奏记录起来，秩序井然。本来大会安排他评课半小时，在听课教师的再三要求下，延长到一个半小时。听课的老师经常为他精彩的言谈鼓掌、喝彩。

高林生不但能说，还能写，已发表文章400多篇，出版专著六七本。在他的著作中，有很多关于语文教学的精辟论述，现撷取两段，让我们细细咀嚼一下：

越是人人熟悉的事情，越是人人认识不清，吃饭睡觉是这样，语言文字也是这样。现在的语文教学，各种流派层出不穷，一会儿诗化语文，一会儿深度语文，一会儿生活语文……所有的这些，就像给语文教学穿上了越来越多的衣裳，化了越来越厚的妆。语文教学穿的衣裳多了，反而掩盖了语文学习的本体。就如在马中，白马、红马、黑马都很漂亮，但再漂亮还是马，只能代表马的一个种类。想判断这是不是一匹马，还要看它是否具有马的特点。语文教学也是如此。各种流派的语文教学，终究还要回到语文本体——语言文字。语言文字，是学生语文学习中最为美丽的胴体。

制约语文教学的瓶颈不是教师缺乏课改理念，根子在教师课前对文本缺乏正确的解读。假如教师在课前没有对要引导学生阅读的文本融入自己的感受、认识，没有将自己的经历、认识的独特视角读出来，如临其境，获得心灵的启迪和情绪的感染，自己的理解与学生在同一个水平上，反而拘泥于教参，把时间大多用在具体的教学设计上，无异于杀鸡取卵、舍本求末。

说得入木三分，发人深省。

高林生出口成章，下笔成文，皆源于他的能干。他常说："下基层调研，不进课堂就等于没有到过这所学校。"当局长的时候，很难在办公室找到他，他要么蹲在教研室，与教研员研究教学改革；要么下到学校，与教师探讨教材教法，每学期听课都在100节以上，为鼓楼区的素质教育倾注了大量心血。

1995 年，省教委请高林生到南京参加"江苏省语文教改成果汇报会"，介绍鼓楼区语文教改经验。13 分钟的发言，竟博得了 11 次掌声。2000 年 6 月 1 日，鼓楼区 3000 多名小学生的语文作业在江苏省教育委员会一楼大厅展出。同年，鼓楼区和铜山县一起被省教委定为"江苏省素质教育实验区"。

在当苏教版小语教材培训部主任的时候，他意气风发地参与到为实验区老师培训的服务中。去山东，往河南，进湖北，到重庆，赴广西，下海南，穿梭于大江南北，奔波于长城内外，飞机、火车、汽车成了他流动的家。每到一个地方，白天培训，晚上辅导，讲课评课答疑解难，忙得脚打后脑勺。

高林生能干，能讲，能写，大器晚成的他干得出色，讲得精彩，写得漂亮，真叫人佩服！

20 世纪 30 年代，文艺界的"四条汉子"在中国现代文学史上创造了辉煌，留给后人的是一本本厚重的书；当今徐州小语界的"四条汉子"，不但把一个地域的母语教育推向一个很高的境界，而且还给青年教师留下了很多动人的故事。

走近魏书生

魏书生在中国教育界是一位重量级的人物，也是谜一样的人物。

我和魏书生有过多次交往。

1986 年 7 月，也就是魏书生被评为"特级教师"和"全国优秀班主任"之后的第三年，在辽宁省教育厅张树棣处长的陪同下，魏书生风尘仆仆地来到双城，在影剧院给千余名中小学教师做了一场报告。当时，他跑步上场，直立演讲。潇洒的风度，幽默的语言，真诚的叙述，入理的阐释，给我留下了深刻的印象。

"同志们，我和张树棣处长刚下火车，匆匆来到这个会场，是为了向大家汇报我的教学工作。"代表们千余双热情的目光投向这位全国闻名的教育改革家。

"有人问，你当书记、校长，又当两个班的班主任，教两个班的语文课，还有 20 多项社会兼职，一年中有将近三分之一的时间外出开会做汇报，这么多的工作，干得完吗？"他用辽宁口音平淡地叙述着。

全场静寂，代表们无不惊异，这不会是神话吧？我坐在后排，目光紧盯着这位名人，第一次惊诧于他还有这么重的工作量。以前，我教两个班的语文课，只当一个班的班主任，就累得骨头要散架似的，而他……

"谁都可以创造出适合自己的教育教学的具体方法，主要是发挥学生的主观能动性。要做到这一点主要是：第一，在人和环境之间要多改变自我……"

他一直站着讲了两个多小时。我第一次听到如此动人的报告，竟然忘了记笔记。听到精彩之处，我情不自禁地和代表们一起沸腾，一起进入那个无比广阔、无比灿烂的空间里，欣赏一个美丽的、令人神往的当代教育神话。他讲，要快乐地对待不好的环境，实心实意做事；他讲，要变换角度看待自己，要善于商量，千方百计求和求同；他讲，要活得轻松，要活得好，要尊重人、理解人、帮助人；他讲，民主的力量，科学的力量……

剩下的时间，由代表们提问题，魏书生在台上当场作答。怎样教语文？怎样改作文？怎样提高教师素质？怎样处理嫉妒心？怎样处理学生谈恋爱？怎样练气功？简单的，魏书生就用一句话作答，每每富于幽默，给人以启迪；重要的，他就展开一点讲，常常让人觉得生命因持守一份追求而美丽，教海因坚持一份执着而精彩。他谈到青年人应该怎样做事：一是多看书，特别是多看名人传记，容易有上进的力量；二是写日记，促使自己进行思考；三是一定要写教改文章，这是超越自我的一个好办法。

张树棣处长是我高中时的物理老师，在欢送魏书生的宴会上，张老师让我和魏书生坐在一起。这样，我便有机会与这位语文教育界举足轻重的大人物有了零距离的接触。他，人不高，比较瘦，脸色有点苍白，这大概和他连夜乘车再加上两个多小时的演讲有关。

一桌菜肴，有荤有素，特别丰盛。魏书生不喝酒，也不喝饮料，吃菜只拣素的吃，吃得也不多，显得十分斯文。我说："听君一席话，胜读十年书。您的报告产生了极大的轰动效应。整个一下午，自始至终会场秩序井然，没有人走动，没有人说话，所有代表都陶醉在您的报告中了。"魏书生笑着说："不是我讲得好，而是老师的素质好，我应当好好地向双城老师学习。"在饭桌上，魏书生以儒的敦厚、道的旷达、佛的仁怀给我留下了深刻的印象。

1988 年 10 月，受中国教育工会方明先生的邀请，我去北京参加国家教委召开的一个座谈会。

上午 9 时，我从驻地准时来到位于北京西城区大木仓胡同 37 号的国家教委四楼会议室。参加会议的代表来自全国各地，有中学的，也有小学的，共20 人。会议由国家教委副主任何东昌主持，董纯才、柳斌出席，讨论基础教育改革问题。大家争先恐后地发言，气氛热烈。这时一个熟悉的声音从我的身后响起，我回头一看，原来是魏书生。他说话慢条斯理，娓娓道来，给教育部提了不少意见，句句都是真话，句句都是实话。魏书生的发言，喜欢用句号，而不是感叹号，很少用大词儿，但宏论一泻，语惊四座。教育部领导一边听，一边记录，不时插话问上几句。

散会了，我连忙走到魏书生跟前，紧紧拉住他的手，说道："还记得我吗？""您是黑龙江能喝啤酒的白金声老师。"他一下认出了我。

1995年9月，我到锦州开会。会后随着很多人去了魏书生所在的盘锦市实验中学考察，虽然来去匆匆，但却有满载而归之感。

盘锦市实验中学位于盘锦市老区，距新城区十千米左右。学校坐东朝西，校门正中镶嵌着蓝底白字的菱形图案，图案底部是一本打开的书，上面写着"盘锦市实验中学"七个俊秀的红字。书的上方是嫩绿的新芽，再上面则是"真诚、善良、创新"的六字校训。整个图案简洁、明快而又深刻、隽永，耐人寻味。从校门进去便是假山、喷泉，左边是坐北朝南一字儿排开的实验楼、教学楼、综合楼，外观色调为白色，大楼前面便是学校的大操场，整个学校布局非常简洁。

走进盘锦实验中学，便觉得眼界大开，心灵震撼。我以挑剔的目光，搜索着楼上楼下，室内室外，硬是找不着一片纸屑、一点脏污、一个烟头，地面、桌椅、门窗纤尘不染，全校无一块玻璃破损。说它完美无缺，不染一尘，非言过其实。我从心底发出慨叹：何方觅净土，此地有神仙。

那一天是学校开放日，参观的人特别多。上课铃声一响，体操室、音乐室、绘画室、手工制作室、多功能教室一起开放。学生练体操、拨琴弦、搞工艺，琴声歌声读书声，不绝于耳。

我跟着考察的人群观看了学生的课间操，参观了学校的阅览室，还听了魏书生班的一节数学课。非常不巧，魏书生去省里开会，不在学校。在大家的要求下，学校给我们播放了魏书生的一节录像课，题目是"反对自由主义"。

《反对自由主义》是毛泽东同志抗战初期写的一篇著作，1300多字，力透纸背，正如毛主席的秘书田家英同志所言："论文虽然很短，但包含了丰富的意义，在今天仍然是值得我们特别重视的。"

正因为这篇课文的现实意义，因此许多教师在讲这节课时，都喜欢从"联系实际"入手，慷慨激昂，批评时弊，痛快得很，热闹得很。

魏书生不贪这口舌之快。在分别用隶书和毛体写下课题和作者之后，他便开始施展与学生接触的艺术，进行培养学生自信心的心理训练。氛围十足的时候，他重点一转，引导学生学习课文。

在我们的印象中，一节好课必须是丝丝入扣，环环相邀，如履高山，拾级而行，在老师的引导下，最后达到知识的山峰，气喘吁吁之中，摄下"一览众山小"的风景。

听魏书生的课，我没有登山的感觉。脑海中，总有一幅画，一个大人，带着一群孩子在海边，在沙滩上玩呀，笑呀，唱呀，说呀，其情其景，那么直率，那么自然，那么热烈，那么轻松……待夕阳西下，其收获又是那么丰富。

我们不能认为讲课联系现实生活不可以，也不能认为"登山"就不是好课。每个人都有适合自己的方法，方法是思想的反映，魏书生的方法是建立在他全新的教育思想上的，这就是教学民主和授人以渔之法的方针。

现在，魏书生当教委主任了。他原来只有初中学历，靠自学和实践从一个农村中学教师成为一名全国闻名的教育改革家，这叫能耐，这叫本事，在中国是一个神话。一句话，魏书生的奇迹和荣誉是干出来的，不是炒作出来的。著名语言学家吕叔湘先生说："魏书生是个教育家，而且不是一般的教育家，他立志教育事业，有一种忘我的精神。"我看这个评价是恰当的，魏书生的确是我国教育界的杰出代表。

李镇西的"三书"生活

成都市武侯实验中学校长李镇西博士，那可是响当当的特级教师。1998年12月，在北京举行的"纪念苏霍姆林斯基80诞辰国际学术研讨会"上，著名教育家苏霍姆林斯基的女儿、乌克兰教育科学院院士苏霍姆林斯基·卡娅称他是"中国的苏霍姆林斯基式的教师"。

李镇西，1958年出生在四川乐山，1977年，考进四川师范大学，1982年，开始从教。在30多年的教育生涯中，"读书、教书、写书"是他全部的生活内容。

李镇西读小学一年级时，就遇上了"文化大革命"。1976年高中毕业后刚到农村插队，便传来了"四人帮"被粉碎的消息。因此，他中小学时代什么东西也没有学到。记得刚上大学的时候，听到同寝室的"老三届"大龄同学对古典文学和外国名著如数家珍般熟悉，他真是自卑得无地自容。当时，如果别人说"明月几时有"，他无论如何也不知道下句是"把酒问青天"。

大学一年级时，他去图书馆借书，管理员问他书名，他实在不好意思说是借《家》，只是用手中的笔指着借书卡上的书名登记。因为他旁边站着许多同学，他实在怕他们笑他："哼！居然连巴金的《家》都没读过！"如此的文化底蕴，怎能胜任将来的教育工作？

捉襟见肘也好，先天不足也好，李镇西感到惭愧。于是，从参加工作开始，不，还在大学时代他就开始了如饥似渴的阅读，因为他需要补的东西太多了。李镇西读书大体分为五大类：第一，古典类，如《论语》《孟子》《庄子》等；第二，文学类，如《复活》《简·爱》《悲惨世界》等；第三，教育类，如《给教师的一百条建议》《陶行知全集》《叶圣陶语文教育文集》等；第四，人文类，如《中国古代思想史论》《中国近代思想史论》《中国现代思想史论》等；第五，杂志类，《教育研究》《新华文摘》《语文学习》等。

从教30多年，李镇西已经养成了"手不释卷"的习惯。每天晚上，他必须倚在床头至少看几十分钟的书，否则就会失眠。每次他外出开会、讲学或者旅游，必须带上几本书。火车上、飞机上、宾馆里都是他读书的地方。苏霍姆林斯基的《关于人的思考》《爱情的教育》等书，就是1986年他和爱人去华东旅游的一个半月时间里读完的。有一年春节，他回老家乐山住了一个星期，其间读了《呐喊》《历史深处的忧虑》《原上草》《相约星期二》《中国语文教育忧思录》等六本书，几乎是每天读一本书！

读书是学习，读书是为了更好地教书。如果说，读书，李镇西如饥似渴，那么，教书，他则乐在其中。

李镇西的语文课很强调与生活紧密联系。语文"生活化"，生活"语文化"便是他的思想。他认为，要使学生真正扎扎实实地掌握并得心应手地运用语文这一人生的工具，就必须打破语文与生活之间的"厚障壁"，让语文教学与学生心灵相通，让语文课堂与社会天地相接壤，使语文教学突破"应试语文"的束缚而成为"生活语文"。

1997年2月20日早晨，电波里传来邓小平同志逝世的噩耗。怀着对邓小平同志的无限哀思，李镇西走进了教室。

这堂课本应该讲鲁迅的《故乡》，但开始上课时，他却特意让学生背诵了上节课刚学完的《有的人》："有的人活着，他却死了；有的人死了，他却活着……"学生齐声背诵的声音在教室里回荡。

"同学们背得很好！"他评价道，"而且我相信，在背这首诗的时候，同学们都会和我一样，憎恨诗中所说的第一种人，比如希特勒、汪精卫……"

下面有学生小声说："还有王宝森、胡建学这些贪官！"

"对，还有王宝森之类的党内腐败分子！"他接过学生的话头一转，"但是，我们民族中更多的是诗中所说的第二种人。同学们想一想，这样的人有哪些？"

"雷锋！""焦裕禄！""孔繁森！"……

学生几乎不假思索地七嘴八舌起来，气氛开始变得活跃了。

"对，同学们说得很对。还有——"李镇西突然放慢了语速，缓缓地说："昨天晚上刚刚与世长辞的——邓小平同志！"

教室里一下子安静下来，同学们都静静地注视着他。

李镇西继续严肃地说道："'有的人死了，他还活着！''他活着为了多数人更好地活'，邓小平正是这样的人！刚才我在上班的路上，听见不少人在议论，他们说没有邓小平就没有改革开放。'对此，同学们可能觉得比较抽象。那么，我们就从你们身边说起吧——凡是最近几年家里搬过新房的同学，请举手！"

齐刷刷地，几乎全班学生都举起了手。

李镇西说："这是邓小平的功绩！邓小平使中国人民富起来了……"

这时，李镇西乘势将这个话题导向新课："同学们很难想象，中华人民共和国未建立以前，无力站起来的中国是怎样的状况！处于半封建半殖民地的中国的老百姓又是怎样的精神面貌！那么，今天，让我们一起回到20世纪初鲁迅笔下的农村，去认识麻木的闰土和病态的杨二嫂吧。——请同学们翻开课本，我们开始学习《故乡》。"

其实，无论课文内容与学生实际相距多么远，只要教师善于寻找课文与当代社会和学生生活的联系，那么，学生的心灵就一定能迅速贴近课文作者的心灵。

有人说，一个不喜欢写作，不擅长写作的语文教师是不能底气十足地站在讲台上的。李镇西可是个文章高手，他爱写作不是为了当语文教师，而纯粹是出于对文学的喜欢。自参加教育工作以来，他一直保持着写作的习惯：抒情散文、读书随笔、社会杂文、下水作文、教育论文等。通过这些写作，他不但磨炼了文笔，而且促进了他对社会的思考，带动了他的课余阅读。

　　1985年那个除夕，他在母亲家里写完《教育漫笔》最后一个字时，窗外响起了阵阵迎接牛年的爆竹声。不久，他的这篇长文居然被北京的《班主任》杂志连载了，当时，他心中充满了一种丰收的喜悦。从此，一发不可收，接二连三地在《中国青年报》《中国教育报》《光明日报》《人民教育》《四川教育》等全国几十家报刊发表数百篇文章，出版了《爱心与教育》《从批判走向建设——语文教育手记》《走进心灵——民主教育手记》等多部专著。

　　在他的写作中，还有一类文章值得提及，那就是他与学生一起写的作文。他有个规定：每次学生写作文，自己也一定要写。他的许多散文随笔就是这样写出来的，如《一双无法回避的眼睛》《蓉城的冬天》《绮霞园晨景》《竹林里的笑声》《班级生活一页》等。李镇西说："教师和学生一起作文，其意义不但是可以给学生做示范，更重要的是有助于我们了解学生的写作心理，理解学生的写作甘苦。这样，我们的作文教学会多一些心心相印，少一些隔靴搔痒。"

　　李镇西是个学者型的教师，智慧型的校长。他的"三书"生活值得提倡，中国需要这样的教育。

走笔窦桂梅

我和窦桂梅接触无数。她是个有理论、有思想、有个性、有魅力、喜欢读书、善于思考、心直口快、性格开朗、充满激情的女人。她之所以能从长白山麓的一个农家小姑娘最终成为遐迩闻名的特级教师,成为全国小语界一面鲜艳的旗帜,靠的是"女娲之胆""夸父之志""精卫之诚"。在不断追求中,她铸就了辉煌的教育人生。

第一次与窦桂梅零距离接触是在 2001 年元旦后的寒假,她在哈尔滨少年宫作首场报告。那天,少年宫剧场座无虚席,人特别多,幸好我去得早,便在第一排找了一个空位子。8 点整,铃声刚响过,窦桂梅在领导的陪同下款款走来。这时,全场爆发了一阵雷鸣般的掌声。窦桂梅站在舞台中间,深深地向台下鞠了一躬,用地道的东北话说了一句:"亲爱的老乡们,大家好!"

窦桂梅给我的第一印象是举止端庄,长发披肩,明眸闪烁,非常美丽。

在长达三个小时的真情讲述中,我的心灵被窦桂梅给陶醉了。她的报告像一条奔腾向前的大河,时而蓄势待发,时而汹涌澎湃,时而舒缓有致,真是妙语连珠,声声入耳,扣人心弦。

窦桂梅生于吉林省一个普通的农民家庭,儿时清苦的生活孕育了她坚韧的个性。1982 年,在父亲的影响下,15 岁的窦桂梅以优异的成绩考入了吉林师范学校。她高兴得好几天都没睡着,她以为,她离理想已经越来越近了。四年后,当她面临毕业分配时才知道,她的从教之路竟会如此艰难!因为按当时的规定,中等师范学校毕业生一律分回原地,而分回原地,就意味着她必须改行!这对窦桂梅来说,不啻是一个沉重的打击。万般无奈,窦桂梅凭着她四年优异的学习成绩留在了学校,搞行政工作。对这份令同学羡慕不已的活儿,窦桂梅却并不感兴趣。安逸和舒适并不是她的人生目标，她的愿望就是当一个真正的老师，站在讲台上，站在孩子们中间。她觉得，只有走进教室，才是属于她的真正的人生。在那段日子里，窦桂梅在举目无亲的吉林市四处寻找着自己的人生坐标。凭着一股子年轻的锐气，几经周折，她终于被改派到了吉林市第一实验小学。可是，她被分到了教导处，还是做行政工作。上传下达，或是替生病的老师代课，完成教导处交给的临时性工作。这样的活儿，一干就是将近五个年头，她先后代过音乐、数学、美术、自然常识、思想品德等课。对这一次次争取来的机遇，她都分外珍爱。在别人看来，她是个召之即来，挥之即去的替补队员，但她感觉却挺好，把自己当成了全能的主力队员。学校让她教语文，她就全身心地投入到语文教学研究中去；让她教四、五年级的音乐，她就全身心地投入到音乐教学的研究中去；让她教一年级的数学，她就全身心地投入到数学教学的研究中去……

精诚所至，金石为开。1991 年，学校领导终于把一年级的语文课兼班主任两副重担同时交给了她。

在窦桂梅童年的记忆里，有静寂的村舍，有葱郁的树林，有欢乐的溪流，也有魅力的野花。可是，没有三百首唐诗，没有安徒生，更没有白雪公主和小矮人。当了语文教师之后，她才真真切切地感受到自己的文化欠缺。错过修炼语文"童子功"的关键时期，她明显感悟到自己语文功底的薄弱。窦桂梅的性格中，天生就有好强的因子，既然认识了自己的不足，她就疯狂地阅读经典，背诵诗文。寒夜孤灯，她披衣裹被，捧书卷，闻墨香，凭着一股勤劲儿、一股横劲儿、一股韧劲儿，仅两年的时间，窦桂梅的阅读量就达到了 300 多万字。有人说，窦桂梅一脸的灿烂，一身的激情，都来源于她博览群书，此话并不为过。

成长不是等待。为了验证自己的实力，窦桂梅主动申请，强烈要求上公开课。机会真的来了，1992 年 5 月，吉林省教育学院在吉林市召开德育渗透各个学科教学现场会。经过严格的遴选，窦桂梅拿的是《王二小》参加会议。为了讲好课，她一次次试讲，一次次推翻，一次次再来……

在家试讲，她让爱人和孩子当学生。近20天里，她说上句，不到四岁的孩子就能说出下句。

在校试讲，她对着空桌椅练，她把那一排排空空的座位当成她的可爱的学生。那段时间，她几乎是全校最后一个离开教室的人，讲着讲着，常常忘了去只隔几十米的托儿所接孩子。托儿所阿姨等不及了，把孩子送来，她就一手抱着孩子，一手拿着粉笔继续练习。

20天的执着与付出终于得到了回报。那天，听公开课的全省各地的教育专家及教师有一千多人，窦桂梅站在那里，她镇静、从容的教态，她投入而忘我的真情，深深地打动了与会的每一位代表。当她讲到王二小机智地把敌人带入埋伏圈，自己却被敌人杀害时，由于她巧妙的情境创设，生动的语言描述，感人的配乐朗诵，使学生仿佛置身于王二小被敌人残忍杀害的现场中。孩子们哭了，听课的老师哭了，窦桂梅自己也哭了。《王二小》一炮打响，窦桂梅由此一鸣惊人。

光阴荏苒，几年过去了，窦桂梅的报告一直萦绕在我的心头，挥之不去。她以丰厚的积淀、特有的激情、过人的才华、敏锐的智慧、高尚的人格成就了她的魅力，使我佩服之至。

如果说听窦桂梅的报告是一种心灵上的启迪，那么看窦桂梅的课则是一种艺术上的享受和精神上的洗礼。窦桂梅的课堂教学智慧、细腻、唯美，她对文本的解读，对学生的引导，所有细节都展示出语文课堂教学的无限风采。40分钟的课，怡人、育人、感人，让人流连忘返。

2004年8月，第18届"创新杯"全国优秀青年教师教学艺术大赛在北京市宣武区工人文化宫举行，语文会场由我主持。会长刘显国特别邀请了窦桂梅做观摩课，那天，窦桂梅教的是《秋天的怀念》。我是眼含泪水听完这节课的，整个教学带给我的是震撼。教学是分三个层次进行的：第一，感受"娘俩"的好好儿活；第二，探究"我俩"的好好儿活；第三，思考"我们"的好好儿活。

请看窦桂梅是怎样抓词语教学的：

师：让我们大家跟这名同学一起讨论讨论母亲的话。

（出示课件文字："母亲扑过来，抓住我的手，忍住哭声说：'咱娘俩，好好儿活，好好儿活。'"）

师：请你们默读这句话，注意这几个动作。（老师点示"扑"）母亲"扑"下去的会是什么？

生：因为儿子不想活了，所以母亲扑下去的一定是儿子想要去死的信念。

师：啊？"信念"？把其中的一个字换一下，意义完全不同了。

生：是念头。

师：好。其实，你很会联系上下文理解呢，那就把你理解的"扑"带进句子里，读给我们听。

（生读，很有力量）

师：那么，我还要问，"母亲抓住我的手"，"抓"住的仅仅是我的手吗？

生：母亲抓住的是"我"想要死的念头，她想抓住"我"，怕"我"轻生。

师：就把你的体会送进去，读。

生：咱娘俩在一块儿，好好儿活，好好儿活。

（生读。掌声）

生：我想补充，母亲抓住"我"，也是让"我"必须具有好好儿活下去的信念。（再读）

师：请再默读这句话，看看母亲"忍"住的究竟是什么。

（小组讨论）

生：我明白了，母亲隐瞒自己的病情，没有告诉儿子。

生："她的病已经到了那步田地……疼得她整宿整宿翻来覆去睡不着觉。"

生：邻居把她送到医院时，她是大口大口地吐着鲜血……

生：她的病已经进入晚期了。

师：用医学名词说，这是——

生：肝癌。

师：肝癌什么症状？除了课文的说明，还有哪位同学或听课的老师知道吗？

生：（该生哽咽）我姥爷就是这种病死去的。（他说不下去了。听课老师站起来接着讲："我的父亲就是得这种病去世的。肝硬化，肚子硬了，尿排不出去，肚子越来越大，还吐血……"）

生：这是一位病入膏肓的母亲。

师：母亲她活着很苦啊！亲爱的同学们，一个患肝癌病的人只有自己知道有多痛，无法用语言描述，而且还知道自己就要死去……是这样的母——亲！那么这样的一位得绝症的母亲，有没有"看着看着北归的雁阵，突然把玻璃砸碎"？

生：没有。

师：她有没有"听着听着李谷一甜美的歌声，把东西摔向墙壁"？

生：没有。

师：有没有大声喊着"我活着还有什么劲"？

生：没有！

师：母亲为什么没有这样做？

生：为了儿子！

师：送她一个字。

生：爱。

师：这爱就是——

生：忍。

师：带着你们的体会再读读这句话。（咱娘俩在一块儿，要好好儿活，好好儿活。）

说实在的，我作为会场主持人，站在台侧，与窦桂梅和学生近在咫尺，听课时，觉得有一种情愫在弥漫，渐渐地笼罩住了我的心。学生哭了，我也哭了。

《秋天的怀念》是史铁生的名篇，行文平朴，纯粹老练，看似不经意的笔墨用字，传达出作者深厚的文学功底和极高的语言素养。窦桂梅充分考虑了文本的这一特点，教学中紧紧扣住课文的语言，让学生在文字与情感里走了个来回。那"扑"，那"抓"，尤其是那"忍"的挖掘。母亲忍住的是什么？是自身的病痛折磨，是对失去生活信心的儿子的一万个不放心，是身心俱苦的肝肠寸断。一"忍"三叹，层层递进，"把所有的苦都一个人扛"，如此坚毅的母亲，怎一个忍字得了！这一环节，窦桂梅的高明之处，不仅仅让学生体会毫不张扬的母亲之伟大，而且更多感受母亲用自身的行动来诠释"好好儿活"的真谛。这多角度、多层次的语文训练，包孕着丰厚的情感、丰富的内涵，使语言训练立体化，真正体现了语文教学工具性与人文性的有机结合。

2005年3月，广西教育学院《小学教学参考》杂志社在南宁体育馆承办了一次全国性的教学大赛，我和窦桂梅等人都被邀请去做专家评委。评委不但要给每个参赛选手打分，而且还要现场评课。评课的依据是语文课程标准提出的"三个维度"，要求"优点说透，缺点不漏，方法给够"。窦桂梅，她不"兜圈子"，不讲情面，不讲过场，开门见山，直言不讳，敢讲真话，毫不留情。

吃晚饭的时候，我们彼此交换了意见。她说我评课善于激励，特点是平等对话多，指责少。我说她评课肯定优点，不夸大其词，不廉价颂扬；批评缺点，直来直去，一针见血，切中要害。

窦桂梅说："这也许正是我独特的经历，性格豪爽使然。工作20年，我的成长经历告诉我，自己最终沉淀下的竟是被批评后涅槃的美好。我想，了解我的成长经历，也许就会理解我真诚的'良苦用心'。自己年轻的时候，如果遇到有人听课，心里特别希望别人能表扬一番而不是批评，尤其是公开课。如果教导主任或校长击中我的要害，或者听课老师'指指戳戳'，我会好几天'沉浸'在不快之中，像得了一场病。至今还记得九年前我代表全省参加全国教学比赛'练课'的情景。在长春解放大路小学的礼堂，我练讲二年级的《初冬》一课。课后，共计有11位专家进行点评。大家把我这只'小麻雀'解剖得体无完肤。我的教态，我的声调，我组织教学的能力，还有对教材挖掘的情况——都存在严重的缺陷。整整一个下午，在解放大路小学的小会议室中，我蜷缩在沙发的一角，接受'批评'。回家的公共汽车上，我眼望窗外闪过的落日余晖中的一排排杨树，不争气的眼泪直在眼圈里打转。回到家里，倒在床上，一直折腾到半夜才昏沉沉睡去。随着经验的积累、认识的提高，现在，我越来越深刻地认识到，就是这样的历练或者说是'打击'，成就了我今天的坦荡、磊落和坚强。而这些，恰是我获得事业成功的重要内因。也许就是因为这个缘故，无论是对自己还是对别人，看课，我的目光总是盯在'问题'上。作为过来人，我相信这才是对青年同行负责的态度。"

窦桂梅侃侃而谈，突然，上午的一节课浮现在我的眼前。

上午第三节课是一位青年女教师讲的，题目是《瀑布》。在最后一个环节中，学生一连串提出好多问题："好像叠叠的浪涌向岸滩"中"叠叠"是什么意思？"万丈青山衬着一道白银"中怎么说是"白银"？"一座珍珠的屏"中"珍珠"是什么？面对提问，教师只是倾听，态度极其和蔼。待学生都问完了之后，教师说："很好，课后我们一起解决这些问题。"评课时，窦桂梅拍着教者肩膀说："你这是虚晃一枪，为什么不趁热打铁而要留到课后呢？等到'课后'，学生的兴奋期已经过去了，你的热情也冷却了。同时我也担心，课后你能给学生回答这些问题吗？"窦桂梅这些话说得教者面红耳赤。

我和窦桂梅谈得很投机，当话题扯到"悟文品字"时，坐在一边的黄亢美说："几年前，我读过小窦的一篇文章，题目是《思索，在咬文嚼字上定格》，受益匪浅。"没等黄老师说完，正在吸烟的赵景瑞执意让窦桂梅再讲讲评课。

此时，窦桂梅有点不好意思了，说道："大家净听我说了。既然咱们唠到了'咬文嚼字'，我就想起去年在我们学校听'荷花'课的情景。大家都知道，文章里有这样一句话：'白荷花在这些大圆盘之间冒出来'。我对教者说，你知道要抓'冒'字，于是提问学生为什么用'冒'字？遗憾的是学生没有理解，接着你又让学生讨论了一下——这叫'探究'。可惜你浅尝辄止，学生还没有感受到呢，你就草草收兵了。有学生说，'荷花偷偷地长，谁也没有看见，可是当看见的时候，它已经长出来了。'如果你趁机抓住这句话引发开去——是啊，它像害羞的少女，但它不忘记绽放，于是悄悄地开得那么灿烂，那么美丽，不正是荷花的生命力吗！因此，荷花就这样突然地'冒'了出来，立在你的面前——就在你不经意间。遗憾的是，好不容易'冒'出来的荷花，却被你和学生不经意地忽视了。你可以用换词的方法让学生体会'冒'字的妙处。学生可能换成'长''伸''露''挺''钻'等词语，然后让学生比较这些词语和'冒'哪个好，好在哪里，自感通过这样设计，荷花的挺拔美丽，顽强向上得以跃然纸上。我校这位年轻老师听我这振振有词的评课，她一边流着眼泪，一边频频点头。"

《小学教学参考》杂志主编黄桂坚笑着说："听了你这义正词严、毫不留情、一本正经的批评，假如我是讲课的老师，我也得哭。"大家哄堂大笑起来。

有一年多没见到窦桂梅了，据说她现在少了一点张扬，多了一些内敛，从"三个超越"的实践理念，到"主题教学"的理论提升，更加成熟了。现在，不管媒体怎样评论她，褒也好，贬也好，在我的心目中，她称得上"新生代"特级教师的领军人物。我之所以这样说，是因为她有志存高远、一览众山的学术境界；有坚韧不拔、滴水穿石的学术毅力；有才华横溢、才思敏捷的学术禀赋；有指点江山、激扬文字的学术精神；有兼收并蓄、博采众长的学术智慧。

我与裴海安的交往

裴海安何许人也？他是语文报社副社长，《语文教学通讯》小学刊主编，语文教育专家。提起我与裴海安的交往，说来话长。

人和人相遇，靠的是一点缘分。

2002 年 8 月，全国小学语文教学研究会第六次会员代表大会暨第七届学术年会在哈尔滨召开。裴海安是《语文教学通讯》的编辑，我是大会的列席人员，全体与会人员合影时，我们并肩站在最后一排。照相完毕，他扶着我从椅子上下来，就这样，我们相识了。

转眼间，来到 2008 年。这一年的 10 月，我到太原开会。会后，我去机场，路过《语文教学通讯》编辑部，在裴海安的办公室坐了半个小时。六年没见面，裴海安还是那样英俊潇洒，高高的个子，浓浓的头发，白白的衬衫，透着知识分子特有的气质。他亲自为我泡茶，倾听我对刊物的意见和建议，不时打开笔记本认真地记录。当然，我们交流话题的重点还是小学语文教学。裴海安不愧是《语文教学通讯》小学刊的主编，他立足高，视域阔，见解深，对全国小学语文名家名师和各种流派如数家珍。有赞许，有肯定，还有中肯的犀利批评，这种没有门户之见、海纳百川的胸怀，着实让我钦佩。告辞时，他送给我几本杂志，并叮嘱我投稿。不到两个月，我就上了 2009 年第一期《语文教学通讯》小学刊的封面，并且发表了"语文，我永远的梦"一组文章。

后来，我们逢年过节互发短信，彼此问候，直来直去，有啥说啥，就像亲兄弟一样，没有一点隔阂。这正应了林肯的那句话："人生最美好的东西，就是他同别人的友谊。"

一日，我在班上，座机突然响了，电话的那头传来了裴海安的声音："白老师，您对管建刚指向写作的阅读课有何看法？"他开门见山，问起这个问题，把我弄蒙了。我说："我只知道管建刚是一位天才的作文老师，他从中等师范学校毕业，一年大恙，两年养病，三年经商，八年村小，从 1998 年起才安心做老师，2008 年被评为江苏省语文特级教师。他搞'班级作文周报'教改实验，自称'我的作文教学革命'，很有名气，他的作文系列著作在书店成为畅销书。管建刚能把作文教学搞得如此风生水起，阅读课肯定错不了。"裴海安哈哈大笑起来，说道："英雄所见略同，我也是这样认为的。"

再后来，我们就更熟悉了，他编书约我写稿，《走向有效的作文教学》《特级教师新设计·新课堂·新说课》都收了我的文章。《语文教学通讯》小学刊需要在黑龙江组稿，一个电话过来，我马上照办。有一次，裴海安需要一张黑河市小学语文名师的照片，叫我帮他联系，我全力以赴，费了很大周折，终于将此事完成。就这样，我就成了《语文教学通讯》小学刊黑龙江通联组的"负责人"了。

2015 年夏天，裴海安到哈尔滨开会。得知这个消息后，我让妻子准备了几个小菜，在家招待这位远道而来的客人。那天一大早，我亲自到菜市场购买食材，都是新鲜的：新鲜的肉、新鲜的江鱼、新鲜的蔬菜。样样俱全。我还特意买了几瓶哈尔滨的啤酒和几罐俄罗斯的格瓦斯，放在餐桌上。一盘水果，一盘瓜子，一盘糖果，全摆上了。快下班的时候，我请了假，打车到会场请裴海安。

会场设在一家宾馆的五楼上，会议还在继续进行，我静静地在大堂等候。这时进来一位司机模样的年轻人，他正在打电话，原来花园小学校长曹永鸣也请裴海安吃饭。曹永鸣，语文特级教师，我们非常熟悉。撞车了，无奈，裴海安叫我跟他走。

曹永鸣特热情，也特幽默。饭桌上，她说："今天，我以个人的名义请裴主编吃饭，目的只有一个，就是感谢《语文教学通讯》多年来对我的培养。作陪的有三位：《黑龙江教育》主编、文学博士魏永生，哈尔滨市教育研究院小学语文教研员、特级教师王传贤，黑龙江省小语界老前辈、特级教师白金声。薄酒素菜，请大家吃好喝好！"说着，大家举杯一干而尽，五位小语人其乐融融。

第二天，裴海安要返程了，这一回也该轮到我招待了。谁知，事与愿违，我供职的单位有一个《语文研究与教学》编辑部，编辑部的领导与裴海安同是中国语文报刊协会的理事，而且裴海安是协会的副秘书长。他知道消息后，捷足先登，让我去宾馆请裴海安，为他送行。

宴请设在一家东北菜馆，我从家拿了一瓶地产名酒——北大仓，领导点了四个哈尔滨特色菜——锅包肉、小鸡炖蘑菇、白肉酸菜血肠、尖椒干豆腐。菜上来了，酒斟满了，情绪来了，我们的话匣子也打开了。由于职业的关系，唠的嗑当然与刊物有关。《语文教学通讯》之所以能成为全国中文核心期刊，影响广泛，和裴海安的学识、胆识有很大的关系。他是著名的学者，著名的编辑，在全国小语界很有名气，他的报告、文章一直起着学术引领作用。

在饭桌上，我代表一线老师请裴海安谈谈投稿的方法和技巧。他说，写稿和投稿确实有技巧，为什么有的老师写得多，而发得少呢？为什么有的老师写得少，而发得多呢？他谈了几点看法，概括起来就是：熟悉杂志，吃透课标，选好话题，注意细节。讲得太专业了，旁征博引，举例说明，生动具体，耐人寻味。

饭后，我与单位领导一直把裴海安送到机场，握手告别。

要走了，我真有点失落，还好，我们以后还有见面的机会。裴海安过了安检，挥手向我示意："再见啦，白老师！"我眼含泪花，大声喊道："海内存知己，天涯若比邻……"

2018年，我与裴海安又见面了。

8月19日，这是个值得纪念的日子。太原中国煤炭交易中心第一报告厅张灯结彩，一派喜气洋洋，"新时代语文教育高峰论坛暨语文报社建社40周年庆祝活动"在这里举行。语文教育专家及《语文报》《语文教学通讯》新老编辑和优秀作者，济济一堂，共同见证纪念文集的首发仪式，共同庆祝语文报社40年取得的辉煌成就，共同展望新时代语文教育和语文传媒的美好愿景。我作为优秀作者的代表，在会上作了发言，题目是"与你厮守　为你祝福"。

我说："也许是缘分，1978年，我在县里开始当小学语文教研员的时候，便遇上了横空出世的《语文教学通讯》。如今，我已白发苍苍，视力茫茫，72岁了，与《语文教学通讯》整整厮守了40年。40年来，我亲眼见证，《语文教学通讯》不管发生怎样的变化，改版也罢，扩版也罢，其权威性、前瞻性、学术性、实用性始终没有变，在国内语文界的知名度和影响力始终没有变。一句话，《语文教学通讯》不愧是全国中文核心期刊。"此时，会场掌声雷动，经久不息。

茶歇时照相，二百人分五排，陶本一先生居中，坐在第一排，我站在他身后，离裴海安很近。合影完毕，裴海安和我手拉手、肩并肩走进了会场。

活动结束后，我回到哈尔滨，裴海安在第一时间将会议照片传给了我，令我万分感激。

我与裴海安在交往中建立了深厚的友谊。我们的友谊就像放风筝，他在这头，我在那头。他牵着我，我拉着他。在大家看来，彼此紧紧地连在一起的那条线就是《语文教学通讯》。

怀念"注·提"三元老

在中国版图的北端，有一个酷似天鹅展翅的神奇地方，它就是美丽的黑龙江。30多年前，这片黑土地上绽放出一朵教改奇葩，并写下了辉煌壮丽的篇章，这就是在国内外非常有影响的"注·提"实验。

何谓"注·提"？"注·提"就是"注音识字，提前读写"的简称，是一项小学语文教学整体改革实验。其基本做法是：在正确估计儿童口语水平和智慧潜力的基础上，以学好汉语拼音并发挥其多功能作用为前提，寓识字于读写之中，对入学不久的儿童在未识字或识字不多的情况下，采取"复线交叉，多维合成"的方式，开始听说读写能力的培养，把读写教学提前，从而解决发展语言与识字的矛盾。

"注·提"是改革开放后我国小学语文教学领域实验范围最广、时间最长、效果最好、影响最大的教改项目。全国有400多万在校学生从中受益，创造了我国小学语文教育的辉煌，得到了国家教育部领导的充分肯定。您知道吗？这项实验的发起人就是"丁李包"——丁义诚、李楠、包全恩。

30多年已经过去，弹指一挥间，如今，这三位"注·提"元老都相继作古了，他们给后人留下了一笔精神财富。

一、怀念丁义诚

1981年，我第一次见到丁义诚院长。那年的7月，全国高等院校文字改革学会成立大会在哈尔滨举行。7月13日，哈尔滨友谊宫国际会议厅灯火辉煌，来自全国90多所高等院校文字改革组织的代表汇聚在这里。吕叔湘、周有光、张志公、叶籁士、倪海曙坐在主席台上，台下是 200 余名与会代表，我是列席人员，坐在最后一排的过道处。会议休息时，工作人员和一位 50 多岁的男子站在我身边，他们好像在商量什么事情。工作人员管那位男子叫丁院长，他就是丁义诚。

1999 年 10 月 19 日，这本来普普通通的一天，在双城教育改革大事记上，却不失为意义非凡、影响超越时空的一刻，因为这一天双城市教育局在实验小学报告厅召开庆祝"注·提"实验 16 周年总结表彰大会。那天，我的身份是工作人员——负责照相。

上午 8 时，大会隆重揭幕。先是市长致精短而热情的欢迎辞，继而宣读黑龙江省教育厅实验领导小组的贺信，接下来是局长讲话和教师代表、学生代表发言。庄严的会场，精彩纷呈，高潮迭起，星光四射，掌声不断。我举着照相机，及时捕捉着这美妙的瞬间。

为见证辉煌，为分享圆满，省教育学院副院长丁义诚特意赶到双城。他身着藏青色中山装，迈着稳健的步伐走向主席台右侧大花篮前的紫檀色演讲台。会场静极了，人们屏息聆听他的讲话。丁院长学富品高，亲切和蔼，他的讲话字字珠玑，句句金玉，打动了与会者的心。

散会了，丁院长握着我的手说："会上会下，会前会后，金声，辛苦了！"我知道，丁院长这句话是对我 15 载工作的肯定，也是对我今后梦想的鼓励，我应加倍努力，不辜负领导的期望。四年后，也就是 2003 年 4 月，我作为特邀代表到河南参加了全国庆祝"注·提"教学改革 20 周年大会，在洛阳观摩了几节精彩的语文课，至今记忆犹新。

2008 年 10 月 21 日，黑龙江省纪念《汉语拼音方案》颁布 50 周年座谈会，在哈尔滨的和平会堂召开。我作为会议的代表很早就来到了会场，推门一看，会议室里空荡荡的，只有一位老人坐在那里看书，他就是丁院长。

1957 年，丁院长结业于中央普通话语音研究班，在黑龙江长期从事文字改革和普通话推广工作，是资深的语言文字工作者。丁院长一下子就认出了我，拉我坐在他的身边，彼此握手寒暄后，他首先问我的年龄。我说："六十花甲，刚刚退休。"他感到很惊讶。我问他高寿，丁院长做了个手势，说道："芳龄八十，早已离休。"一个退休，一个离休，岁月奄忽，转眼就是百年。

2018年，春节刚过，黑龙江省语言文字应用研究中心郑万峰主任来看我，谈起"注·提"时，他说丁院长已经去世了。这真是"故人恰似庭中树，一日秋风一日疏"，今生，再无相见日。丁院长白首丹心，30多年"注·提"风雨路，独领风骚，赤子其人，精神永存！

丁义诚，1929年3月生，黑龙江省通河县人，汉族。

二、怀念李楠

受大家抬举，1988年，我评上了特级教师。翌年，拟晋升中学高级教师。按那时的规定，定这个职称至少得有一篇经两位专家鉴定的科研论文。由于我搞了几年"注·提"实验，也写过几篇这方面的文章，其中比较满意的是《"注音识字"的三个基本特点》。于是，就带着这篇论文来到了省城哈尔滨。我轻轻地叩响了黑龙江省教育学院文改办李楠主任办公室的门。我叩门，不仅仅是出于礼貌，还有着敬畏在里面。我当民办教师的时候，就在新华书店看到了李主任和胡新化合著的《黑龙江人学习普通话》。这本书对我学习汉语拼音，乃至后来搞"注·提"实验、当普通话测试员都起到了很大的作用。

李主任大高个，戴着眼镜，镜片后透出睿智的目光。一见到我，他高兴极了，不停地说："快请进，快请进。"大有"有朋自远方来，不亦乐乎"之感。李主任热情地接待了我，并答应再请一位教授联合鉴定。于是，他领着我到中文系一位姓陈的教授家里，请他玉成此事。不久，李主任打来电话，让我到哈尔滨取论文鉴定书。听到这个消息，我高兴极了，带着两份鉴定费兴冲冲地来到哈尔滨。李主任只收下一份鉴定费，答应替我转交给陈教授。他的鉴定费他执意不收，还拍着我的肩膀说："咱们都是'注·提'人。有了你的科研成果，'注·提'理论不是更丰富了吗？我哪能要你的鉴定费。"李主任不但没收鉴费，还请我吃了一顿饭。那顿饭，更加深了我与"注·提"的感情。

在后来的日子里，我经常见到李主任，知道他是吉林人，1952年毕业于哈尔滨师专，教过中学语文。"文化大革命"期间，随妻子下放到北大荒，在那里受了不少苦。1978年调至黑龙江省教育学院工作，历任讲师、副研究员、研究员，是全国"注·提"教学研究会第一任理事长。

大约在冬季，我接到一个电话，说是李主任走了。他走得有点匆忙，有点突然，甚至叫人猝不及防。噩耗传来，我心里"咯噔"一下，眼睛湿润了。1982年"注·提"开始，1992年成立全国"注·提"研究会，十年之路，回眸一瞬，但或许这一瞬便是一座丰碑。在这座丰碑上，刻有众多的名字，其中就包括永远的李楠。

李楠，1931年11月生，吉林省扶余市人，汉族。

三、怀念包全恩

1979年，我到双城县教学研究室当小学语文教研员时，刚刚从中等师范学校毕业，青涩得很。这一年的11月份，在黑龙江省小学语文阅读教学研讨会上，我结识了仰慕已久的包全恩老师。从此，我与他亦师亦友，相交多年。

1982年7月的一天，包老师来信，说他与丁义诚、李楠二位先生搞一项教改实验，名为"注·提"。凭我的直觉，这是一项很有创意、很有眼光、带有革命性的实验。不出所料，一年后，"注·提"学生的优势就显示出来了。学习兴趣、语言水平、思维能力、习惯养成等，"注·提"学生都明显高于普通班的学生。1983年第11期《教育研究》发表了《"注音识字，提前读写"实验报告》，反响强烈。见先进就学习，我向来如此。向领导汇报，向包老师请示，不久，双城也搞起了这项实验。开始的时候，我领导双城的"注·提"实验，很怕自己跑偏，再把其他人带偏了，那样我就成了罪人。于是，我就三天两头往省里跑，当面向包老师请教。每次去哈尔滨都是满载而归，包括实验简报在内的各种资料应有尽有。现在我还保存着几大摞早期"注·提"实验的材料。

每当我把这几大摞尘封的材料摆在写字台上，抱一抱，沉甸甸，摸一摸，暖融融，那种感觉真好。是包老师把我领进了"注·提"领域，与其厮守了30多年。30多年来，生活中很多东西离我而去，我也放弃过一些，唯独"注·提"却成了我生命的一部分。

2016年秋季开学，我去包老师家看望他，没想到，这次见面竟成永诀！那天，天高日丽，熏风徐徐。84岁的包老师站在楼梯口，腰板还是直直的，只不过面庞消瘦多了，说话的声音小了一些。他说他年轻的时候，在牡丹江市教过小学语文，1960年，他从哈尔滨师范大学毕业后，一直从事小学语文教研工作，从未改换门庭。如今老了，心有余而力不足，语文教改自有后来人。

包老师抱恙和我唠了半个多小时，告别时，他执意把我送出房门，挥手示意，那一刻永远定格在了黑龙江省教育学院学府路家属楼包老师家门口……

包全恩，1932年10月生，黑龙江省宁安县人，满族。

孟广智的"注·提"人生

....

　　有人把人生比作七色光，因为它瑰丽而迷人，多姿多彩；有人把人生比作万花筒，因为它转动不停，变幻莫测，把生活中的喜怒哀乐尽收眼底；有人把人生比作大海，因为它宽广而又深邃，时而风平浪静，时而波涛汹涌；有人把人生比作小溪，因为它不畏路途的曲折与不平，一路唱着欢乐的歌，奔流向前……

——题记

　　2008年，中国语文界有一个重大的系列活动——纪念《汉语拼音方案》颁布50周年。作为黑龙江省语言文字工作委员会副主任的孟广智被病魔缠身，这一年着实累得够呛。

　　华山论剑，语惊四座，为的是宣传"注·提"教改实验，为的是语文教育的现代化。

　　5月，主持"注·提"教改实验与新课程对接实验研究开题会；

　　6月，参与教育部《小学语文》月刊组织的汉语拼音教学大讨论；

　　7月，去吉林出席全国小学汉语拼音教学观摩研讨会，并作大会主旨发言；

　　8月，发表论文《用科学发展观来认识〈汉语拼音方案〉的功能与作用问题》；

　　10月，主持黑龙江省纪念《汉语拼音方案》颁布50周年座谈会，紧接着赴京参加汉语拼音教学国际研讨会；

　　12月，在《黑龙江日报》发表理论文章《与时俱进不断扩大汉语拼音功能》，而后，又在《黑龙江教育》发表文章，题目是《让"注·提"教改在新课程改革中稳步前行：纪念〈汉语拼音方案〉颁布 50 周年》。

他的报告，振聋发聩，会场上，无人走动，无人耳语，有的是掌声。这掌声很热烈，是由衷的；他的文章，鞭辟入里，给全国小学语文界带来深思，带来警醒。

身患重病，每周透析三次的孟广智缘何对"注·提"教改实验如此情有独钟？树有根，水有源，说来话长。

恢复高考那年，通过自学，孟广智以优异的语文成绩被牡丹江师范学院中文系录取。大学四年，他探视古今，放眼中外，攻读了几十部教育专著，并从自身成长实践中悟出了"人生聪明识字始"的道理，而汉语拼音恰恰就是识字的有效工具。学好了拼音，就可以提前读写；提早教化，就抓住了大脑资源开发的最佳期。

孟广智大学毕业时，正值黑龙江这块黑土地进行"注音识字，提前读写"教改实验。

1982 年初秋，蓝色的天空飘着白云，省会哈尔滨金霞辉耀，天高气爽。刚刚迈出大学校门的孟广智主动放弃了省教育厅人事处的工作，义无反顾地投到黑龙江省文字改革办公室（1986 年改为省语委办）丁义诚、李楠麾下，全力以赴搞起"注音识字，提前读写"教改实验来。对于孟广智的选择，有人说他"头脑发热""费力不讨好"，有人说他"搞小儿科，搞不出什么名堂"。不管别人怎么说，孟广智坚持自己的追求。他的毕业论文《谈言文一致》促使他对"注音识字"产生了浓厚的兴趣，而"注·提"实验给他提供了施展抱负的舞台和空间，他怎么能放弃这个机会呢？

孟广智到省文字改革办公室时，办公室加上他只有一老一小。去拜泉，到讷河，赴佳木斯，调查研究，指导实验，培训辅导，测试评估，收集资料；回到办公室，编印教材，设计教案，整理数据，撰写论文；星期天，给各地写信，寄资料，跑邮局，上火车站发运。所有这些，样样工作都少不了他，人称"拼命三郎""工作狂"。1983 年，他拜见著名语言学家吕叔湘、周有光，走访著名语文教育家张志公、蒋仲仁。1984年，他在《光明日报》发表文章《小学语文教学改革的一个新突破》。1985年，他与丁义诚、李楠、包全恩合写的论文《对"注音识字，提前读写"实验价值的思考》，在中国教育学会第二次学术讨论会上被评为优秀科研成果一等奖。1986年，他执笔的《"注音识字，提前读写"实验报告》获黑龙江省哲学社会科学优秀科研成果特等奖。从此，孟广智如鱼得水，潜心实验研究。冬夜的严寒，夏日的酷暑，都没有阻挡住他每天十多个小时超负荷的钻研和忙碌，他把整个身心都倾注在了"注·提"教改实验上。

"注·提"实验成功了，著名语言学家、中国文字改革委员会副主任倪海曙先生来黑龙江考察后，对实验的成果感到震惊，写了一篇"难以相信"的调查报告，发表在《文字改革简报》上。一石激起千层浪，新华通讯社和《人民日报》《光明日报》《中国教育报》等多家媒体对"注音识字，提前读写"实验纷纷发表评论，充分肯定了这项教改成果。

被喻为"不可估量的生产力"的"注·提"教改实验到底有什么突破？它为什么被人们称为"开智"工程？它的真髓在哪？

先让我们看这样一些事实。

美国心理学家布卢姆的研究成果表明：如果一个人0～17岁的智力水平为100%的话，那么8岁以前获得80%，8～17岁获得20%，这说明学前教育和小学低年级教育的重要性，揭示了教育效果的"递减规律"。

无数事实证明，由于各种环境的影响，现在的孩子非常聪明，学龄儿童的智商及知识储备比他们的祖父辈平均高出两年。

现代脑科学研究表明，人的右脑主管形象思维，对识别汉字的作用极大，而左脑主管抽象思维，对识别拼音的作用极大。在小学低年级，儿童阅读拼音与汉字双行对照的注音课文有利于左右脑的相互作用，协调开发，有利于促进学生的全面发展。

使用拼音文字国家的儿童入学两个月，学会二三十个字母和拼写规则，就可以进入读写状态，有效地利用智力发展的最佳期。与美、英、法、俄等国家相比，我国的小学生因为识字少且慢，进入阅读相对偏晚，阅读量偏少，据统计，我国小学生阅读量仅为美国小学生的六分之一。

人脑智力开发有个最佳年龄期和关键年龄段：小孩两三岁前学习说话，七八岁前学习听说读写的能力最强，并且牢固可靠，因此不能错过口语和书面语协调发展的最佳期。

咱们再看看我国传统语文教学的做法。中国传统的语文教学是先识字后读书。《说文解字》载："周礼八岁入小学，保氏教国子先以六书。"可见，儿童学习母语是先要集中识字的，历久风行的小学识字课本便是《三字经》《百家姓》《千字文》。从"三、百、千"时代到各种现代识字法，有一条生生不息的血脉，就是探索中国儿童学汉字及汉语的捷径。然而，这些策略都没有脱离先识字后阅读再作文的窠臼。如何摆脱"少、慢、差、费"的羁绊，使语文教学走上"多、快、好、省"的坦途呢？提高小学语文教学效率，路在何方？

在充分论证的基础上，"注音识字，提前读写"实验应运而生了。

这项教学改革打破了小学低年级以识字为重点的套路，在正确估计儿童口语水平和智慧潜力的基础上，以学好汉语拼音并发挥其多功能作用为前提，寓识字于读写之中，对入学不久的儿童在未识字或识字不多的情况下，采取"复线交叉，多维合成"的方式，开始听说读写能力的培养，把读写教学提前，从而解决发展语言与识字的矛盾。

汉语拼音，两千年孕育，三百年成长。学会了汉语拼音，儿童就可以"凭借拼音这只帆船在那五光十色的童话、寓言、故事的海洋里畅游"。他们先读纯拼音课文或读物，继而再大量阅读汉语拼音和汉字对照的注音课文、注音读物，其中包括古今中外经典诵读。雅言传承文明，经典浸润人生。通过提前大量阅读，在精神与心灵层面涵养了学生，通过对其潜能的开发，让其拥有丰厚的知识与智慧，从而实现生命的飞跃。学会了汉语拼音，学生如虎添翼，就可以利用拼音这个有效工具，"我手写我口"，提前把自己看到的、听到的、想到的或自己亲身经历过的人、事、景、物用恰当的语言写出来，从而彻底摆脱了"无话可说怕作文，假话连篇编作文，东拼西凑抄作文"的窘境。汉语拼音这个人生不可或缺的"武器"，使学生觉得作文原来如此简单。26个神奇的拉丁字母，它的功用从此在黑龙江大地得到了充分发挥，在全国开了先河，成为一道亮丽的风景线。

直呼音节，提前读写，大量读写，走发展语言的路子，早期开发儿童的智力，这些理念深深地刻在了广大实验教师的心上。

忽如一夜春风来，千树万树梨花开。这项教学改革实验迅速发展到全国28个省、市、自治区，无论在北方话区，还是南方方言区，抑或少数民族地区的城乡，均取得了可喜的成绩。惠及400多万学生的"注音识字，提前读写"教改实验，极大地显示出其科学性、可行性和广泛的适应性，并在海外产生了广泛影响。新加坡、马来西亚两国采用我国的《汉语拼音方案》，尤其是新加坡，已从原来的小学四年级开始教学拼音，逐步改为从小学一年级起始阶段就教学汉语拼音了。他们借鉴"注音识字，提前读写"教学经验进行实验，效果非常好。

请看领导、专家对"注·提"的评价。

时任中央政治局委员的胡乔木说："这种用汉语拼音来扩大识字，提前读写的做法，是合乎发展规律的，是合理的。"

语言学家吕叔湘指出："注音识字，提前读写是普及教育的最佳途径。"

日本学者曾我德兴称注音识字"是中国识字教育史上的一大突破"。

30年来，原国家教委和教育部先后召开七次全国性"注·提"实验工作会议，四次派工作组、专家组到黑龙江等地考察实际情况。国家语委和教委（教育部）四次下发文件推广，这在中国教育学科教改史上是空前的。

国运兴旺，皆赖人本；诸国争雄，争在人才。在东方，五千载文明，中华儿女正以夸父逐日的精神，奋起紧追，负重前行，投身人才生产的世界赛场的角逐，创造着人类教育史前无古人的神奇，孟广智就是这样的人。

　　为了让不识字或识字不多的儿童实现"注音识字，提前读写"的愿望，孟广智为孩子们创办了全国公开发行的报纸，那就是《提前读写报》。1985 年《提前读写报》创刊，著名语言学家王力先生题写报头，吕叔湘先生撰写发刊词。该报融思想性、知识性、趣味性于一体，从阅读和写作训练的角度，帮助学生夯实语文知识。

　　南开大学博士李英姿 2008 年 7 月 20 日在《中国教育报》撰文，描述了自己 1986 年的情景："那年回家收拾杂物，看到捆扎得整整齐齐的《提前读写报》，我感到异常亲切，不禁勾起了很多小学时代的美好回忆。记得实验班每到发报的日子，我都很兴奋，当老师给我们发下最新的报纸，我就迫不及待地看那一个个引人入胜的小故事。想快点读完，又想慢点看，时而默读，时而大声朗读，读完之后，便会怅然若失，在反复阅读手头报纸的同时，我又进入了对下一期报纸的美好的期待中。"

　　《提前读写报》创刊至今，一代又一代少年儿童走向学语文、用语文的成功之路，孟广智为此倾尽了心血。为了得到学生、教师和家长的广泛认同，取得良好的社会效益，作为主编的孟广智用自己独特的办报理念与教学相结合，将读写知识用寓教于乐的方式传递给学生。"散文白桦林""诗歌欢乐谷""童话啪啪圈""寓言五线谱""阅读大观园""习作金钥匙"这些少年儿童喜闻乐见的栏目更增强了《提前读写报》的可读性。该报被评为全国优秀少儿报纸，是全国汉语拼音教学研究会会报，曾多次获奖。

　　经过多年的实践，"注·提"实验已经形成了相对稳定的教材体系、教学方法体系、理论体系和评估体系。在全国许多地区，"注·提"实验已不再是"实验"，已步入了常规教学的轨道。由教育部基教司、中央教育科学研究所牵头，成立了"'注·提'实验与素质教育研究课题组"，深入研究在"注·提"实验教学中实施素质教育的问题，"'注·提'实验与素质教育研究"成为中央教育科学研究所主持的"面向 21 世纪中国基础教育课程教材改革研究"总课题的一项子课题，这使"注·提"实验在新的教育大背景下获得了不竭的生命力。

踌躇满志的孟广智率领自己的部下为实施素质教育再一次登上了征程。

走进新课程，在历史的拐点上，在大浪淘沙中，众多的实验项目，有的销声匿迹，有的偃旗息鼓，有的半途而废。而孟广智却"弄潮儿自向涛头立，手把红旗旗不湿"。为了让"注音识字，提前读写"与新一轮课程改革相衔接，为了解决语文教学长期存在的少、慢、差、费和教材繁、难、偏、旧的问题；为了全面提高学生的语文素养，努力建设开放而有活力的小学语文教材新体系；为了探索母语教材编写的规律，推动素质教育；为了贯彻落实时任教育部部长袁贵仁北京会议的指示精神，他组织专家学者和骨干教师编写了一套具有"注·提"特色的课程标准教材。2002年12月在教育部立项，2003年5月送审，7月全票通过，9月在全国十几个省市使用，成为黑龙江省名副其实的主流教材。

这套教材好在哪里？请听教师对教材的赞誉。萝北县一位临近退休的老教师激动地说："我教语文30多年，用过多种版本的语文教材，但从没见过这么好的语文书，简直是太美妙，太出色，太神奇了！在我退休之前，能用这套教材上几堂课，真是太幸福了。"从这位老教师那欣喜、兴奋的神情中可以看出，这是一套非常出色的教材。

这套教材妙在何处？请看国家教材审查专家对教材的评价。中央教育科学研究所（现为中国教育科学研究院）资深研究员江明说："该套教材定位准确，致力于使教材成为在教育教学整体中体现先进的教育理念与成功的教育实践相结合的载体，并为促进师生发展、进行具有创造性的教与学实践搭建了相宜的平台。"课本课本，课程之本，专家的评价充分说明了教科版语文教材的成功之处。

这套教材在认真落实语文课程标准的教育理念和要求的同时，继承发展了"注·提"实验"提前读写、大量阅读、发展语言、发展思维"的优势，充分体现了整体性、主体性、实践性的教学原则，使"注·提"实验在新一轮课程改革中与时俱进，再创辉煌。

党的十七大报告指出，要"优先发展教育，建设人力资源强国"，并特别强调要"重视学前教育"，将儿童早期教育提升到一个新的高度。为了落实十七大精神，发展"注·提"教改实验，探讨0～3岁婴幼儿语言发展规律，研究儿童早期阅读理论，孟广智领衔搞起了"把握心理发展'最佳期'婴幼儿早期主动发展实验研究"。此项课题被确定为黑龙江省"十一五"教育规划重点课题、全国教育科学"十一五"规划课题。

30个春秋，弹指一挥间。孟广智带着压力、带着动力、带着毅力，在风雨中跋涉，把一片冰心无私地奉献给了"注·提"事业。他从一名大学生成长为黑龙江省劳动模范、黑龙江省优秀中青年专家、全国优秀教师，享受国务院政府特殊津贴，并出版了专著《"注音识字，提前读写"教材教法研究》。是"注·提"铸造了他辉煌的人生。

窗外朦朦胧胧，悄然静谧。街灯沿着笔直宽阔的马路伸向很远很远的黎明，像一串串省略号，静静地沉思着。孟广智点上一支烟，不由得想起"注音识字，提前读写"三位发起人——丁义诚、李楠、包全恩。此时，他慢慢地打开日记本，挥笔写道："历经沧海，我无愧于我的人生，无愧于我的选择，更无愧于我的事业。我是山上一棵草，不是我高，而是山高。这山就是我的几位前辈和我的团队。路漫漫其修远兮，吾将上下而求索。在'十二五'期间，以'科学发展观'思想为统领，实施机制改革，使'注·提'这块金牌永放异彩！"

30年，人生能有几回搏。30年时间，把一个"小儿科"干成了创新的大事业，孟广智成功了！"注音识字，提前读写"便是他生命的丰碑！

培训者汪潮

原杭州大学的朱作仁教授带过很多研究生，汪潮无疑是"朱门弟子"中的高足。他二十多年如一日地钟情于小学语文教师培训事业，其专一和执着，在朱作仁教授的诸多弟子中也就只剩他一个了。

汪潮，浙江外国语学院教授，小学语文博物馆馆长，浙江省继续教育专家委员会语文组副组长，教育部国家级培训专家。

汪潮对小学语文教师的培训工作情有独钟。早在1991年2月，也就是他儿子出生的那年，他就做教师培训。岁月匆匆，30年过去了，如今他的儿子已长大成人，他的培训班已办了一百多期。在培训班中，已有73名学员被评为特级教师。弟子三千，贤者七十二，孔子在教育上取得了巨大成就。厉害了，我的汪潮教授，你是当代教师培训的孔老夫子！

天有天道，地有地理，人有人伦，物有物性。说起汪潮培训教师，不能不提起他的一本专著——《小学语文名师培训教程》。这本书由浙江大学出版社出版，共涉及28个培训项目，相应分为32章，每章除了阐述有关的学理外，还配有2～4个不等的学习专栏。或理论专题，或某种方法，或典型案例，或研究动态，供学员深入学习和研讨时参考。另外，他还出版了《小学语文教学新视野》《中国语文教学实验述评》《中国语文读写结合研究》《语文教学专论》。这些著作也都是专门服务于语文教师的。

我是2013年认识汪潮的。记得那年12月，杭州绿城育华小学的副校长方兰邀请我去讲学，我在小学语文博物馆见到了他。

12月6日早晨，杭州大雾。我从宾馆早早地来到育华小学，在校门口遇见了一群老师。他们是汪潮培训班的学员，也是来参观小学语文博物馆的。我们来到博物馆门前，西泠印社书法家余正书写的"小学语文博物馆"七个大字顿时映入眼帘。镶嵌它的是中式青灰大理石边框，其下放着一个石槽，槽中睡莲开得正盛。推开博物馆厚重的大门，一股古朴典雅气息扑面而来。

博物馆的主人汪潮把我让进休闲茶吧。这里的一张厚重的红木桌，让人深感年轮的沉重；这里的八把红木座椅，后背突出，更显庄重、肃整。汪潮说："在中国教育界，小学语文课程与教学是创立最早、研究最广、成果最多的一门学科。为了珍藏宝贵的历史文物，用于小学语文课程建设，创建小学语文学科教学品牌，整理小学语文改革成果，发展小学语文教师专业素养及教学研究能力，在上级有关部门的指导下，我们成立了小学语文博物馆。博物馆藏有古往今来的小学语文教材、教辅、论著、信件等各类珍贵藏品两千余件。这些藏品虽然陈黄破旧，却是小学语文教育的瑰宝，弥足珍贵。保存这些资料，就是保存中华民族文化的根。"

下午，培训班的学员在育华小学召开了研讨会，用理论演说、圆桌论坛、优课展示、现场评点等形式，汇报他们的教学改革成果。会上，汪潮掷地有声地说："这次培训，我安排在小学语文博物馆，目的就是让大家了解中国语文教育五千年的历史，课堂教学一定要返璞归真！"

在大家的见证下，我把我的十本语文著作捐献给了小学语文博物馆，作为馆藏文献。

晚上，汪潮请我吃饭，他点了两个菜，一个是东坡肉，另一个是剁椒鱼头。两杯啤酒下肚，汪潮脸色酡红，我也状态微醺。在怡然陶然中，汪潮拉着我的手说道："蓦然回首，惊叹岁月匆匆，几度风雨与春秋，几度求索与坚守。我将20多年培训的'资料'整理起来，编成了《小学语文名师培训教程》。"说着，他从包里取出一本书送给我，这本书正是《小学语文名师培训教程》。在浅蓝色的封面上，印有大海、礁石、潮水，"名师"两个字格外突出。于是乎，我想起了汪潮的网名叫"浙江潮"，这位小学语文界的弄潮人，将毕生都敬奉给了小学语文教师的培养事业，怎不令人由衷敬佩！

培训者汪潮

说来也巧，我与汪潮第二次见面也是在 12 月。

2017 年 12 月，我应邀参加"千课万人"全国小学低段部编语文新教材课堂教学高峰论坛活动，在杭州我们又相见了。那是一个寒冷的晚上，我与集美大学教授金文伟特意从酒店到西湖体育馆听汪潮讲"部编教材第一学段写话教学理据分析"。汪潮风趣幽默的讲授，让来自天南海北的一线教师顿觉时间飞逝，尤其是他把"小学语文老师"称为"语文小学老师"，在学员中引起强烈反响，不时报以热烈掌声。汪潮说："'语文小学老师'就是教语文的小学老师，而不是别的老师，我之所以把'语文'放在前面，就是告诉大家，我们是教语文的，我们是教人学语文的，我们是以语文教人的。"汪潮的这番话振聋发聩，称谓的改变，绝不是标新立异，意在让小学语文老师从语文教学的误区里走出来，用语文的方式解决语文的问题。

不久，我与汪潮又见面了。

2017 年冬至这一天，2017 全国中小学教师读写素养高峰论坛暨部编教材课堂教学观摩活动，在哈尔滨花园小学体育馆举行。几百人的会场座无虚席，鸦雀无声。当茅盾文学奖获得者刘醒龙的讲座结束的时候，一个"老头"悄悄地走进会场。他身着一件厚厚的半截黑色棉大衣，头戴一顶扁扁的黑色帽子，手提一个鼓鼓的黑色公文包。这个宛如退休干部的"老头"就是汪潮。

不一会儿，汪潮出现在主席台上，简直判若两人，秃顶，西服，金丝边眼镜，手拿话筒，侃侃而谈。讲座后，众多粉丝与他合影，现场气氛热烈。

一钩已足明天下，何况清辉满十分。杭州，物华天宝，人杰地灵，不仅有一泓美丽的西湖，还有一位小学语文教师培训的超人，此乃汪潮也。汪潮的网名叫浙江潮，宋人陈杰说："只道潮声起，潮来复有声。"文学家周密说："浙江之潮，天下之伟观也。"我说，汪潮培训教师，堪称天下奇观！

吟诵使者陈琴

我认识一位特级教师，她叫陈琴，在全国小语界，此人以吟诵而得名。当然，与她比肩的还有薛瑞萍、戴建荣等人。

据说，陈琴的学生都能十分熟练地通背《声律启蒙》《弟子规》《三字经》《千字文》《大学》《中庸》《论语》《老子》《孟子》和《庄子》，中央电视台多次拍摄过她个人的吟诵节目。她被《中国教育报》评为 2008 年度推动读书十大人物，有《经典即人生：文字是修正灵魂的良药》一书，由中华书局出版，全国发行。

2008 年，金秋季节，我在哈尔滨见到了陈琴。

那天下午，《小学语文教师》主编，也是我的好友李振村在哈尔滨工人文化宫做学术报告，我闻讯赶去。由于路上堵车，当我气喘吁吁地走进会场时，报告早已开始了。两千多人的会场座无虚席，我只好在靠近第一排的过道上临时加了个塑料凳子坐下。

两个小时的报告很快就结束了。休息时间，李振村从台上走下来，和我握手寒暄。

这时，我才发现，坐在我旁边的是一位女老师，40 岁左右，身材微胖。这位女老师见我和李振村竟如此熟悉，说道："请二位里边坐。"说着，她站起身来，把我们让了过去。李振村见状，急忙指着女老师向我介绍说："这位是广东省的特级教师陈琴，上午在这刚上完课。一节难得的古诗教学课，让我知道了什么叫吟诵。"陈琴彬彬有礼，右手搭在左手上，向我鞠躬，连声说道："幸会，幸会！"我说："很遗憾，没听到您的课，以后一定补上，向您学习吟诵。"陈琴右手搭在左手上，又向我鞠躬，连声说道："不敢，不敢！"齐肩为朋，同道为友，几句话让我们彼此就熟悉了。我从包里掏出一本书，签上名字，递给陈琴："来而不往非礼也，这是我刚刚出版的《我为语文而来：白金声教学艺术》，请惠存雅正。"陈琴再一次向我鞠躬，连声说道："多谢！多谢！"说完，她接过书，认真地翻阅起来。此时，李振村坐不住了，拉着我的手说："书得其人，人得其书，那我呢？"我解释说："这本书本来是想给您的，回去，我立马邮寄。"说着，我们大笑起来。

九年后，隆冬季节，我在哈尔滨又见到了陈琴。

2017 年，冬至。

2017 全国中小学教师读写素养高峰论坛暨部编教材课堂教学观摩活动，在哈尔滨花园小学体育馆举行，陈琴上观摩课。

为了看课，我早早地来到学校，找了一个好位置，静静地等候。参加活动的老师陆陆续续走进会场，足有四五百人。这时不知谁喊了一声："来了！"我回头一看，正是陈琴。她还是那么富态，戴着一条长长的围脖，眼镜后边的眸子深邃透明。我连忙迎上去，左手搭在右手上，向她鞠躬："九年未见，别来无恙，您可认识我？""白老师，《我为语文而来：白金声教学艺术》的作者，白金声！"陈琴未加思索，一下子认出了我。

在大家的掌声中，陈琴开始上课了。她教花园小学三年级学生学《诗经·卫风·木瓜》：

投我以木瓜，报之以琼琚。匪报也，永以为好也！
投我以木桃，报之以琼瑶。匪报也，永以为好也！
投我以木李，报之以琼玖。匪报也，永以为好也！

这节课，以教师为主导，以学生为主体，以训练为主线，在吟诵层面上展开。40 分钟的课，就像一道山间的泉水，从高处自由自在地倾泻下来，淙淙，琤琤，随物赋形，无羁无碍。陈琴带领学生诵之吟之，舞之蹈之，在那平长仄短之间，在那曼声唱和之时，在那尾音的颤动、修饰、延绵之中，孩子们情通古人，男生左手搭右手，女生右手搭左手，给台下的老师鞠躬，懂得了滴水之恩当涌泉相报的道理。吟诵方至化境，以至于下课了，他们还舍不得离开课堂。老师们被彻底的折服了。

吟诵是我国优秀的非物质文化遗产代表，有着重大的文化价值。可是，如今会吟诵的人凤毛麟角，南怀瑾去世了，叶嘉莹已经 90 多岁了。如何让吟诵代代传下去，通过这节课，我看到了希望。琅琅书声，朗朗乾坤，陈琴就是吟诵的使者。她被中华吟诵协会聘为吟诵教学指导老师，其独创的吟诵教学法被众多的语文教师所模仿。她的学生经六年的经典"素读"训练后，个个都能达到"背诵十万字，读破百部书，写下千万言"的教学目标。

陈琴，昵称南木，我们在一个群里，经常联系，也经常见面。不久前，她的新作《陈琴与素读经典教育》在北京师范大学出版社出版，一时间，读者如云。

一个民族的立身之本，在于语言。愿吟诵教学在新时代语文教育中越走越远，愿汉语音韵之美在世界大放光彩，愿礼仪之邦的中国越来越强大！

管建刚传奇

在全国小语界，有一个叫管建刚的老师，人称作文教学的传奇人物。怎么一个传奇法呢？让我慢慢道来。

天有不测风云，人有旦夕祸福。1991 年，管建刚从中等师范学校毕业。之后，他生了一场大病。病好后，他对生命的看法，跟很多人不同。很多人在生命的平底锅里，是无知无觉的小青蛙，管建刚是被热水烫过的那只。烫过后，他知道一辈子太短，短的只够做一件事。于是，管建刚就拼命地教书，拼命地写书。2008 年，他被评为江苏省语文特级教师，也就在这一年，他被《中国教育报》评为 2008 年度推动读书十大人物，后来成为《语文教学通讯》《小学教学》《小学语文教学·人物》《小学语文教师》等核心期刊的封面人物。管建刚，这个不折不扣的作文教学的天才老师，2005 年出版了《魔法作文营》。从此，一发不可收拾，一本一本地出，一路走来，几年的时间，《我的作文教学主张》《我的作文教学革命》《我的作文教学故事》《我的作文训练系统》《我的作文教学课例》《我的作文评改举隅》等系列著作相继问世，成为当代小学作文教学的标志性人物。

"抬头做事，低头做人"，多年前，管建刚的笔记本上，写着这八个工整的大字。不少人说，管建刚一夜红遍大江南北，那是他们没有看到管建刚十年的"低头做事"。

1998 年，管建刚在村小，跟孩子们一起办《手抄作文报》；1999 年下半年，调入镇中心校，半年后，学校有了电脑房、一体机，管建刚的《班级作文周报》，走向了"现代化"。2004 年，学校创建江苏省实验小学、苏州市常规管理示范学校，大量的中心工作压得他喘不过气来。担任教科室主任、副校长的管建刚，带班教语文，《班级作文周报》一期也没落下。遇上停电，骑上老爷摩托车，去临镇印刷《班级作文周报》。此等"低头做事"，才有他一夜崛起的惊艳。

说起《班级作文周报》，那可是管建刚作文教学的一场革命。他用《班级作文周报》取代常规的作文教学，学生不再写传统意义上的"大作文"和"小作文"，而是写"每日简评"和"每周一稿"。管建刚的想法，最初来自自己在报上发表文章的经历和感受，他意识到，作文的内在动力源于表达与交流的热望。本着这样的想法，多年来，他执着地向前推进，一步一步地解决了作文兴趣、作文意志、作文能力、作文评价等问题，建立起一整套完善的作文操作系统。

首先，他在的作文教学里，借鉴了商业营销手段，用"卡"激发学生作文的兴趣。学生在《班级作文周报》上发一篇作文，得一张"刊用纪念卡"，三张"刊用纪念卡"，得"作文新苗"的称号；"作文新苗"后，再发五篇作文，得五张"刊用纪念卡"，评"作文小能手"；"作文小能手"后，再发七篇，得七张"刊用纪念卡"，评"班级小作家"；"班级小作家"后，出三个"小作家专栏"，评年度最高奖——"班级诺贝尔文学奖"。

后来，管建刚出台了"积分活动"。所谓"积分活动"，就是学生在《班级作文周报》上，发一篇文章，得一张相应的"积分卡"。比如，有个学生发表的作文，合计 491 字，得 491 分的积分卡；又有个学生发表的作文，合计 941 字，得 941 分的积分卡。积分卡上的分数，可以不断地"考级"。2000 分考"童生"，5000 分考"秀才"，8000 分考"举人"，10000 分考"贡士"，12000 分考"榜眼"，15000 分考"探花"，18000 分考"状元"，21000 分考"大学士"。反正，学生挣多少"分"，管建刚就设多少的"级"。

再后来，管建刚又出台了"稿费活动"。学生在《班级作文周报》上发一篇文章，得相应的稿费，作文长，稿费多。期末加一下，比一比，看谁的模拟稿费多。这里的稿费，不是钱，而是书，一学期下来，管建刚自费给学生购买了一千多元的图书。

每周，学生写稿、修改、投稿、发表，由此作文不再是一道无聊的作业，而成为一项渴望获得的话语权，作文不再奄奄一息，而成为学生向往的一个心灵交流的精神家园。

"作文难，作文难，提起作文我心烦"，这是当下学生常说的一句话；"教作文，教作文，教了六年没入门"，这是老师当下常说的一句话。如今，这些话在管建刚那儿完全被颠覆了，根本不存在难学难教的问题，因为他对作文教学进行了一场彻底的革命。

管建刚打破旧的作文教学程式，旗帜鲜明地提出九大革命性主张："兴趣"重于"技能"，"生活"重于"生成"，"发现"重于"观察"，"讲评"重于"指导"，"多改"重于"多写"，"真实"重于"虚构"，"文心"重于"文字"，"课外"重于"课内"，"写作"重于"阅读"。这些主张是对传统作文教学的回应，是基于儿童写作的状态而总结出来的。

"风生于地，起于青萍之末。"而今，这场卷地而来的"作文教学革命"之风，已经飙起，成为气候。

成尚荣这样评价管建刚："管建刚钟情地、执着地研究作文教学，但并不痴迷，并不迂腐，钟情中有一份理性，执着中有一份激情。正因为此，他的作文教学已不是一般的实践，而是一种深刻的、持久的反思；也不仅仅是一种反思，而是一种富有学术含量的研究。他是一个实践家，而不仅仅是实践者；他虽不是一个思想家，但他一定是一个杰出的思想者。"评价得多高啊，愿这位不折不扣的、作文教学的传奇人物越走越远！

会唱戏的何夏寿

被誉为中国教育界"春晚"的"千课万人"，在 2017 年春季小学系列研讨会的安排中，同时设立三个会场。第一会场，入行未满三年新教师培训会；第二会场，绘本教学深度品鉴观摩会；第三会场，语文核心素养与课堂重建研讨会。5 月 26 日，我在第一会场作了个报告，题目是"我的'三书'教育梦"，深受与会青年教师的欢迎。

巧得很，回到之江饭店用晚餐时，我与仰慕已久的何夏寿同桌。

何夏寿何许人也？绍兴市金近小学校长，全国著名特级教师，写有《爱满教育》等专著。《爱满教育》是一本自传体教育散文集，作者以自己特殊的生命经历，向我们讲述了他走过的一个个日子，遇到的一位位亲友。这些人以其天性的善良、纯朴又深邃的言行，启迪作者走上了教育的航程，让作者领悟到终身受益的真谛以及生命的意义。我很喜欢《爱满教育》这本书，有些篇章我已经读了好几遍，总想有机会与何夏寿见上一面，与他做深入交流。

由于半路堵车，从会场回到之江饭店，正值饭时，走进一楼一号包厢，我赶紧入座。环顾四周，高朋满座，可是我就认识张祖庆。经组委会负责人张伯阳先生介绍，在座的有台湾的名师，有香港的作家，有澳门的记者，有大陆小语界的名家，坐在我对面的正是何夏寿。他，50 多岁，身着一件白色的碎格衬衫，浓黑的头发，戴着一副金丝眼镜，下颌有一颗毛泽东式的大痦子，满脸笑容。

按照东北的习惯，用餐时一定要敬酒。虽然主办方节俭办会，不备酒水，我也要以茶代酒，表示一下意思。于是乎，我站起来，举起金杯，说道："古人云，齐肩谓朋，同道为友，不管是新朋友，还是老朋友，都是白金声的好朋友。在这美好的时刻，祝大家快乐健康每一天！健康快乐在今天！"包厢里气氛顿时热烈起来，在觥筹交错中，你我谈笑风生，好不热闹。

桌间，张祖庆戏言："我是读着白金声老师的著作长大的。"我说："白金声是听着张祖庆院长的课变老的。"此时，我们的双手紧紧地握在了一起。

张伯阳先生说："2017年春，'千课万人'一共搞了29次全国性的活动，现在马上就要收官了。今年秋季，小学各科系列活动，将在西子湖畔继续倾情上演，主题更前沿，研讨更深刻，课堂更灿烂，请诸位光临指导。"大家对张伯阳先生的热情邀请报以热烈的掌声。

这时，何夏寿扶着椅子站起来，扶了扶眼镜，在我的推荐下，他字正腔圆地唱了一段京剧："今日痛饮庆功酒，壮志未酬誓不休。来日方长显身手，甘洒热血写春秋。"唱毕，学着杨子荣的样子哈哈大笑起来。霎时间，包括台湾的范姜翠玉、香港的罗一宸、台州的王乐芬等在场的所有的嘉宾都震撼了，频频点头："戏曲天才，何校长唱得真好！佩服！"

饭后，我回房间休息，辗转反侧，怎么也睡不着，《爱满教育》中的故事一个一个浮现在我的脑海里。

何夏寿是绍兴人，他的家乡不但尽出文人，更"盛产"戏文。何夏寿的父亲，从未进过一天学堂，不但能看懂整本戏考，而且还会唱几十出大戏。何夏寿从小受父亲的影响，迷上了戏文。"文化大革命"期间，他在父亲的肩膀上，看绍剧，看京剧，看越剧，《借东风》《孙悟空三打白骨精》《三请樊梨花》《狸猫换太子》，一出接一出，给幼年的何夏寿打下了深深的烙印。长到七岁时，何夏寿的姐姐常常背着小夏寿去学校操场看露天电影。《红灯记》《沙家浜》《杜鹃山》《智取威虎山》，这些样板戏中的唱词他能倒背如流。直到何夏寿长大成人，他的肚子里装了几百出戏文。这些戏文，是他的文化底蕴，是他的人生财富。

何夏寿16岁那年，家乡小学需要一名教师，他通过考试，带着对戏文的无限喜欢走上了教育岗位。有一年，绍兴组织市级学科带头人评比，何夏寿被推荐参加。就这样，他从乡里，杀到镇里，又从镇里比到县里，最后参加了绍兴市教育局组织的终极评比。那一天，有七位被选拔出来的语文老师，聚在一地，借班同上五年级的《五月端阳》一课。轮到了何夏寿，虽说事先做了充分的准备，但由于比赛紧张，他一开课就漏掉一个介绍屈原生平的环节，快到结束时他才想了起来。要补上去明显是个破绽，不补，绝对是瑕疵。忽然，他想起了前些天唱过的越剧《屈原》，于是，他装作自然地过渡道：《屈原》的故事，书里有写，戏里有唱，有一出越剧叫《屈原》，想不想听？同学们一听语文课里还有戏可听，都来了精神。何夏寿趁机说，下面老师要唱的这段越剧，是屈原的自我介绍，你们好好听，越剧里都唱了些什么？于是，他清唱道："屈原事君已十载，平日为人王明白。奸臣若是来陷害，分明另有诡计在……"通俗易懂的唱词，委婉动听的曲调，加上他有板有眼的演唱，赢得了孩子和听课评委的满堂掌声。事后，评委们说，何老师的文本拓展环节处理得很好，用家乡的越剧带给学生视听的享受，既介绍了屈原的生平，又丰富了课堂形式，增加了语文课的文化色彩。结果，他的评比顺利通过。评委们都被他的唱功折服了，哪里是课堂拓展，明明是以唱补缺。

不过这次"遮丑"，确实给了何夏寿一个非常深刻的思考：戏文既然可以用来拓展，那可不可以用来导入过渡、甚至解读？这堂课可用，下一堂课可不可用？语文教材多半是文学，戏文也是文学，既然都是文学，同宗同祖，两者不是亲兄弟，至少也是堂哥俩，它们都讲故事，只是变着"法子"讲故事。他忽然联想到自己小时候跟着父亲看戏的经历，那时候，原本他是冲着戏里的故事去的。对，故事教育，他的语文课就从故事教育入手。故事教育的形式可以很多，但至少包括戏文故事法。那天，他高兴得像发现了金矿。以《西厢记》崔莺莺的"知音千古此心同，尽在不言中"为题，将自己的思考结果写在日记上，成了他生平第一篇发自内心的教学反思。他的教学反思的核心观点是，让语文课因为戏文变得更生动、更感人；让传统的戏文因为语文变得更具体、更悠远。

会唱戏的何夏寿

于是，何夏寿从语文学科的角度，开发了戏曲课程，用现代表现传统，用课程传承艺术，让古老的戏曲在小学语文课堂落地生根。

现在，民间戏曲课程已成为金近小学继童话教育之后的第二张特色教育名片，何夏寿的戏曲课得到了国内小学语文教育同行的认可。80 岁高龄的全国著名教育专家周一贯先生这样评价："何夏寿是全国小学语文戏曲教学的首倡者，自觉地将戏曲剧本改写成小学语文教材并实践于小学语文课堂，其探索和实践为广大一线老师如何因地制宜开发课程树立了榜样。"目前，何夏寿开发的"小学语文戏曲文学课程"，已经成为浙江省教学研究的重点课题，金近小学正在实施之中。

第二天清晨，我的手机响了，原来是一条短信："白老师，您好！我是周一贯先生的学生何夏寿。我有事，得马上回上虞，欢迎您到我校指导小语工作。再见！"

非常遗憾，还没来得及与何夏寿做进一步交流，他就匆匆离开了杭城。

上虞？上虞的白马湖畔不是有一所春晖中学吗？这可是誉满全国的名校啊，首任校长是著名教育家经亨颐。那时，夏丏尊、朱自清、丰子恺、朱光潜、陈翔鹤、王任叔等人都曾在此任教，曾经卓有成效地进行了中学国文教育的实验，创造了令后人永远敬佩的成绩。

如今，上虞的金近小学也在搞实验，"小学语文戏曲文学课程"叫响全国。戏曲小舞台，人生大智慧，我相信，何夏寿一定会"来日方长显身手，甘洒热血写春秋"。有机会，我一定去上虞，去金近小学，感受一下小学语文戏曲文学课程，向会唱戏的何夏寿学习。

"笨" 老师韩兴娥

我知道韩兴娥的名字，始于 2010 年。那年，《中国教育报》开展第七届推动读书十大人物评选活动，共有 20 位候选人，韩兴娥名列其中，她是山东省潍坊市北海学校的语文老师。

一本现行教材教授一个学期，这是全国绝大多数学校撼不动的铁律，可是韩兴娥只用两个星期就将一册语文教材教完了。剩下的课堂时间她用来带领学生一起到处搜罗图书，不停地 "读、读、读"。课内海量阅读的效果如何？一次，市里的教研员听课，学生在课堂上的表现让这位教研员连连惊呼："个个是播音员，人人是小天才！"

看了这样的介绍，我惊呆了，脑海里顿时叠印出八个大字——教材突围的先行者！于是乎，我断定这一年的读书人物非她莫属。果不其然，经过 300 万网友投票，2010 年推动读书十大人物诞生了，韩兴娥实至名归。如此看来，课内海量阅读确实不是梦。

打开 2011 年 1 月 6 日的《中国教育报》，大红的通栏标题映入眼帘："2010 年推动读书十大人物揭晓"。韩兴娥在 "读书故事" 中写道："我是一名极其普通的语文老师，口才平平不善悬河，文章淡淡不会长篇大论，教改的出发点仅仅是想让自己的教学不再有那么多的烦恼。"

韩兴娥的烦恼在哪儿？六年级的学生不会流利地朗读课文，写不出通顺的文章，她被一种难以名状的苦恼纠缠着。当她在书海里邀游寻求答案时，苏霍姆林斯基给了她启示："儿童的学习越困难，他在学习中遇到的似乎无法克服的障碍越多，他就应当更多地阅读。"

韩兴娥还记得，她刚识字时，每逢星期天便拿着奶奶给她买冰棍的钱，坐在书摊前的小马扎上"奢侈"一番。最初，她读的是小人书，那行云流水的线条、形象鲜明的人物、简洁生动的文字，让幼小的韩兴娥有了一种忘我和沉醉的阅读体验。后来，她把《暴风骤雨》《青春之歌》《党费》等长篇小说借到家里。这些大部头的文学作品不但打开了她的未知世界，而且也为她的人生打下了一抹教育底色。到了五年级，巴金的《家》《春》《秋》，她都涉猎了，一本三四百页的小说一个星期天就读完，读不完茶饭不思。升入初中后，巴尔扎克、莎士比亚、莫里哀、雨果、高尔基、托尔斯泰等外国作家的作品，她爱不释手。书中的人物至今仍跃动在她的记忆中。

1987年，韩兴娥从师范院校毕业，一转身当了老师。她发现教研活动经常研究怎么引导学生读书，各种各样的读书法呈现在她的面前，她在学习的同时，内心却在抗拒："读法是教会的吗？我上小学时，一天读三四百页书完全不是老师教的，而是故事的内容在吸引我快速阅读。"这些烦恼让初为人师的韩兴娥挥之不去，始终如影随形地在她心里游弋着。

大道至简，道法自然，语文教学丝毫没有深奥的道理可言。作为教师，要做的就是把大量文质兼美的文章放在学生面前，为他们的"吞食"提供条件，让学生的眼睛停留在铅字中，让学生的耳朵浸润在书声中，让学生的心灵和大脑震荡在感动中，使其在高品质的海量文字中畅游，最终实现生命的飞跃。

经过多年的苦苦煎熬，2000年，韩兴娥终于厚积薄发了。那一年，她接手了新的一年级，开始了海量阅读的实验。

"海量阅读"的教学目标不是以一节课、一篇文章设定的，而是以一本书、一个年龄段为单位来策划、设定目标的。韩兴娥把小学六年分为三个阶段：一是学生入学的头一年，在老师带领下，学生们逐步地学会在"海量阅读"中识字；二是在学生的二、三年级，老师重在引导学生们在"海量阅读"中诵读、积累；三是在小学的最后三年，也就是四、五、六年级，在老师的指导下，全方位地开展"海量诵读经典"。韩兴娥把这个过程，称之为"课内海量阅读"三部曲。这三部曲，环环相扣、步步深入，一个一个的轮回，帮助学生实现跨越式地、可持续地成长与发展。

资深媒体人陶继新在《小学语文教育的开拓者——韩兴娥老师的大胆批判精神与课堂教学重构》一文中写道：

第一次听韩兴娥老师的课，给我的震动之大是始料不及的。她用的教材是《中华上下五千年》，教学哪篇课文不是早准备好的，而是让我来当场指定。刚一上课，翻开这本多达 60 多万字的"教材"，才发现文章大多选自《史记》和《资治通鉴》，每一篇"课文"都是由一小段文言文和相关的白话历史资料两部分组成。随手一翻，是现行统编教材高中语文中的《鸿门宴》一文，于是就说，就教这一篇吧。说完之后，又感于心惴惴，生怕自己的率意而为有可能造成这堂课的失败。但韩兴娥老师平静得如一潭波澜不惊的湖水，从容自若。她先让学生"开火车"读一遍，纠正了错误读音，然后便由学生自由朗读。不长时间，便要求学生背诵古文，并就文中的一些问题进行争辩。她提出一个问题，学生抢先发表个人意见，假如达不成共识就会引发争论，有时候会自然形成观点对立的辩论集团，各自引经据典，试图说服对方。学生的思辨欲望被激活了，她却成了旁观者。12 分钟，教学任务完成。她让我再选一篇。在惊愕未定中，我又选了《楚汉之争》一文。同样，十多分钟之后，任务又完成了。其后又教了《古诗三首》。这种教学看似"不求甚解"，其实教学容量之大，学生获益之多，是我在其他课上绝少见到的。

读完陶继新的报道，我为之一振。韩兴娥的一根"海量阅读"的搅棒，已经把语文教学那一摊"死水"搅活了；一个"海量阅读"的支点，已经把语文教学这个"地球"撬动起来了。她的学生能融会百科，贯通古今，不就是通过"海量阅读"实现的吗？

我第一次见到韩兴娥，是在 2018 年秋季的"千课万人"教师培训会上。

我们的报告都安排在晚场，她讲《课内海量阅读的实践与思考》，我讲《人生平台上的习作教学》。

在去往会场的汽车上，我发现韩兴娥是一个典型的山东女子，中等个子，短发，说话轻言细语，时不时有点冷幽默，毫无"名师范儿"，非常朴实，朴实得近于憨态，是典型的"讷于言而敏于行"的一类人。她说她是一个笨老师，在课堂上不会"炫技"，不会"包装"，不会"煽情"，只会领着学生老老实实地读书。

韩兴娥率真实在，说此话时她气定神闲。其实，韩兴娥一点也不笨，是老实人干老实事，她大智若愚，学语文就得"鲸吞牛食"。12岁以前的语文，是童年的语文，是积累的语文，是种子的语文，是为一生奠基的语文，不海量阅读行吗？

杭州黄龙体育中心游泳跳水馆灯火辉煌，看台上坐满了人，这些人不是来看游泳的，也不是来看跳水的，而是来听韩兴娥作报告的。

韩兴娥的报告，没有让人难望其项背的高深理论，也没有时髦新潮的教改词汇，她用普普通通的语言讲述，亦如一位大姐姐在给弟弟妹妹讲故事。

她说："节假日，别的老师可以外出休闲旅游，享受美好的生活，而我却忙着备课，准备教学资料。为了让孩子们在有限的课堂上掌握丰富的知识，我下足了功夫，把一篇篇文章、一本本书敲成课件，录制音频，做成卡片。大量教学资料要一一梳理好，近千首儿歌要一首首敲下来印发给学生，几百首唐诗、宋词，要一一做成课件，这些活儿我都要在假期完成。"

此时，场馆里响起一片热烈的掌声。

在回宾馆的汽车上，我提起她获得了2018年国家基础教育国家级教学成果奖一等奖时，她只是淡淡地一笑。

我为韩兴娥"读"树一帜的教学法点赞！

爱读书的张云鹰

"惟楚有材，于斯为盛"，这是长沙岳麓书院正门前的一副对联。古往今来，湖南人才辈出，独领风骚，小语名师张云鹰可谓湖湘人的佼佼者。

提起张云鹰，熟悉她的人都知道，这个湖南辣妹子的最大特点，就是爱读书。不管是"雏鹰展翅"时，还是"鹰击长空"时，"好风凭借力，送我上青云"，书籍成就了张云鹰的美丽人生。

湘西溆浦，雪峰山北麓，沅水中游，是张云鹰放飞童年的地方。那个美丽的湘西县城，就是屈原笔下"入溆浦余儃佪兮，迷不知吾所如"的地方。从那里走出的著名革命家、我国妇女运动的先驱向警予是对张云鹰精神世界有着深远影响的人。

"我出生在长沙，从小常听父辈讲述向警予的传奇经历。"张云鹰说，"向警予身上鲜明的叛逆个性，她的逃婚经历、和毛泽东一起闹革命、与蔡和森结成革命伴侣的浪漫故事，以及33岁在武汉英勇就义的人生结局，对我来说是一种莫大的触动。我记得向警予在法国勤工俭学时，与蔡和森拍的那张结婚照上，两人就是手捧着一本打开的书。"

巧合的是，张云鹰的小学就是在向警予亲自创办的全国第一所男女混合学校里就读的。学校的校训、校歌，她至今都清晰记得并时常哼唱：美哉，庐山之下溆水滨……而她接触最早、阅读最多、最喜欢的便是《向警予传》。向警予改造社会、破旧布新的革命情怀更是让她陷入了久久的思考。她甚至觉得，女性就应该像向警予一样，灿烂一生、拼搏一生。向警予当年挨家挨户劝学，尤其是劝女生放脚上学，不收学费让每个孩子读书的故事，深深感动了张云鹰。活就活得精彩，做就做到最好！

　　转眼间，张云鹰14岁了，她扬起稚嫩的脸庞，进了中等师范学校的课堂。

　　念中等师范学校时，张云鹰读了大量的教育教学书籍。学校图书馆找不到的书，她就用父母给的零花钱自己买。《给教师的一百条建议》，她读得津津有味，并珍藏至今。读陶行知的著作，她确定了"人生为一大事而来"的职业选择；读夸美纽斯的著作，她坚定了"孩子要自然生长"的教育理念。王策三的《教学论稿》当时还未正式出版，但她被《关于教学应教学生"学"的问题》这一篇文章吸引，将之认真地抄在笔记本上，时常拿出来反复琢磨。

　　"我上中师时，可读的书并不多，大多是一些苏联小说，但正是这些小说温暖了我的心灵，在我心中积淀了一种朴素的价值观，让我始终以一种宽容的心态对待孩子，对待教育。"张云鹰如是说。

　　1981年，张云鹰走上了工作岗位，在溆浦县警予学校教小学一年级。三尺讲坛横亘在她生命的原野上。为了守着学生，守着心中的希望，张云鹰把整个身心都扑在了学校的工作上。然而，渐渐地，她感到力不从心了。为了拥有"一览众山小"的从容与自信，每天拿出"三更灯火五更鸡"的功夫来读书。

　　溆水河畔，松柏青翠，夕阳的余晖洒落在向警予故居的白墙青瓦上，宁静、肃穆。在这里，人们经常能看见一位少女读书的身影。阅读给了张云鹰柔软的心灵，使她获取了心智的成熟、能力的提升和专业的进步。

　　1988年，张云鹰参加了一次省级教学比赛，讲的是巴金的《繁星》。那时还没有多媒体，只有简易的幻灯机。为了让孩子们体会在海面看星星的感觉，她在一块玻璃上撒满广告粉，用一张硬纸板抠出一个个小圆圈，类似幻灯片一样在玻璃片上晃动。在一片漆黑和寂静里，孩子们靠着桌子仰望"星空"，耳畔响起海浪翻涌的声音，仿佛真的置身于海上。

　　那堂课的效果非常好，张云鹰不出意料地获得了第一名。同时，该课还被评为湖南省最佳教学设计奖。而这些教学智慧，无疑源于张云鹰与实践相结合的读书理念。

　　1991 年，27 岁的张云鹰被调到湖南省怀化市教科所，从事小学语文和小学思想品德研究工作。

　　怀化是湖南省辖的地级市，别称鹤城，古称鹤州、五溪，自古以来就有"黔滇门户""全楚咽喉"之称，是中国中东部地区通往大西南的"桥头堡"。从溆浦来到怀化，从小县城来到地区所在地，张云鹰工作变了，视野开阔了，更需要用书籍充实自己的头脑。那段时间，她系统阅读了艾思奇的《大众哲学》。这本深入浅出的哲学书使她初步学会了用辩证的观点对待问题，多角度地处理问题。使她印象最深的还有冯增俊等翻译的《教育人类学》，尽管这种介于教育科学和人类学之间的边缘学科在当时还属于新学科，但却让她打开了视野，并促进了她尝试运用其他学科的研究方法解决日常的教育难题。

　　海阔凭鱼跃，天高任鸟飞。1997 年，张云鹰走出了湖南，来到经济特区深圳，那时她才 33 岁。六年后，也就是 2003 年，通过竞争上岗，张云鹰成为一名小学校长。

　　当校长了，张云鹰意识到自己教育管理知识的欠缺，她开始大量阅读管理方面的书籍。读了《任正非：华为的冬天——唯有惶者才能生存的冬天哲学》，她领悟到任正非为什么要培养狼性人才；看了《张瑞敏如是说》，她明白了他的用人之术；浏览了《卓有成效的管理者》《在第二级台阶上散步》等书籍，拓展了她的管理思路。她还系统地阅读了人文名著。在她看来，学以致用，才能内化为自己的知识结构。学要与思相结合，学习的目的，是为了改善自己的行为。

　　每逢老师们过生日，学校的惯例是不送鲜花，不请宴席，而是由张云鹰校长亲自为每一位过生日的教师送上精心挑选的图书。

　　"我遇见一本温暖的书，页页写满这人世的爱与哀愁；终于相信有人陪我孤独、陪我守候，刹那间泪如泉涌又面带笑容……"在深圳市宝安区西乡小学第六届"读书的女人最美"晚会上，张云鹰饱含深情的朗诵打动了全场的观众。

　　回顾多年的阅读经历，张云鹰最深的感触是，读书要全身心投入，读书须动笔，坚持记笔记。也许是从小养成的良好习惯，她读书常喜欢摘录、写随笔。多年来，大大小小的笔记本满满地写了数百万字，成为她专业成长的无声见证。

从普通教师到特级教师，从教研员到校长，张云鹰从书中得到了太多的帮助。而今，她开始重读经典，反思教育。她说："以前的阅读是站在教师、校长的立场，现在，我更多的是以局外人的角度审视教育。我越来越感觉，能从事教育工作，能与学生朝夕相处真的是我一生的幸运，就像我在很小的时候捧起第一本书一样。"

"坪上风乍起，洲际梦飞翔。"2011年，张云鹰出任坪洲小学校长。坪洲是一所怎样的学校呢？

校园里，孔子、老子、韩非子的铜像与花草树木相映生辉。

校训：蒙以养正　文明以健

校风：求真向善　尚礼臻美

教风：教起于思　开而弗达

学风：学起于悦　活而有序

单凭这些理念，足以看出这是教育家在治校。在这所学校里，张云鹰首创了"开放式教育"，形成了"开放式语文教学"流派，其研究成果荣获教育部首届基础教育国家级教学成果奖二等奖。她先后出版了《教育智慧与学校创新：一名小学校长的教育践行》《开放式教育》《开放式阅读教学》《开放式作文教学》《开放式活动课程》等多部专著。

也许是缘分，在全国教师培训活动现场，我几次与张云鹰相遇。她灵动传神的眼睛，真挚明快的谈吐，爽朗亲切的笑声，振聋发聩的报告，给我留下了深刻印象。这正印证了那句话——读书的女人最美丽。

书房·课堂·文章

　　江南出才子，湘蜀多豪杰，一方水土养一方人。在江浙一带的几所名校里，行走着这样三位校长——王崧舟、孙双金、薛法根。他们都是"60后"的，且在全国小语界享有盛誉的特级教师。

　　我喜欢他们，喜欢他们什么呢? 喜欢王崧舟的书房，孙双金的课堂，薛法根的文章。

　　先说说王崧舟的书房。

　　王崧舟是杭州市拱宸桥小学校长。他酷爱语文，出经入史，博览群书。他家有一间书房，东南是一幅环形落地的玻璃窗，其余三面都是从上至下的书墙。书房里，他拟了一副对联。上联是"明月一帘无心照"，下联是"诗书半斋随意读"。若未出去讲学，那么每个晚上，他就会沉浸于此，不抽烟、不喝酒、不应酬。十数年来，一向如此。

　　在阅读上，王崧舟自称是个典型的杂家。他既读入世的书，如傅佩荣的《哲学人生（珍藏版）》，也读出世的书，如六祖慧能的《坛经》；既读教育类的书，如苏霍姆林斯基的《怎样培养真正的人》，也读非教育类的书，如范曾的《吟赏风雅：范曾吟赏古典文学（插图版）》；既读流行的书，如于丹的《于丹〈论语〉心得》，也读不流行的书，如汪荣祖的《史学九章》；既读语文课程类的书，如潘新和的《语文：表现与存在》，也读非语文专业的书，如兰色姆的《新批评》。在古典文学方面，王崧舟偏爱《红楼梦》，在他的书房里，有关"红学"的书籍就整整占了一个书柜，诸如《脂砚斋重评石头记》的甲戌本、庚辰本、戚序本，还有冯其庸、王蒙的点评本，张爱玲的《红楼梦魇》，刘心武的《刘心武揭秘红楼梦精华本》等。至于中国古代术数类的书，什么《周易》呀，《三命通会》呀,《邵子神数》呀,《奇门遁甲术》呀,在他的书房里也是应有尽有。有人说,读诗如饮酒,读散文如品茶,读小说如享佳肴,读历史如聆听沧桑老人漫话如烟往事,读哲学如对视一双深邃的眼睛,目光如炬,烛照灵魂。王崧舟的感觉,确实是这样。读书是一天也不能断流的小溪,它充实着王崧舟思想的河流。"一字一世界,一书一天堂,无意证菩提,随性见慧光。"学养、涵养、修养提高了,才使得他的"诗意语文"教学流派叫响全国。

2008 年夏天,我在哈尔滨工人文化宫听了王崧舟一节语文课,他的课举重若轻、诗情洋溢、浑厚大气,举手投足自有一种文人的味道。听他的课,既是一场思想盛宴,更是一次精神享受。同年秋天,我们又在山西太原相见,与武凤霞同台培训教师。他的讲座,妙语连珠,口吐莲花,行云流水,使台下千余名听众沉醉在其中。王崧舟知识渊博,阅历丰富,他的底蕴是靠书堆起来的。他说:"读书,改变的不仅仅是我的生活方式,同时也深刻地改变了我的思维方式、情感方式甚至精神存在的方式。"说得多深刻呀!

王崧舟是小语界极具个性的人,他的过人之处在哪儿?就在于他拥有一间属于自己的书房,他的书房是一道亮丽的风景,在书香四溢中,他追逐着心中的梦。

再说说孙双金的课堂。

孙双金是南京市北京东路小学校长。有人这样评价他:"孙老师站在讲台前风度翩翩,光彩照人,他出众的才华、缜密的思维以及与学生之间特有的默契,把教学活动引入艺术的殿堂,听他的课是一种艺术的享受。"果真如此吗?请看《只拣儿童多处行》的教学:

清脆的上课铃声响起,孙双金扶了扶架在鼻梁上的宽边眼镜,右手轻轻一点,欢快的音乐《春天在哪里》响起来了。美丽的画面、动人的歌曲把学生一下子带进了明媚的春光里。音乐结束了,他用好听的男中音开始了与学生的谈话:"春天来了,你们到哪里去找春天呢?"一双双胖乎乎的小手举起来了，有的说去田野里找，有的说到草地上找，有的说在校园中找……无论是谁，无论说得怎样，只要发言，他总是那么专心地听，从不随意打断学生。

学生初读课文之后，孙双金提出几个问题：一位62岁的老人，到大自然去寻找春天，为什么不走清静的地方，而只拣儿童多处行呢？"儿童多处"又有什么特别的呢？文中哪些地方写了冰心奶奶只拣儿童多处"行"呢？冰心奶奶为什么只拣儿童多处"行"呢？然后给学生充足的时间读书、讨论、感悟和体会。此时课堂上，书声琅琅，议论纷纷。孙双金一会儿俯下身子听听这组的讨论，一会儿问问那组的想法，一会儿夸夸这个学生"独具慧眼"，一会儿夸夸那个学生"火眼金睛"。在他的启发下，学生边读边悟，纷纷说出自己的感受：因为儿童多的地方，往往是春光最美丽的地方；因为儿童是朝气蓬勃的，是快乐的小天使；因为儿童充满活力，是春天的使者，他告诉我们春天来了……学生边说孙双金边板书：儿童多处春光美，儿童是春天的使者，儿童是人间最美的春光。

接下来，孙双金朗读冰心的《雨后》和《小白船》，让学生感悟冰心那颗博大深厚的爱心。伴着优美的音乐，那浑厚而有磁性的音质、富有感染力的语言，回荡在教室里，紧紧地抓住了孩子的心，给人留下了深刻的印象。紧接着屏幕上出现了巴金评价冰心的一段话："一代代的青年读到冰心的书，懂得了爱：爱星星，爱大海，爱祖国，爱一切美好的事物。"最后，孙双金用力地在课题的后面写了一个大大的"爱"字，教学戛然而止。

这节课赢得了满堂彩。课上，冰心活了，学生活了。一位听课的老师激动地说："教师的生命在课堂，这样的课堂才是生命迸射的课堂。听完这节课，我最大的感受就是真想好好去读一读冰心，了解这位了不起的百岁老人。"

名医一把刀，名厨一道菜，名角一出戏，名师一堂课。孙双金的课堂，既是本色的课堂，又是艺术的课堂，更是智慧的课堂。人即课，课即人，要上好课，要有扎实的功底、精彩的设计、真挚的情感，孙双金确实做到了。

孙双金常说，他的成功归功于课堂，课堂是他安身立命的根。早在1989年，他在成都就获得了全国阅读教学比赛一等奖，他教的是《白杨》。那"白杨"深深地扎根于每个听课教师的心中，孙双金也由此名扬全国，那时他才27岁。

最后说说薛法根的文章。

薛法根是苏州市盛泽实验小学校长。一次，《现代教育报》副总编辑、资深教育记者雷玲采访管建刚，问他："对你影响最大的教育人是谁？"管建刚答道："薛法根。"2013年，管建刚出版了《教师成长的秘密》，这是《不做教书匠》的姊妹篇。书中有这样一句话："吴江没有薛法根，一定没有管建刚。"管建刚与薛法根是同乡，都是吴江人，他最佩服的是薛法根的教育写作，认为写教育随笔是教师最经济的成长方式。薛法根之所以是薛法根，就在于他坚持写教育随笔，就像吃饭喝水那样自然。他说："最能体现一个人真性情的，往往不是冥思苦想后所作的长篇大论，而是闲来无事、有感而发的随笔小文。"为此，夜深人静时，薛法根总是在灯下或敲打键盘，或奋笔疾书，记录当天的教育喜悦、教育烦恼、教育小失败、教育小智慧。一天天的记录，使得薛法根有了一份"才下眉头，却上心头"的教育痴狂。这一个又一个有意思的教育故事，让薛法根从"平凡"走向了"优秀"，又从"优秀"走向了"卓越"。30岁他便评上了特级教师，之后又获得全国模范教师、全国"十杰教师"提名奖等荣誉，被评为2007年度"中国小语年度人物"。

于永正是薛法根的好朋友，请看他俩的对话。

"这样的随笔大约写了多少？"于永正问。

"印出来的话，也有一米厚了。"薛法根答。

"等身了，怎么没见发表啊？"于永正又问。

"都是自己粗浅的思考。我写东西是一种习惯——一种思考的习惯。写，是为了使思考深入一些，也是为了记住一些经验和教训，尤其是教训。不写，有些失误可能就马虎过去了。思考了，可能就变成智慧。"薛法根答道。

薛法根喜欢将自己一闪而过的想法，及时记录在本子上；将平时在校园中看到的现象，发现的问题，用简略的文字写下来，并做出自己的思考；将阅读书报时看到的精彩的言论，随手记下来，并加以归类与整理；备课时遇到的难题，有时在睡觉时突然有了灵感，想出了妙招，也会从被窝里爬出来写一写。没有记录，就没有真正的研究；没有研究，也就不会有真正的进步，这就是薛法根的观点。

薛法根教育写作，由"点"的起步，到"线"的铺开，再到"面"的突破，坚持了数年。2014 年，他的又一本新作《做一个大写的教师》问世了。本书 60 多篇教育随笔，真实地再现了一位特级教师专业成长的精神之旅。《教育的闲适》《不妨做个"教书匠"》《教育的名字叫"智慧"》《书不读三遍就没有发言权："关联理论"阅读散记》《作文就是对话》《尴尬的朗读教学》等，读了这些文章，大有"眼前直下三千字，胸次全无半点尘"之感。跟随他的思想脚步，你会走入新的教育境界。

她们的热爱

参加全国性的教研活动，看了不少语文课，听了不少专题报告，其中，有几位女教师的名字不能不让人记住。以姓氏笔画排序，她们依次是闫学、吉春亚、武凤霞、祝禧、盛新凤、窦桂梅。这些名字在全国小语界颇有名气，堪称青年教师的楷模。这几位从课堂走出来的名师，虽然出身平凡，人生轨迹各异，但是她们却有一个共同的特点，那就是热爱语文、热爱读书、热爱研究、热爱写作，她们的生命因"热爱"而绽放。

一、她们爱语文

这几位名师都有丰厚的文化底蕴，开阔的课程视野，高超的教育智慧，远大的职业理想。她们将职业作为事业去完成，将事业作为专业去研究，将专业作为科学去探究，将科学作为艺术去追求，为撰写语文教学这本"大书"而倾注了满腔热血。

窦桂梅来自东北普通的农民家庭，中等师范学校毕业后，家世平常，学历平常，不到 30 岁就被评上了特级教师。究竟是什么促使了她的成功？不可否认，首先就是喜欢语文，因为喜欢是最好的老师。当年从吉林师范学校毕业后，她本来是被留校的，但就是眷恋那份站在讲台上的感觉，所以才到了吉林市第一实验小学。她中间做了五年行政工作，但心里就是惦念着教语文课，所以再三恳求，最后终于如愿以偿。从此一发不可收，从学校教到市里，从市里教到省里，从省里教到全国，从国内教到国外，全国优秀教师、教育系统劳动模范、全国师德标兵、全国十杰教师提名等荣誉称号接踵而至。2001 年，她作为教育部更新教育观念演讲团主讲人之一，在人民大会堂作了专题报告。心中有梦，用心追求，命运总会对她倾心眷顾，就是这个道理。

吉春亚出生于美丽的太湖南岸，走上工作岗位，开始在一所乡村小学包班教学，后来又教复式班，一干就是六年。调至镇中心小学后，专教语文课。带着江浙人文沃土"千山千水千秀才"的灵性，她决心好好研究研究这门学科。1997 年，她应聘到刚刚创办的湖州市湖东小学。通过几年的实践，她逐渐形成了带有浓浓"语文味"且不乏诗情画意的教学风格。"清词丽句必为邻，豪华落尽见真淳"是她课堂教学艺术美的写照。不久，吉春亚站在高高的领奖台上，领取了浙江省特级教师证书，台下掌声雷动。《诗经》云："蒹葭苍苍，白露为霜，所谓伊人，在水一方。溯洄从之，道阻且长，溯流从之，宛在水中央。"用这首诗来描述吉春亚的语文教学情结，最为恰当不过。不管语文道路多么漫长，她"溯流而上"，终于寻找到了这位理想的"伊人"，当上了中国教育电视台名师课堂主讲人。

二、她们爱读书

这六位女教师其成长的起点缘由、态势路径、过程阶段各有取向，且风采迥异，但有一条途径那是一致的，即通过读书获得了心智的成熟、能力的提升和专业的进步，她们的成功之路是用书籍铺筑起来的。

特级教师武凤霞的家乡在豫北，那是一个偏僻的小村庄，她的小学和初中教育是在农村学校完成的。从教之后，始终教小学语文，乐在其中。2001 年，她到华东师范大学参加教育部"跨世纪园丁工程"国家级骨干教师培训。在培训期间，她如饥似渴地读书，感受到了从来没有感受过的疯狂。读佐藤学的《静悄悄的革命：创造活动、合作、反思的综合学习课》，读王荣生的《语文科课程论基础》，读潘新和的《语文：表现与存在》，读张文质的《教育的十字路口》，读刘铁芳的《守望教育》。这些书慢慢发酵，慢慢溶解，慢慢注入她生命中的每一根血管、每一个细胞。结业了，朋友告诉她，要想让自己的语文教学上境界，哲学和美学是绕不过去的存在。接着她又打开了李泽厚、宗白华、罗素、尼采、培根、牟宗三的书，认真阅读，一丝不苟地做笔记。于是，中华五千年文明史，西方数千年哲学思考又呈现在她的眼前。2002 年，武凤霞参加了在北京举行的小学语文教学观摩活动。她执教的《匆匆》以"以学定教，顺学而导"的教学特色让所有听课老师的眼睛为之一亮。

特级教师闫学，自称自己是一匹被"牵到河边的马"，早年任教于山东章丘一所小学。她积极倡导"读书就是生活"理念，应邀到全国各地执教公开课。其课堂神韵如茶，淡而幽远。她被《中国教育报》评为 2006 年度推动读书十大人物。闫学缘何被评为"推动读书十大人物"？也许，在华东师范大学三个月国家级骨干教师培训过后，她返鲁搭乘火车前的一件事能说明一二。那天，她累死累活地拖着一个大编织袋通过了检票口，满头大汗地赶到列车前，乘务员检查了她的票，没有问题。但就在她刚要上火车、要乘务员搭把手的时候出问题了。"这么一个大袋子，装的什么？"乘务员问。"书。"闫学有些自豪地回答。"啊？这么一大袋子书，还想让我们白给你拉呀，办托运去！"闫学乖乖地办了托运。在那个大袋子里，藏着苏霍姆林斯基，藏着卢梭，藏着弗洛伊德，藏着陶行知，藏着叶圣陶……

三、她们爱研究

教而不研则浅，研而不教则空。追踪考察这六位女教师的教育生涯与教学实践，她们之所以能够有所突破，有所创造，有所发现，奥秘就在于敢于研究、勤于研究、善于研究，将研究作为提升、助推、成就自己的不二法门。

美学硕士祝禧，在长期的语文教学实践中，一直追寻充满文化气息的语文生活。她认为，语文是一种文化，文化是一种生活方式，教语文就是教儿童学习文化，教儿童学习一种生活方式。为此，2004 年她提出了"文化语文"的命题并进行了实验。祝禧的"文化语文"立足于语文教学的文化内涵，提升了语文教学的文化品位与含量；放眼语文学科的文化边际，开放了语文教学的境域；关注文化的熏陶、濡染功能，让语文教学在对学生人格养成和终身发展中充分发挥奠基和构建的作用。这是楔入了语文教学本质和终极价值的可贵追求，这种实验与研究不是赶时髦，也不是标新立异，是她自己的风格，是小学语文教师一种觉醒的表现。

特级教师盛新凤认为，语文本来是美的：美的辞藻，美的音韵，美的意境，美的意蕴。语文教学也应该是美的：美的朗读，美的语言，美的情感。好的语文课如画，如诗，如歌，给人以审美享受。她上语文课，婉约雅致，清新秀丽。在课堂上，或重锤轻敲，举重若轻；或因势利导，顺水推舟；或穿针引线，左右逢源；或巧妙点拨，游刃有余；或巧布疑阵，柳暗花明……儿童则在平等的对话中，放言高论，自由发挥，喜怒哀乐，流露无遗。体裁多样、风格各异的语文教材，她都尝试过；宏观的教育理论和微观的教学细节，她都琢磨过。在尝试后及时反思，在实践中细心归纳，反复实践，反复思考，心有所悟，终于在 2005 年她提出了"和美语文"的教学主张。"和美语文"，强调语文教学各个组成部分的综合协调，以及各种关系和联系的相互转化和相互通融，以达到"雅"的境界。"和美语文"是在借鉴古今中外哲人智慧的基础上提出的教学思想，旨在克服小学语文教育中诸多的极化现象，以"一分为三"的哲学观，求得对立统一，从和谐通融中实现语文教育的生态之美。

四、她们爱写作

一名优秀的语文教师完整工作流程应当包括读书、教学、研究、写作四项活动。其专业知识如同大树的根系，教学实践如同大树的枝干，科研活动如同大树的花朵，教学论著如同大树的果实，四位一体，互为表里。

在普通教师的心目中，要个人撰写教学专著，那是做梦都无法想象的事情。但在这些教学名家那里，教育感悟丰富了，教学经验充实了，教学文章发表多了，撰写教学专著的事情自然也就瓜熟蒂落、水到渠成了。只有真切体会到写作价值的教师，才会对写作充满激情。这六位女教师每人都有几部或多部鲜活丰盈的教学专著。杭州市建新小学闫学的代表著作是《教育阅读的爱与怕》；北京市北京小学吉春亚的代表著作是《优课——凸显语文本真》；江苏省无锡市南湖小学武凤霞的代表著作是《武凤霞讲语文》；江苏省海门市东洲小学祝禧的代表著作是《小学语文教学活动化研究》；浙江省湖州市吴兴区研训中心盛新凤的代表著作是《构建诗意的语文课堂》；清华大学附属小学窦桂梅的代表著作是《做一名有专业尊严的教师》。

　　写，丰富了她们的灵魂；写，去掉了她们身上的匠气；写，让她们找到了表达自己的最佳方式。在把文字压缩、捶扁、拉长、磨利、撕开、拼拢、折来、叠去的过程中，经历了一段潜心孤寂地探颐求微之后，她们从"艰难苦恨繁霜鬓"的叹息中获得了凤凰涅槃似的重生，她们挑战心智，不断长进，因为传诵千古是著书。

乡村女教师张品霞

2009年9月，运河岸边，惠山脚下，有一位乡村小学女教师退休了。那一天，下着蒙蒙细雨，她捆好了自己多年用过的教科书，捆好了自己多年珍藏的备课笔记，用自行车驮着这些东西，恋恋不舍地离开了她那魂牵梦绕的三尺讲台，回到了家中。

有谁能想到，一年后，这位退休的乡村小学女教师竟然出版了自己的教育专著《小学语文重点难点教与学》。一时间，人们奔走相告："她出书了！她出书了！"这位退休的乡村小学女教师何许人也呢？她就是自学成才的张品霞。

事情还得从头说起。

1974年7月，张品霞高中毕业，由学校推荐，幸运地当上了一名代课教师。张品霞自幼聪慧，从小学一年级到高中毕业每学期都是三好学生，是当之无愧的学霸。她深知此份工作来之不易，十分珍惜。为了守住这个难能可贵的泥饭碗，她整个身心都扑在学校的工作上。

苏霍姆林斯基说："教师要传授给学生一分知识，他的头脑里就要有十分的知识储备。"为了拥有"一览众山小"的从容与自信，她每天拿出"三更灯火五更鸡"的功夫来读书。"文化大革命"期间，可读的书少之又少，于是，她找来红宝书《毛主席语录》《毛主席诗词》和《老三篇》，一边读，一边抄，几乎达到了倒背如流的程度。

台上一分钟，台下十年功。大凡经历过粉笔生涯的人，都有这样的体会：上好一堂课不容易，尤其是上好一堂成功的课更不容易。因为课堂教学既是严肃的科学，遵循铁一样的规律，又是巧妙的艺术，具有水一样的灵活。

为了讲坛上成功的每一分钟，她练钢笔字、粉笔字、毛笔字，因为字是语文教师的衣冠；为了讲坛上成功的每一分钟，她听广播、看小说、读诗歌，因为教学是语言的艺术。天道酬勤，几年的时间，她终于掌握了一套过硬的小学语文教学基本功。

经过几年的学习与苦练，张品霞的业务能力有了长足的进展，曾经在全县小学青年教师基本功大赛中获得全能金奖。

1985年9月10日，无锡县文化宫彩旗飘扬，鲜花盛开。全县庆祝第一个教师节表彰奖励大会在这里召开。张品霞身披绶带，胸戴红花，站在领奖台上，从县长手中接过金光闪闪的优秀教育工作者证书。面对记者的闪光灯，她心潮澎湃，热泪盈眶，感慨万千。

她的第一份工作是临时代课老师，从这一刻起，张品霞便踏上了她为之奔走的道路。风风雨雨，坎坎坷坷，后来，她终于当上了一名民办教师。1986年，早春二月，张品霞被江苏省教委由民办教师破格转为公办教师，这一年她31岁。从青春年少，到而立之年，付出的何止是韶华之光，而是一颗对事业赤诚的心。

就学历而言，她从洛社师范，进而无锡师范，进而江苏教育学院，通过函授学习，已经毕业，那只是进修的一纸文凭。法国作家雨果说过这样一句话："人生下来是为了展开双翼。"快到40岁的张品霞，上有80岁的婆婆，下有年幼的女儿，工作与家务已经缠得她透不过气来。1992年，她毅然决然地又参加了江苏省小学教师大专自学考试。自学考试，简称自考，自考最大的特点就是宽进严出。考生参加国家考试机构统一组织的单科考试，合格一门，发一门的合格证书，所有科目合格后，方可申请毕业，能拿到毕业证书的人微乎其微。

"学然后知不足，教然后知困。"为了超越自我，完善自我，张品霞是如何克服重重困难，通过自学得到大专文凭的呢？

别的且不说，我们看看张品霞是怎样珍惜时间的。

时间是什么？时间就是生命。为了抓住24小时的生命线，张品霞给自己制定了自学时间表：凌晨3点至5点学一门大专课程，然后做饭，吃饭，上班；

晚上 8 点至 10 点再学一门大专课程。学累了，就伏在桌子上睡一会儿，醒了再学。夜深了，为了不影响家人的休息，她常常躲在卫生间里攻读。功夫不负有心人，就这样，她坚持了四年，1996 年的一天，汉语言文学专业大专文凭终于到手了。此时此刻，张品霞喜极而泣，落下了幸福的眼泪。

张品霞不是名师，但是她心中有名师，她心中的名师便是李吉林。李吉林是南通师范学校第二附属小学的特级教师，著名儿童教育家，语文教育专家，长期致力于小学儿童教育的改革与研究，创建了情境教育学派，蜚声海内外。

读万卷书还需行万里路，行万里路还需阅人无数，阅人无数还需名师指路，名师指路还需贵人相助。有一年，大约在冬天，张品霞怀着敬仰的心情来到了南通，亲近她多年的心中偶像。

李吉林的家是古老的四合院，青砖黛瓦，在官地街，处于闹市之中。张品霞轻轻地按了一下门铃，李吉林出现了：她，一身大红的毛衣，绚丽夺目；一双眸子纯净透亮，闪着童真；一脸笑容灿烂舒畅，溢着慈祥。

穿过月亮门，走进堂屋。李吉林泡上两杯茶，两人唠起来。

在促膝交谈中，张品霞对李吉林的教育思想深为钦敬，李吉林对张品霞的执着精神深为感佩，惺惺相惜。二位就像亲姐俩一样，有说不完的话，道不完的情。告别时，二人一起合影，留下了那难忘的瞬间。"情境教育就是给孩子添翼，用情感煽动想象的翅膀，让孩子'飞'起来。"张品霞打开笔记本，记下了李吉林的这句话。此话如指路明灯，照亮了她前进的道路。

在以后的日子里，张品霞因工作需要，在无锡县洛社镇的几所村小学教毕业班语文。她学李吉林，努力克服语文课程孤立、封闭、凝固、僵化的弊端，运用情境教学法因材施教，取得了明显效果。

张品霞的快乐作文教学，让学生在乐中学，学中乐，作文就不是苦差事了。何以言之？相比之下，农村小学生最不爱学的是语文，在语文学科中，学生最不感兴趣的是作文。他们说："作文难，作文难，提起作文我心烦。"无话可说怕作文，假话连篇编作文，东拼西凑抄作文，是普遍现象。针对这种情况，张品霞带领学生外出观察，指导学生写野外的春、夏、秋、冬景物，到大自然中寻找作文素材，孩子们乐在其中。张品霞说："作文如果能从应试教育的桎梏中解脱出来，那么作文就会成为自由的、活泼的、动人的、美好的，像小溪一样清澈欢快的事物。"

就在 2009 年秋季开学的那一天，张品霞接到了退休通知书，她含着眼泪告别了学生。

春天是碧绿的天地，秋天是黄金的世界。退休了，张品霞开始去做自己更喜欢做的事，用青春的绿色去酿造未来富有的金秋！

灯光下，伴着一杯氤氲着幽香淡雾的绿茶，她打开那一本本教过的语文书，抚摸着那一本本用过的备课笔记，思绪万千。30 多年的教学生涯，一个平凡的乡村女教师，虽然离开了课堂，但是绝不能离开教育，她要总结自己的教学经验。于是，在老伴的协助下，她学会了打字，学会了上网。清晨，第一缕阳光还未透过窗帷，她家电脑的荧光已照亮迷蒙的双眸；深夜，月儿已悄然隐身于云朵身后，而她的窗户还透着淡淡蓝光。移动鼠标，敲击键盘，在电脑屏幕上不断地码字。日复一日，年复一年，眼睛花了，头发白了，终于她的一摞子备课笔记变成了一本厚厚的教育著作。苏轼在《晁错论》中说过："古之立大事者，不惟有超世之才，亦必有坚韧不拔之志。"善哉斯言！十年磨一剑，是甜，是酸，是苦，是辣，说不明，分不清，反正她知道，坚持不懈是她成功的第一归因。

如今，65 岁的张品霞老骥伏枥，志在千里，她还要继续奋斗下去。

一条大河波浪宽，风吹稻花香两岸。希望张品霞这位乡村女教师在古老的京杭大运河上越走越远。

我们期待着！

哈尔滨小学语文名师

退休了，赋闲在家，总爱翻阅旧时的教育杂志。每当我在刊物上看到那些熟悉的人名，便勾起一串串的回忆。

记得，1979 年，我刚当教研员的时候，就在《黑龙江教育》上知道了哈尔滨小语界几位颇具名望的特级教师，例如，继红小学的王玲云、马家沟小学的莫炳惠、育民小学的张晔、田地小学的原祥云、公园小学的于淑珍等。那时，她们最大的 50 多岁，最小的 40 多岁。这些特级教师在我的心目中是叱咤风云的巾帼英雄。她们有着开放的意识，开放的情怀，开放的视野，开放的思维，开放的境界，给改革开放初期的哈尔滨小学语文教学带来了勃勃的生机与活力。

就拿闻名遐迩的王玲云来说吧。她，1928 年生于北京，1945 年从中等师范学校毕业，1947 年参加教育工作，1978 年被评为特级教师，是黑龙江省劳动模范、黑龙江省"三八"红旗手。20 世纪 70 年代末，其时正当中国改革开放的热流风起云涌地席卷中国大地，她顺应时代的发展，面对封闭、灌输、单调、压抑儿童身心的教育现状，切中时弊、义无反顾地投身教育改革的热潮中，成为哈尔滨小学语文教学改革的第一批弄潮儿。

"王玲云"这三个字，对我来说始终是一个神秘的符号，心仪已久。为了解开这个谜，一天，我带领几位老师专程来到哈尔滨市兆麟小学，拜访了她。

王老师，个子不高，装束朴素，短发齐肩，目光睿智，口齿清楚，说话很轻柔。我们观摩了王老师的一节《荷塘月色》。她读课文时，那平稳的语调如淙淙流水，直流进每个学生的心田。她用她那富有感情的声音，把每个学生带进课文中所表述的意境，使人不禁心驰神往。听她讲《荷塘月色》，我自己仿佛置身于参差树影下的月夜荷塘边，她给我送来了缕缕荷香，阵阵蝉鸣。她的课堂充满文化气息。文而不野，雅而不俗，活而不乱，情趣盎然。

课后，我们和王老师进行了交流，在我的笔记本上至今还保留着她说过的一段话："眼睛不要只盯着'语文'，还要盯着'人'。一只眼睛盯着'语文'，一只眼睛盯着'人'，这才叫完整的语文教学。"

在岁月的轮回中，王玲云与语文相遇。她几十年不罔不殆，守望在小学语文教学的绿野上，终于成为 20 世纪 80 年代哈尔滨小语界的一代天骄，让人佩服。我崇拜她先进的教育思想和可贵的探索精神，赞赏她高超的教学艺术和精湛的科研能力，更景仰她献身小学语文教育事业的一往情深。

名校造就名师，名师发展名校。名师作为一个特殊的群体，是成拨涌现的。我下面要说的这几位名师，是 20 世纪 90 年代活跃在哈尔滨小语教坛上的骁将，他们是：医大附小的苗红媛、钱塘小学的关永海、哈铁五小的刘继荣，还有年纪稍微小一点的少壮派刘克，他们也都是特级教师。《黑龙江教育》有一期专门为经纬小学的刘克开辟了专栏，用大量的篇幅介绍其先进事迹和教学经验，在社会上引起了强烈反响。有人说，在语文教学改革的漫漫长途上，她是一往无前的探险家，又是踏实苦干的实践者，享誉哈尔滨，成为黑龙江省基础教育的一座丰碑。

我一直研究名师这个群体，追寻名师的成长轨迹，探求名师的成长规律。我发现，一位名师就是一本内涵十分丰富的人生教科书。在这里，让我们重点来认识一下医大附小的苗红媛。

我眼中的苗红媛，在名师这个群体中，她是一位颇具风采的成员，论其语文素养、人文情怀、教学智慧、治学精神和人格魅力，与任何其他有影响力的名师比照都毫不逊色。

1989 年，在全国小语会举办的全国第一届青年教师阅读教学观摩活动中，她执教的《白杨》获得优胜奖。

早些年间，我多次听过她的课，每一次欣赏她的课，都有一种于无声处听惊雷的感觉。在语文教学中，苗红媛研究其中，也陶醉其中，课堂上弥漫着氤氲的语文味。

　　没有风格的教师，如泥胎木偶，他的语文课就像破庙里的庸僧在谈禅。善于咬文嚼字是苗红媛语文教学的特点之一。她说："在小学语文阅读教学中，以自己的激情去调动学生的感情，我尽量做到在教学语言上花气力，在体会感情上下功夫，在课堂气氛上用心计。通过问题的设计，词语的学习，语言的训练，情感的体味，提高学生的思维和表达能力，形成自己的教学风格。"下面，我们欣赏《白杨》教学片段：

　　　　师：我们平时描写参天大树，常用哪些词语？

　　　　生：高大挺立。

　　　　生：高大挺直。

　　　　生：高大挺拔。

　　　　师：请同学们看课文中作者描写戈壁滩上的白杨用了哪个词语？

　　　　生：高大挺秀。

　　　　师：谁能说说"秀"是什么意思？

　　　　生："秀"就是不俗气，很高雅的意思。

　　　　生："秀"就是美，清秀，秀丽的意思。

　　　　生："秀"就是很秀气，很漂亮的意思。

　　　　师：作者为什么不用"挺立""挺直""挺拔"，而用"挺秀"这个词呢？要表达什么情感？

　　　　生：这是作者夸赞白杨树，告诉我们那普通的白杨树不仅高大挺拔，而且清秀美丽。

　　　　生：这个"秀"字，流露了作者对白杨树的欣喜之情。本来白杨很一般，我们也常常见到，并不美丽，可在作者眼里，它是美丽的。

　　　　生：这个"秀"字表达了作者对白杨树，特别是生长在祖国大西北戈壁滩上的白杨树的赞美之情。

师：作者仅仅是夸赞白杨树吗？

（学生读书）

生：我认为作者用这个"秀"字，表面是说白杨树的外表美，实际是写白杨的品质高尚。作者透过车窗，看到铁路两旁飞驰而过的白杨树，便情不自禁地想到它不择环境，不讲条件，哪里需要在哪里生长的高贵品质。

生：白杨树象征着扎根边疆的建设者，作者对他们倾注了敬佩之情，所以描写白杨树用"秀"字。

师：很好。作者别具匠心，一个"秀"字，不仅描绘了白杨树的形象美，而且突出了白杨树的品质美，抒发了作者对白杨树的赞美敬佩之情，为后面写扎根边疆的人进行了形象的渲染。

这段教学实录，学生在教师的启发引导下，通过解词析句，读读议议，既理解了语言文字的深刻含义，又受到了文章感情的陶冶，同时也提高了自身的思维和表达的能力。

这个教学给我们的启示是：语文教学必须重视语言的理解，要在指导学生理解语句上下功夫。那种离开具体语言，而空讲思想内容的做法是不可取的。只有引导学生把课文读熟，把语句弄懂，才能体会出作者的思想感情，否则，学生的理解就没有根基。

《白杨》一课，之所以成功，很大程度上取决于她的备课。她说："我在备《白杨》一课时，首先读了袁鹰的散文集《风帆》，反复体味其中《戈壁水长流》等文章；同时阅读了茅盾的《白杨礼赞》，陶铸的《松树的风格》等借物喻人的文章，从而进一步体会作者大加赞赏白杨的目的是托物言志，借物喻人。我逐句逐段地体会了作者的思想感情之后，才动笔写了教案。"

有人说，名师的"名"，不在于"名"，而在于"明"，"明"就是智慧。我下面说的几位名师都是哈尔滨小语界"70后"的新生代，他们既是语文教学大海中的弄潮儿，也是语文教学堂奥里的思想者。这几位青年才俊是：复华小学的王传贤、电工小学的杨修宝、桥南小学的赵家财、经纬小学的吕宝刚和花园小学的张安龙。

先说说王传贤。

知道王传贤是因为他的课。2004年，他送教下乡，来到双城市五家镇中心校，教《两小儿辩日》。他那有节奏、有韵味的读书声，他那飘逸、潇洒的粉笔字，他那娓娓道来的讲解，他那"渔歌问答"游戏的设置，他那举手投足间谦谦君子的学者风度，让我赞叹不已。听一次有味道的小学语文课，往往是一种极为愉快的、美的享受，我对王传贤的教学，便有这样的感觉。

2005年6月，哈尔滨市教育研究院召开王传贤教学风格研讨会，我观摩了他的《古诗词二首》教学。那堂课美不胜收，韵味无穷，他举手投足，眉间眼上，口头舌尖，无不散发着浓浓的语文气息。研讨会上，有专家用12个字概括王传贤的教学特色："书香拂面，怡情博雅，大巧不工"，此话十分准确。王传贤是黑龙江省小语界的一颗新星，他以精湛的教学艺术和广博丰厚的文化底蕴，曾两次应人民教育出版社邀请赴北京为西部地区录制音像教材。

说起王传贤，有一件事我不能忘怀。一个周末，恰逢雨天，难得有这么长的一段不慌不忙的时间，我把自己完全交给了哈尔滨市学府书城。正当我聚精会神地翻阅一本书时，一声亲切的问候传过来："白老师，您好！"我寻声抬头望去，原来是王传贤。书城邂逅，我们有说不完的关于书的话题。他说："超过一周时间不来书城逛一逛，就觉得浑身空荡荡的。"我知道，王传贤非常喜欢读书。春云夏雨秋月夜，唐诗晋字汉文章。他每天黎明即起，背唐诗、宋词，读鲁迅、普希金。中国的、外国的、古代的、现代的，他都尽力去学。在他的博客里，有这样一句话："书，是人类的精神食粮，但真正自觉吸收而能化为己有者，才算得上真正的读书人。"对此话，我有同感。伴随淅淅沥沥的小雨，我们一边翻着书，一边聊，直至书城打烊。

"为师当如王传贤"，我经常在青年教师面前说这句话。那孤灯黄卷的苦苦探求，那春去秋来的死死守望，那追风逐日的匆匆走笔，那成年累月的默默付出，这便是真实的王传贤。

再说一说杨修宝和赵家财。

我与杨修宝、赵家财的情缘是在农垦建三江分局建立的。2003 年 7 月，我们三人应邀到建三江教师进修学校培训教师。杨修宝讲阅读教学，赵家财讲写字教学，我讲作文教学。

初见杨修宝，远远地打个照面，只觉得此人消瘦高挑，别无特殊。可是，当他讲起语文教学来，却头头是道，令人耳目一新，其中有些观点不乏真知灼见。他说："语文课的最大悲哀是语文本体的淡化和失落。我认为，掌握了语言文字，理解了文本内容，学会了表达形式，形成了语文能力，那么，情感、态度、价值观即在其中了。"这个观点我赞同。工具性是语文学科的本质属性，人文性是语文学科的特有属性。就语文而言，水乳交融，浑然一体，是客观地存在于文章之中的。然而，在当下的语文界，智慧不足情感补，用"人文精神"的表演来掩盖自身语言功底差的事实，这种现象太多了。把语文泛化、虚化、情感化，离开语言文字和表现形式，架空分析，旁征博引，任意拔高，搞微言大义，把学生弄得哭一阵，笑一阵，时而怒发冲冠，时而咬牙扼腕，也大有人在。莫让语文迷失自我，不为时尚丢弃永恒。无论课程改革的路走得多远，"星星还是那颗星星，月亮还是那个月亮"，语文课最本质的东西以及学生学习语言的基本规律是永恒的。

赵家财讲座的时候，我一直坐在后排认真地听，认真地记，认真地思索。

他酷爱书法艺术，临池不辍。在赵家财的语文世界中，一个汉字就是一种姿态，一个汉字就是一个故事，一个汉字就是一个跳动的音符，一个汉字就是一个情感的空间，一个汉字就是一个生命的世界。他根据十几年来研习书法的感悟，总结出了一套文白如话、通俗易懂、简便易学、朗朗上口的"写字十二诀"：首笔定位，借笔定位，主笔突出，字无双捺，笔画串门，疏密匀称，向上看齐，品头论足，上盖下出，比较两边，外伸内缩，上紧下松。他说："练字就是练人，学写字就是学做人。"临池学书悟妙法，寻根溯源探字理。愿他的"教泽"在孩子的身上绵延下去，从小学好中国字，长大做好中国人。

培训结束了，赵家财送我一本他的新作《教海泛舟——我与识字写字教学》。告辞的晚上，主人设宴招待，那一顿我大快朵颐，至今余香在口。

最后说一说吕宝刚和张安龙。

有一年，我和吕宝刚到昆明，参加"创新杯"全国优秀青年教师教学艺术大赛活动。他讲《长征》，我上作文指导课，我们一小一老的"龙派"语文教学给春城千余名教师留下了深刻印象。那一天，吕宝刚身着白衬衫，红领带，亮皮鞋。这位身材敦实的东北汉子，一出现在西山少年宫的舞台上，学生就鼓起掌来。就像一篇文章要有一个精彩的开头，一幕戏剧要有一出诱人的引子一样，一堂课也必须有一个引人入胜的"开场"，才能在最短的时间内把学生的注意力引到课堂上来。吕宝刚的"亮相"就有这一特点。

认识张安龙，是 2006 年夏天，他在双城市第三中学上公开课时给我留下的印象：他课上得好，人也儒雅、英俊，一身才子气。转眼到了 2011 年暑假，我参与了审核黑龙江省中小学申报全国"百佳教师"的材料，在材料中我发现有一卷宗特别厚，打开一看，原来是哈尔滨市南岗区花园小学张安龙的。佐证材料中，有一本他的专著《行走在专业成长的道路上》。我简单翻了翻，那一张张书页，像清新的茗茶余味悠长，让我唇齿留香。于是，我迫不及待地给他打了电话，约定周日到学校当面要他一本大作，张安龙答应了。

周日上午，我如约而至。因为放暑假，学校空荡荡的，只有门卫一个人在看报。我说明了来意，径直登上四楼，来到四年二班，只听到教室里传出浑厚的声音："这节课就到这里，下课！"我推门一看，黑板上写着板书，课桌上放着参考书，张安龙手里捧着教科书，俨然正在给学生上课的样子。原来他要参加那年 9 月在宁夏银川举行的全国小学语文阅读教学大赛，正在备课。赶上了，我们一起研究教材，探讨教法，直到中午时分，我才告别学校。

放眼周遭，哈尔滨小语界名师数以百计，我只选熟悉的，管窥一二，难免挂一漏万。在《黑龙江教育》上，我还读过蔡生、曹永明、宫爱萍、李晓密、刘彩凤、庞光辉等人的教学案例，真是"五岳之美，各异其秀"。在哈尔滨小语界，他们"八仙过海，各显神通"，教学上各有见解，各有风格，各有建树。这里我特别要提及的是庞光辉。

在20世纪末哈尔滨小学语文青年教师中，庞光辉堪称佼佼者。她，25岁荣膺黑龙江省首届小学语文"十佳教师"称号；26岁跻身于黑龙江省小学语文兼职教研员之列；27岁夺得黑龙江省小学教师六项技能教学大赛第一名；28岁创造了"庞光辉识字写字教学法"，以至"铁画银钩"的"庞光辉现象"出现了。所有这一切，无不让同行们发出"蓦然回首，那人却在，灯火阑珊处"的感慨。人们不仅要问：一个涉足教坛不足十年的热血青年，为什么能蜚声哈尔滨，饮誉黑龙江？这的确是个谜。一天，这个谜我终于解开了。

1997年12月5日的哈尔滨电化教育馆大演播厅座无虚席，来自省、市、区教育界的领导、语文专家、教师，兴致勃勃地观摩了庞光辉一节二年级的识字写字课。黑板上整整齐齐、漂漂亮亮地排列着《初冬》一课11个生字的板书，如刀刻斧凿一般，遒劲挺拔，再加上她那挥洒自如、举重若轻的课堂教学风采，给我留下了极深的印象。原来，庞光辉天资聪颖，酷爱书法，勤奋好学，自幼读帖、摹帖、临帖，对汉字长短、大小、欹正、疏密、宽窄、肥瘦、开合、俯仰、向背的变化颇有研究。当庞光辉这颗新星闪烁在哈尔滨小语学界的天幕上时，她便以坚实的语文教学的"写字"能力，过硬的语文教学的"教字"能力和高强的语文教学"研字"能力博得学校领导的青眼和全体同人的赞许。庞光辉是耕夫，是果实，也是种子。她手执教鞭，心系明天，在三尺讲台上运筹帷幄，在平凡岗位上默默奉献。

名师是大树，能改变一方环境，且在枝叶间闪动精彩。这些人之所以能卓然成为让人景仰的名师，其原因在于时也，地也，人也，己也。

孔子两千多年前发出感叹："时哉时哉！"哈尔滨涌现出的一些小语名师，从客观条件上讲，不能不从"时代"上找原因。改革开放以来，尤其是新课改以来，哈尔滨小学语文教学进入了黄金时代。名师们对语文教学的探索，是在思想开放、社会开放、文化开放的背景下进行的。"好风凭借力，送我上青天。"他们沉积多年的科研潜力得以发挥，在他们的心灵深处泛起了教学改革的春潮。他们力图创新，吁求超越，弘扬教学个性意识，拓展教学智慧空间，用纯情去面对稚嫩的心灵，用耐心去唤醒懵懂的生命。用语文给自己和孩子构建一个温馨浪漫的世界。

一方水土养一方人。对名师而言，哈尔滨不仅仅是一个地理名称，也是一个历史和文化的概念。哈尔滨具有异域风情，号称天鹅项下的明珠。这座城市，文化底蕴深厚，教育发达，人才荟萃，无论是自然风光，还是人文精神，对名师必然有潜移默化的影响与熏陶。正如刘克所说："珠穆朗玛峰之所以高，是因为它在青藏高原上。哈尔滨教育的这方热土，就是我成长的青藏高原。"

韩愈说："世有伯乐，然后有千里马，千里马常有，而伯乐不常有。"名师的成长大凡都有贵人，或迟或早，或远或近。王传贤拜全国著名特级教师靳家彦为师，靳氏的教育思想对王传贤德、识、才、学的影响很大。在新课程理念的旗帜下，经过千锤百炼，"桐花万里丹山路，雏凤清于老凤声"，王传贤在哈尔滨小语界名声大震，迅速走红，跟靳家彦的指导是分不开的。

庞光辉在一篇文章中讲过一句话："我很幸运，因为几年来我一直站在人梯上向高峰攀登。"为庞光辉茁壮成长而无私奉献的人，其姓名有一大串。如哈尔滨市教育研究院的果乃玉、黑龙江教育杂志社的魏永生等都对她有过指教和提携。

对名师来说，语文是皎洁的汉宫秋月，是珠走玉盘的琵琶，是推敲不定的月下门。为了语文教学改革，他们朝斯夕斯，"衣带渐宽终不悔，为伊消得人憔悴"。王传贤走上教师岗位之初，有人曾劝他：家有三斗粮，不当孩子王。取得成绩后，仍有人劝他别再继续当老师了。面对这样的好意，王传贤总是摇头一笑："作为老师，我流转不息的生命之河因为有了教育而澎湃。我平凡的生命，因为从事了教育而精彩。"

人老话多，树老根多。在这里我还想多啰唆几句。

世事沧桑，往事已矣。回顾这些名师，有的谢世了，有的退休了，有的随家人调往了外地，但大部分还坚守在小学语文教学第一线。教而优则仕，这里不排除有的名师当上了学校领导或做了教研员。不管情况如何，我以为，几代名师心灵相通，一脉相承，携手共进，后浪涌前浪，从而掀起了哈尔滨小学语文教学改革的滚滚大潮。

名师，是师德、师品、师表的统一，要被人承认"名师"，必须要有实绩。

杜甫的《春夜喜雨》中有这样的诗句："好雨知时节，当春乃发生，随风潜入夜，润物细无声。"绵绵的春雨，无私的春雨，静悄悄地自天而降，投入天地的怀抱，亲吻着抽芽的嫩柳，滋润着干枯的小草，无条件献身，从不向谁索取回报。这春雨，就是名师的化身，就是名师精神的写照。

小语名师"三剑客"

本文所指的"三剑客",不是法国 19 世纪作家大仲马《三个火枪手》小说里的"三剑客",而是哈尔滨小语界三位名师。他们虽然是普通人,但在经历了一段有心、有为的探赜求微之后,在高人的提携下,从普通教师群体中脱颖而出,成为语文教学的佼佼者,号称哈尔滨新生代小语名师"三剑客"。

这三位"剑客"何许人也?就是为人正、为业精、为学勤的赵家财、王传贤和张安龙。他们彼此兄弟相称,从年龄上看,哈尔滨市桥南小学的赵家财应为老大,哈尔滨市教育研究院的王传贤应为老二,哈尔滨市花园小学的张安龙应为老三。"三剑客"的身世、人品和学问几乎一样,都是师范学校毕业的高才生,受过严格的专业训练。在工作的最初几年,研读了国内众多前辈名师的课例。老教师的严谨、质朴的教学风格给了哥几个很大的影响,使得他们的课堂教学技艺得到不断提高,很快就在教坛上崭露头角。

赵家财第一次"亮剑"是 2001 年,他执教的《初冬》获全国第四届计算机辅助教学观摩赛课二等奖;王传贤第一次"亮剑"是 1998 年,他执教的《圆明园的毁灭》获哈尔滨市第六届电教年会赛课一等奖;张安龙第一次"亮剑"是 2005 年,他执教的《世纪宝鼎》获哈尔滨市第五届"翱翔杯"语文教学大赛第一名。

他们的专业成长之路,曾像一个蹒跚学步的孩童,开始,亦步亦趋地模仿;也曾像一个苦心修行的行者,参禅悟道,坚持磨砺;最后,化茧成蝶,在专业生命的蜕变中回归自我,走出一条坚实而丰盈的语文教育发展之路。

一、"三剑客"人格图谱的相同之处

（一）他们都喜欢读书

21世纪是图像时代、电视时代和网络时代，多少人一不留神就深深地陷入了这虚幻热闹的娱乐虚拟之地。但走近"三剑客"，你会发现，书籍是他们的精神家园。他们懂得，只有通过读书才能达到心智成熟、能力提升和专业进步。赵家财在《学海畅游泛清波》一文中这样写道："十几年的教学生涯里，书可以说是我真正的良师益友。在读书中学习，在读书中思考，在读书中发现，在读书中成长。逛书店是我的一大嗜好。每年在这方面的投资不在少数，但物有所值，我心甘情愿。虽然我去过的饭店屈指可数，但是我可以自豪地说，我去过的书店不计其数。哈尔滨的南岗书店、学府书城、南极书城都留下了我的足迹。外地的书店，也曾留下过我的身影。我多次外出学习和做课，我十分珍惜这来之不易的机会。2001年，去无锡参加全国第四届计算机辅助教学观摩赛课，在做完课的第二天，我就跑到无锡新华书店去'采购'了。几次去北京学习，我都挤时间猛逛西单图书大厦和王府井书店，每次都满载而归。"

中国不缺搞应试的教师，缺的是像"三剑客"这样爱读书的教师。他们的过人之处，就是从广泛的阅读中，找回自我、塑造自我、感知自我存在的方式。其实读书就是读自己。

（二）他们都喜欢修艺

如果说学科专业是一株绿苗的话，那么它只有在丰富的土壤里才能长得苗壮。名师的成长亦概莫能外，一个文化背景淡薄、知识结构单一的教师，视野不可能开阔，底气不可能很足，专业也不可能很强。与文化底蕴联系在一起的是才情，大凡有创造性的、有魅力的、受学生喜爱的名师，都有丰富的情感，无不透出才气。这才气从何而来？一句话，是通过修炼得来的。

王传贤爱好广泛，多才多艺。书法师承黑龙江省著名书法家徐玉璞先生，一手好字，写得洒脱、规范，让学生折服。他的板书，笔画精到，温润典雅，颇具功力，闻名遐迩。王传贤也擅长朗读，他的朗读，语音标准，富于感染力，堪称美读。课堂上，王传贤富有诗意的精彩语言，情境化的语速语调，信手拈来又恰到好处的评价，时时渲染着课堂的气氛，将学生带入文章创设的意境之中。同时，王传贤还喜欢围棋，能写诗，会作画，能够熟练运用各种现代教育媒体。"腹有诗书气自华"，正因为有了这样广博而丰厚的积淀，才形成了他温文尔雅的性格和气度。在语文课上，他才能广征博引，左右逢源，出口成章，思路开阔，收放自如。他的教学语言、板书设计，乃至举手投足、一颦一笑之间，都会传递给学生一种文化的意蕴。

一个古老的故事：一座寺庙里，台阶是花岗岩做的，佛也是花岗岩做的。夜深人静的时候，台阶质问佛，凭什么你高高在上，而我只能被千人踩、万人踏，凭什么人们踩着我去向你膜拜呢？佛回答说，你当时咔咔几刀就做成一个台阶了，而我是经历了"千刀万剐"才成为佛的啊。

成功的背后是锲而不舍的苦苦修行，"三剑客"做到了。课堂教学，挥洒自如，挥斥方遒，游刃有余，炉火纯青，不是凭几个雕虫小技就可以支撑的，必须依托于丰富的人生底蕴和文化积淀。

（三）他们都喜欢笔耕

一个语文教师的完整工作流程，应当包括读书、教学、研究、写作四项活动。只会讲文章，不会写文章的人，只能算"半个语文教师"。一个不喜欢写作，不擅长写作的语文教师是不能底气十足地站在讲台上的。因为一个语文教师写作水平的高低，直接关系着他教学质量的优劣。

张安龙在《在反思中蜕变》一文中写道："我坚持八年撰写教学反思，在反思中提升实践智慧，使我有能力自主开发精要的教学内容，有能力删繁就简呈现简约的教学结构，有能力从容自如地调控课堂。反思，带来的不仅仅是教学水平的提高、专业素养的成长，更为我的语文教学风格注入了文化品位。我结集出版了 20 多万字的教育专著《行走在专业成长的道路上》，先后有 16 篇文章在《人民教育》《语文教学通讯》《黑龙江教育》等杂志上发表。"

我手头有"三剑客"的三本书：赵家财的《我与识字写字教学》，王传贤的《语文教学探索集》，张安龙的《行走在专业成长的道路上》。从书中我领略了他们独有的人格魅力，成熟的教育理念，高超的专业品质，精湛的教学智慧。其实，我的这篇小文就是"三剑客"三本书的读后感。

二、"三剑客"教学风格的相近之处

何谓教学风格？教学风格是教师在长期教学实践中逐步形成的、富有成效的、一贯的教学观点、教学技巧和教学作风的独特结合和表现，是教学艺术个性化的、稳定状态的标志。法国博物学家、作家布丰在《风格论》中指出"风格就是人"。文如其人。其实，课亦如其人，人亦如其课。赵家财，踏实、谦逊、幽默、风趣，平时少言寡语。他那朴实而又大方的装束，睿智又不失温和的目光，清晰而又浑厚的声音，洒脱而又飘逸的粉笔字，使他的课堂文而不野，雅而不俗，活而不乱。王传贤，学养深厚，涉猎广泛，无论是古代文化典籍、现代名篇巨著，还是外国的经典华章，他都潜心阅读，刻苦研修。听他的课，好像饮一杯龙井，唇齿留芳，余味绵长。课堂上的张安龙给人的印象是朴素、平和、从容、淡定。他的语文教学内涵丰富，理性简约，情趣盎然。细细品味，会感到浓浓的文化气息、语文情味和人文关怀。

"一方水土养一方人。"不同地域的语文教学的群体风格会形成某些共同的文化品格和艺术气质。如北京的霍懋征、叶多嘉、许佳琦等语文名师曾经所体现的严谨、稳健、厚重的课堂教学艺术，正投射出北京这一历史都城的深厚人文积淀和今日作为全国政治、文化中心的那种雍容纯正的教育文化特色。而我们从上海的贾志敏、左友仁、万永富等语文名家的教学艺术中，又不难看出其灵动、鲜活、婉约的共有特色，它与上海这个高度开放的经济大都会的地域文化，也有着一脉相通之处。为此，纵观全国各地小学语文教学群体风格的灿烂星空，你可以看出不同地域文化的特征：齐鲁文化的雄奇厚重而风力遒劲；巴蜀文化的深邃大度而气质高雅；吴越文化的精微秀美而骨力非凡；岭南文化的明快刚健却又不失圆润有致。哈尔滨自然风光独特，具有异域风情。赵家财、王传贤、张安龙作为生长在黑土地上的小学语文教学的新生代，他们本着"千教万教教人求真，千学万学学做真人"的理念，语文教学的共同特点就是一个"实"字——真实、朴实、平实、扎实、厚实、充实。

下面，以王传贤为例，试加说明。

王传贤教学风格的"实"，首先体现为语言文字训练方法朴实，训练过程扎实，训练效果真实。如《鹿和狼的故事》一课，当学生用"凶猛"一词形容狼时，他没有简单指出学生用词不准确，而是巧妙地引导学生说："老虎很凶猛，我们有时形容解放军战士英勇杀敌也会用'凶猛'。形容狼，换成一个什么词更恰当？"于是，学生说出"凶狠""凶恶"等词语。一个环节中，纠正用词、辨析词义、扩展词汇量，三个任务同时完成，真可谓一石三鸟，一举三得。

王传贤教学风格的"实"，还体现在他的阅读教学中，总能为学生搭建起实实在在的学习活动支架。如教《两小儿辩日》一课，采用渔歌互答的形式，引导学生练习朗读和背诵；教学《回自己的祖国去》一课的演一演；《武松打虎》中的朗读比赛等，都为学生提供了有效的学习活动平台。

王传贤教学风格的"实"，还体现在他在教学中不取巧，不走形式，避轻避虚，就重就实，注重实效上。无论是平时上课，还是公开教学，王传贤始终把促进学生的发展放在首位，从不追求表面的热闹、虚假的活跃、廉价的掌声，而是真正从学生的语言发展出发，把教学的着力点放在指导和训练上，把学生的语文能力的形成和语文素养的培养过程呈现出来。如教学《矛与盾》一课，为了让学生进一步理解文意，不知不觉中背诵这篇课文，教师提议和学生一起演一演。当发现一些学生没有信心时，他挑选了一名不太敢举手的学生与自己合作，耐心引导，悉心点拨，直到这个学生真正产生了自信，达到了预期的效果为止。这一教学过程，既是对学生语文能力训练的过程，又是让学生获得自信的过程，生动而具体地体现了语文教学三维目标的有机统一。

当然，"三剑客"语文教学的"实"，不是笨拙的"实"，呆板的"实"，迂腐的"实"，而是"实"中有"活"，"实"中有"巧"，"实"中有"趣"。他们的课堂教学更是摇曳多姿，情趣丛生，兴趣盎然，意趣丰盈的。

三、"三剑客"专注专长的相异之处

韩愈云："闻道有先后，术业有专攻，如是而已。"意思是说，人懂得道理有先有后，学术、技能各有专门研究，如此罢了。就"三剑客"而言，虽然他们都是小学语文名师，其成长的起点缘由、态势路径、过程阶段大体一致，但是他们的专注、专长各有取向。王传贤、张安龙侧重于阅读教学，研究的方向也是阅读教学。王传贤还总结出了"五步协作自学法"语文教学模式，后来，王传贤被调到哈尔滨市教育研究院，做了专职小学语文教研员。而赵家财侧重于识字写字教学，始终在识字写字教学的天地里实践着，思考着。

赵家财对书法的热爱达到了痴迷的程度：街上漫步，发现名家题写的匾额，他会自然地驻足观赏，手指描摹直到心领神会为止；外出学习，同样不会忘记欣赏楹联和石刻，感受祖国书法艺术的博大精深。在赵家财的语文世界中，一个汉字就是一种姿态，一个汉字就是一个故事，一个汉字就是一个跳动的音符，一个汉字就是一个情感的空间，一个汉字就是一个生命的世界。他根据十几年研习书法的感悟，总结出了一套通俗易懂、简便易学、朗朗上口的"写字十二诀"："首笔定位，借笔定位，主笔突出，字无双捺，笔画串门，疏密匀称，向上看齐，品头论足，上盖下出，比较两边，外伸内缩，上紧下松。"赵家财的书法，用笔精到，结构严谨，富于遒劲、端庄之美。他说："练字就是练人，学写字就是学做人。"

赵家财从教以来，对传统的"集中识字""分散识字""注音识字""字理识字""部件识字""听读识字""炳人识字""韵语识字""双脑识字""字族文识字"等识字教学方法都进行了深入的研究，并有多篇论文问世。他在一篇文章中说："眼界高处无碍物。识字教学方法的各种流派烂熟于胸，系统地把握汉字及汉字认知的特点和规律，理性地认识各种识字方法的特点和优势，扬长避短，综合运用，把握教材的能力会提高，教学设计会更合理，驾驭课堂的能力会更强。在我的识字教学中，我有切身的体会。我非常喜欢这样的一句话：万法归一，为我所用。它像一盏明灯指引我在教学探索之路上不断前行。"

语文课，很大程度上教的不是知识，不是技能，甚至也不是课程，而是底蕴。请看赵家财和张安龙的教学片段：

赵家财教《汉字》：

师：下面我们来写写这些字（手指生字）。请大家仔细观察，动脑思考。哪些字不好写，你有办法写好，请你把办法介绍给大家。

（生介绍，略）

师：同学们说的方法真好！我们一起来总结一下。写好左右结构的字，要注意品头论足，笔画串门。这里面的"形"字不太好写，我们就先来写它。老师用毛笔来写，请大家仔细看，认真听（师用毛笔在实物展台上范写，边写边总结生字书写要点）：要一看、二写、三比。一看，看清字形特点；二写，工工整整地写；三比，写完一个字跟老师的字比一比。

（生书空，仿写）

师：写好上下结构的字，要注意向上看齐，比较两边。"骨"字怎样才能写得更漂亮呢？这个字上宽下窄。框里有横，左连右断，主笔突出，竖撇变为垂露竖。

（生书空，仿写）

师：要写好左上半包围结构的字，注意上盖下出。那么"展"字的哪一笔要伸出来？

生：捺。

（师用毛笔在实物展台上范写，边写边总结生字书写要点）

（生仿写）

赵家财在投影仪上的毛笔书写，是令人叫绝的真功夫，使学生懂得了敬仰和崇拜的含义，在美的熏陶中，潜移默化地融进了学生对语文的热爱之情。

张安龙教《生命　生命》：

师：老师想检查一下你们学习字词的情况。请大家看屏幕。这组词有些字音不好读，请三个同学每人读一个，如果他对了，我们就跟他读一次。

生：动弹（弹读二声）。

师：你读的是这个词的本音，在这个词语里面应该怎样读？

生：动弹（弹读轻声）。

师：你第二次读对了，大家再读一次。在这个词里要读轻声，书上标的是这个字的本音。放到句子里，还能不能读好这个轻声？大家找一找，在第二自然段。这位同学找到了吗？

（生读词）

师：读一下句子。

生：只要我的手指稍一用力，它就不能动弹了。

师：你看轻声读得多标准。好，请你接着读。

生：即使。

师：即是二声，读得真准！

生：短暂。

师：暂是平舌音，读得很清晰。这几个词，每个词都出现了课文当中的生字。还能读懂吗？这一竖行请每个同学读一个。

生：骚扰。

生：震撼。

生：糟蹋。

师：读得真标准，可不是轻声了。第四声，读得响亮一点。请你当小老师，再领大家读一次。

生：糟蹋。

师：好。

张安龙根据普通话里一些常用的双音节词第二个字必须读轻声的要求，对"动弹"进行了正音，又对"即使""短暂"的读音作了充分的肯定，真有语文味。

贾岛有一首诗叫《剑客》，诗云："十年磨一剑，霜刃未曾试。今日把示君，谁有不平事？"在现代文明的冲击下，武术已经失去了当初的重要性，枪林弹雨取代了刀光剑影，剑客们也不知去向何方。可是无论时代怎样变迁，英雄依然是我们的偶像，剑客照样是一个传奇！赵家财、王传贤、张安龙是"剑客"，他们不是江湖上行侠仗义的人，而是哈尔滨小语界叱咤风云的名师。"杏坛育新秀，潮头唱大风"，愿"三剑客"在语文教学改革新的拐点上，不断"亮剑"，求索，创新，引领，一路高歌！

我的徒弟刘正生

春天是一幅中国画＼它用绿色来渲染＼寸草春晖＼生机无限＼夏天是一幅水彩画＼它用火热去铺陈＼知了鸣唱＼烈日炎炎＼秋天是一幅油画＼它用成熟作基调＼果实累累＼色彩斑斓＼冬天是一幅版画＼它用纯洁来雕琢＼银装素裹＼瑞雪丰年＼四季如画＼韵味悠远＼想想谁能有如此的妙手＼唯有你啊＼令我敬畏的大自然

这首《感悟四季》的小诗是我刚刚从刘正生的博客看到的，写得蛮好。

我曾经带过四个徒弟，他们都是我的得意门生，其中年龄最小的是刘正生。

我认识刘正生大概是在 1986 年。他在师范学校是学音乐的，且爱好美术、书法，能歌善舞，能写会画，多才多艺。毕业后，他被分配到通河县实验小学，后来调回双城，在第五小学阴差阳错改教了语文。小伙子个子不高，戴着眼镜，长得精明强干，平时少言寡语，但讲起课来却滔滔不绝。一次偶然的机会，我听他的课，交流时发现，他很有思想，很有个性，很有才华，是个典型的特立独行者。说实在的，我就喜欢这样的年轻人，于是我便与刘正生成了忘年交。

那时，刘正生还没成家，只身一人住在学校的办公室。隔三岔五，他拎点熟食，我备点小酒，就在我家的厨房来一顿。他愿意吃五香干豆腐，我喜欢嚼油炸花生米；他愿意喝白酒，我喜欢饮啤酒。就这样，我们边吃边聊，经常扯到后半夜。话题当然离不开语文教学，我们谈备课和上课，谈对教材的认识，谈教学改革与发展。他见解独到，与众不同，激动时，夺过我的酒杯，一干而尽。后来，一有机会，我就带他外出听课、讲课，参加各种教研活动。一来二去，人们习惯地把我和刘正生称为"师徒二人"。

从 1988 年起，刘正生结合自身特长，根据"儿童是凭形状、色彩、声音和感觉思考事物的"观点，提出了把艺术教育渗透到语文教学之中的构想，开始了"小学语文快乐教学"的探索。在教学改革实践中，他充分挖掘教材的"快乐"因素，精选媒体，系统设计，把板画、表演、音像、文学等因素，优化组合，融为一体。通过创设感受氛围、展示生活画面、再现动人情境、品评妙词佳句等途径，激发学生的学习兴趣，寓学习于快乐之中，从而促进学生智、情、意、行全面发展。不久，刘正生在双城便小有名气了。

1989 年冬，刘正生第一次在全市出公开课。课后作了近两个小时的经验介绍，讲他的小学语文愉快教学法，记得当时他说了这样几句话："王有声是王有声，白金声是白金声，我刘正生是我刘正生。"顿时，台下哗然了，有的热烈鼓掌，有的面面相觑，有的窃窃私语。王有声何许人也？全国知名特级教师。白金声何许人也？非著名语文教研员。我坐在台下，望着刘正生，仔细思忖，觉得这话很有道理，绝不是狂放之言。长江后浪推前浪，这是规律；长江后浪赶前浪，这是趋势；长江后浪超前浪，这是责任。事实也证明了这一点，十年后，《黑龙江教育》杂志有一期小学语文版共刊发了三篇研究文章，第一篇是王有声的《精彩片断导学四题》，第二篇是我的《"教师下水"——作文教学成功的经验》，第三篇则是刘正生的《农村小学说话训练的几种形式》。这不正是绝妙的契合吗？十年时间，刘正生教学、科研、笔耕三管齐下，硕果累累，在学术研究上远远超过了我，正所谓"青，取之于蓝，而青于蓝"。

1991 年秋，刘正生来到素有"塞外江南"之称的牡丹江。那一年，他作为教坛新秀应语文导读法创始人李守仁之邀，赴牡丹江讲课。当时同台讲课的另外两位均是名角，他们都来自江苏徐州，一位是徐善俊，另一位是于永正。当时刘正生第一个登台，讲的是孙犁的《采蒲台的苇》，接着于永正演绎的是白居易的《草》。教者一老一小，作品一古一今，均博得满场喝彩。

晚上，我和刘正生到李守仁家做客，恰巧，于永正、徐善俊也在场。三句话不离本行，我们聊着聊着，话题就转到作文教学上了。牡丹江教育科学研究所的李守仁坐在沙发上，一边吸烟一边说道："作文教学是语文教学中的老大难问题。学生说，作文难，作文难，提起作文我心烦；老师说，教作文，教作文，教了六年没入门。怎样化难为易，让儿童喜欢作文呢？最近我和白金声老师合写了一本书，书名叫《儿童说写训练艺术》，对这个问题作了探讨，请各位不吝赐教。"说着，李守仁腆着啤酒肚从书架上取出几本样书，签上名字递给了大家。

于永正接过话茬说："在中央教育科学研究所潘自由先生的指导下，我从1985年秋季开始，按言语交际的需要对作文教学进行了改革。我的基本做法有两条。第一条，在训练学生写记叙文的同时，凡是生活中需要的言语交际活动，只要是小学生能够而且应该掌握的，如转述、打电话、买东西、问路、挂号看病，为某些商品写说明、广告，当导游、主持会议、即席讲话、听报告做记录等，都按照由浅入深，由易到难的程序列入训练计划。第二条，寓说、写训练于言语交际的情境之中。"

此时，刘正生坐在一边一言不发，默默聆听。于永正见其沉默无语，便调节气氛，拍着刘正生的肩膀说："正生，我和你有缘分啊。第一，我们的眼睛都不好，全戴镜子；第二，我们的名字都有个'正'字；第三，今天上课，你讲《苇》，我讲《草》，都是植物。"说着便哈哈大笑起来。我说："正生在大家面前还是个孩子，初出茅庐，需要各位多多指教。"徐善俊说："小刘年轻，事业如日中天，任重而道远，未来的中国小学语文教育这篇大文章全靠这些后生去书写。"李守仁说："不经一番寒彻骨，怎得梅花扑鼻香。希望正生努力学习，大胆探索，以后有机会争取和这些名家赛课。"这时，刘正生站起来，恭恭敬敬地给大家倒茶，激动地说："谢谢大家的鼓励，晚辈决不能辜负列位的期望！"客厅灯火通明，茶香四溢，充满着温馨的氛围。

1992年4月，春意盎然，北京第一师范学校附属小学的校园内白玉兰蓓蕾初绽。清脆的下课铃声刚刚响过，一群学生举着小本子，围住一位戴眼镜的东北青年，纷纷要求签名。他，就是刘正生。刘正生这次北京之行，是应全国著名特级教师、北京第一师范附属小学副校长张钧篪的邀请来上课的。他的《早发白帝城》教学给在场的听课老师留下了深刻的印象，可以说是誉满京华。

　　师：同学们，你们都知道古诗能读，可你们听说过古诗还能唱吗？

　　生（齐）：没有。

　　师：下面我要为你们演唱这首古诗（学生鼓掌），你们要边听边想象。假如你就是李白，在获得自由后的一天早上，登上一条小船，告别美丽的白帝城，要回江陵，在老师的歌声中，你们仿佛看到了什么，听到了什么，想到了什么，心情怎么样？一会儿把你们的感受和体会讲给大家。现在你们的眼前出现了一块白色的幕布，看见了吗？

　　生（微笑）：看见了。

　　师：电影就要开始了。

　　（刘正生走到钢琴前坐好，弹琴演唱，学生兴趣盎然）

　　师：电影演完了，请同学们睁开眼睛，回到课堂来，（学生睁眼）谁来说说啊？

　　生：老师，我看到白帝城的景色了。早晨，白帝城被彩云环绕着，远远望去，像穿了一件漂亮的花裙子。山上的小房子，一会儿能看清，一会儿又看不清，隐隐约约的，像神话里的世界。我被迷住了，都不想走啦。

　　生：江水滚滚向前，一浪比一浪高，撞在岩石上溅起雪白的浪，发出哗哗的响声。我坐在小船上，一个劲催船夫快点划，后来还挽起袖子帮着划桨呢。

　　生：我乘坐的小船随着波浪在江上一起一伏地前行。我看到两岸好多好多的青山，它们好像在向我点头问好。走着走着，我听到身后传来猿猴的叫声，可能它们在为我唱歌送行吧。这时，我心里美滋滋的，捻着胡子，唱起了山歌。

鲁迅先生说："音美以感耳。"刘正生亲自弹琴并演唱了《早发白帝城》，这极大地调动了学生的视听感官积极参与思维活动。学生随着优美的诗句和跌宕起伏的旋律，心情愉悦起来，进入特有的意境。此时，他们展开了想象的翅膀，思维纵横驰骋，语言的浪花喷涌而出。多么精彩的古诗教学啊！当前，在小学古诗教学中沿用机械抄背词义、诗意的现象还十分普遍。学生不知意趣，感到枯燥乏味，勉强"吞食"，不辨其味。刘正生的古诗教学无疑是成功的，他使教与学成为愉快的艺术享受。

1993年，双城市搞教改成果展，刘正生名正言顺地跻身其中。他自己拿出一块非常有分量的展板，陈列在教育局七楼的展厅里。一幅幅讲课照片，一张张获奖证书，一段段文字说明，一句句专家评语，外加著名特级教师于永正的题词"桐花万里丹山路，雏凤清于老凤声"，吸引了众多参观者。驻足展板前，望着彩照上刘正生那潇洒的身影，我眼里不禁泪光闪闪，嘴角露出了甜甜的微笑。

现在，刘正生已经走上了领导岗位，在双城号称"小学语文教育市长"，他也有了自己的徒弟，并且非常出色。今年6月份，他的弟子朱国茹在黑龙江省教科版小学语文第一届"精英杯"优质课展示会上获特等奖，正生感到无比自豪与欣慰，心血来潮，便欣然命笔，写下了《念奴娇·摆渡姑娘》：

河水汤汤，说不尽，乡村风流人物。

岸边渡船，人道是，摇桨朱家姑娘。

急流不惊，险滩自若，挥篙一声笑。

岁月如流，巾帼不让须眉。

却说比拼之年，高手云集了，八方来观。

波旋浪转，呐喊间，飞出小船无数。

鼓声震天，掌声送与谁？当今木兰。

人生如舟，激情燃烧岁月。

　　这首词，虽然写得粗糙一点，但字里行间流露出刘正生的喜悦之情。弟子经过努力，在全省大赛中一举夺魁，指导教师怎能不高兴，就像我当年，看到刘正生在省城讲《丰碑》，台下掌声不断，激动得我热泪盈眶，彻夜不眠一样。

　　"藏山事业三千牍，住世神明五百年。"我作为刘正生以前的老师，在哈尔滨衷心祝愿小伙子：发轫自龙门，此日推邑中翘楚；出群夸骥足，他年展天下奇才。

忘年交马勇

周日上午，散步回来，我慵懒地靠在书房的沙发上，手捧一本《千家诗》，沉浸在平仄之美当中。突然，听见隐隐的敲门声："这是白老师的家吗？"老伴儿小心地推开房门，我循声望去，只见一名陌生男子站在门口。他，40 来岁，瘦瘦的，矮矮的，左肩挎着书包，右手拄着拐杖，一副谦恭的样子。

我和老伴儿将这位不速之客让到客厅。坐稳之后，男子便开门见山地说道："我叫马勇，是尚志市乡下的一名小学语文教师，到哈尔滨开会，顺便来拜访您。"

"不敢，不敢，您太客气了。"我站起身来，送上一杯热茶。

"31 年前，我读小学二年级，您给我们上过一节语文课，有照片为证。"说着，他从书包里取出一张发黄的黑白照片，小心翼翼地递给我。可不是吗，讲课的那个风度翩翩的老师正是我，旁边还有一个小男孩，他手拿粉笔，正在书写"小马过河"四个大字。

抚摸手中的这幅老照片，我不由得想起 31 年前给孩子们上课的情景。

1986 年初冬，原松花江地区教育学院初教部在尚志召开小学语文教学研讨会。会后，我随地区教育学院领导到尚志乡下"注·提"班调研。应实验教师之邀，我给二年级学生上了一节语文课。

上课了，孩子们像野马归槽似的跑进教室，在嘈杂的声音中，我登上了讲台。

孩子们不认识我，他们面面相觑。

"咱们互不相识，老师相信，通过这节课，我们会变成好朋友的。"不知是谁，竟给我这句开场白报以孤零零的掌声，随之教室里一片哗然。

"刚才是谁给老师鼓掌了？"同学们不约而同地将目光投向了室内的一角。一个小男孩坐在座位上，只露出半截小肩膀，脑袋像是搁在桌子上一样，整个身子都埋进了课桌里。

"请这位小朋友坐直。"我温和地说。

"他坐不直，他有毛病。"同桌的女生做了如是的解释。就在这时，小男孩立刻把头低了下去。

我不了解情况，不该伤害孩子的自尊，一时间，我竟然有些语塞，只觉得眼角一热，泪湿眼眶。

"按照进度，我们该学哪篇课文了？"我怀着愧疚的心情问学生。

《小马过河》。"同学们异口同声地回答。

为了缓和课堂的气氛，也为了鼓励那个小男孩，我让他到黑板前书写课题。他先是犹豫了片刻，然后站起来，挂着单拐一摇一晃地走上了讲台，在黑板的正中间工工整整地写下了四个大字——小马过河。

"字写得不错。你叫啥名？"我夸奖道。

"马勇。"

我拉着他的手："咱们是好朋友了！"

这时，教室里响起了经久不息的掌声，马勇向大家深深地鞠了一躬，学校的教导主任用照相机留下了这美好的瞬间。

弹指间，31 年过去了，几度春风红了樱桃，几度夜雨绿了芭蕉。今天，我的好朋友竟然神奇般地出现了，这让我感到意外。我呷了一口茶，望着眼前的马勇，想必他有很多的故事。

在交谈中得知，马勇从小患有小儿麻痹症。小学毕业上了初中，三年后又考上了高中，学习成绩一直名列前茅。高考那年，因为患有残疾，他被拒绝在大学校门之外。后来，在村小学当了代课教师；后来，转正了；后来，娶妻生子了；再后来，学校就只剩下他一个人了。就这样，每天，他挂着拐杖在山脚下的学校里领着娃娃们升国旗，唱国歌，读课文，玩游戏，一块黑板一支笔，一个老师一张嘴，一干就是 20 来年。有一句话说得好："上帝是公平的，他在关闭一扇门的同时，也打开了另一扇窗。"凭着马勇的禀赋、才华与勤奋，他克服重重困难，在长期的语文复式教学中，总结出了"随文识字四步法"：一读课文，生字陌路相逢；二读课文，生字似曾相识；三读课文，生字一见如故；四读课文，生字刻骨铭心。在反复多读中，学生对生字便会读、会写、会讲、会用了。这次到省城来开会，他的识字教学经验得到了与会专家的充分肯定。

此时的马勇，坐在沙发上，腰板挺得直直的，对于自己的讲述，他脸上不无得色，眼角眉梢洋溢着笑意。

中午到了，老伴儿留饭，他硬是不肯，说是要坐火车赶回尚志。我扶他站起来，走进我的天地书屋。我说："今年是'注·提'35 周年，送你一本书，留作纪念。"我从书架上取下一本《小学语文教学新体系》，他一看是我写的，是一本专门论述"注·提"的著作，爱不释手，非让我签名不可。我稍加思忖，便写下这样几个字：

"注·提"，让我们成为了好朋友。

白金声

2017 年 1 月 8 日

马勇接过书，扔下拐杖，张开双臂，给了我一个大大的拥抱。老伴儿取出手机，闪光灯亮了，此时我的书房里传出朗朗的笑声。

昨天是流逝的历史，明天是前方的未来，今天是上演的现在。相信我的忘年交马勇在语文教学上会有惊人的表现！

白金声书缘 50 年

我没有学历，小学四年，初中两年，高中两年，断断续续，一辈子只念了八年书。"土枪，土炮，土八路"，1971 年，我这个没有受过专业训练的毛头小子，居然当上了语文先生。算起来，到如今整整 50 年了，这 50 年，我竟然与书结下了不解之缘。书缘 50 年，我的感悟是：书，是永远读不完的，读书的目的就是为了读懂自己。

说来话长，1968 年，那是个老驴拉磨的年代。当时我是"老三届"，为了响应毛主席的号召，背着行囊，拎着一个柳条编织的小书箱，随着浩浩荡荡的"知青"队伍开赴农村，接受贫下中农的再教育。在"广阔的天地"里，我扶过大犁、赶过大车、挑过大粪、抡过大镐，一干就是三年。由于冥冥中的一个机缘，生产队让我当"挣工分的教师"，只供饭，不给钱。我斩钉截铁地说："干！"石磨当讲台，土墙做黑板，泥桌、泥凳、泥娃娃，从此，松花江畔的小渔村里便有了琅琅的读书声。

三尺讲台横亘在我生命的原野上。为了守着学生，守着心中的希望，我把整个身心都扑在学校的工作上。然而，渐渐地，我感到力不从心了。捉襟见肘的我，为了拥有"一览众山小"的从容与自信，便拿出"三更灯火五更鸡"的功夫来读书。每天晚上，在陋室里，我打开小书箱，或立、或坐、或卧，怡然自得地翻阅从城里带来的那些书，黄卷青灯，清苦攻读，乐在其中。三更有梦书当枕，床头放上几本书，深夜里，睡着了，心如秋月朗，古今多少事，上下五千年，尽在鼾声中。

1979 年，这一年的春天似乎来得特别快。早春二月刚开学，"而立之年"的我就被调到县教师进修学校，当了小学语文教研员。从乡下的小学教师到城里的语文教研员，可谓一步登天。为了弥补先天不足，为了做好本职工作，我必须刻苦修炼，不断充盈自己的底气。为此，我把买书、读书当成生活中的头等大事。为了买书，我外出开会抽时间跑书店，外出讲学抢时间逛书店，外出办事挤时间找书店。我衣、食、住、行舍不得花钱，外出常常是乘火车坐硬座，坐轮船买散席，住旅店睡加床。但，不管走到哪里，只要见到用得着的书，不管多少钱，我非把它买到手不可。有一年出差到昆明，上火车的时候，我花五毛钱买了一塑料袋烂梨。从老家双城到云南昆明，"八千里路云和月"，我吃了一路水果。归来时，我在北京图书大厦选了 500 多元钱的教学用书。这 500 多元钱的书，我既没有邮寄，也没有托运，而是上车、下车硬扛回双城堡的。

书多了，便企盼有一个书架，给那些贴墙而卧，饱受浊尘、蚊蝇之扰的书找个栖身之地。妻子说："家什倒有，想办法找一找。"在妻子的启发下，我寻来八个装肥皂的木头箱子，用旧报纸里外裱糊了一番，算是书架了。这八个木头箱子，两个一摞，一溜排开，靠在墙边，外加一桌一椅，顿觉小屋蓬荜生辉，雅气十足。

1988 年，这一年对我来说特别难忘。一是我评上了特级教师，二是金秋十月，在北京人民大会堂我受到了邓小平同志的接见。从北京回来，妻子戏谑地说："你也算咱们县里的教育名人了。名人用肥皂箱子装书，岂不贻笑大方？"在妻子的提醒下，我慷慨解囊，从旧货市场买回一个带玻璃门的旧碗架子。经过精心改造，我终于用上了此生第一个真正意义上的书柜。这书柜虽然有些陈旧，有些寒酸，但我却十分喜欢。它陪伴我"焚膏油以继晷，恒兀兀以穷年"，度过了十个寒暑。在这十年里，我评上了地区"拔尖人才"、黑龙江省劳动模范、黑龙江省优秀中青年专家，获得了全国优秀教师奖章，曾宪梓教育基金奖，并当选为黑龙江省人民代表大会的代表。在这十年里，我"发奋识遍天下字，立志读尽人间书"。没有书怎么办？买！凯洛夫的《教育学》，是我花一角钱在废品收购站买的；吕叔湘的《中国文法要略》，是我口掇肚攒将其从书店捧回家的；陆侃如、冯沅君的《中国诗史》，是我在旧书摊上淘来的。世上万物，皆属身外，唯有一样东西能点入肌肤，融入骨髓，让我耳聪目明，这便是书。

1992 年，这一年我获得了双城重大贡献奖，并享受了国务院政府特殊津贴。良辰吉日，我从蜗居十年的逼仄平房，搬进了政府奖励我的、宽敞明亮的商品住宅楼。生活条件改善了，有了一间独立的书房。妻子说："哪有住楼房用碗架子装书的！今非昔比，鸟枪换炮，马上淘汰。"在妻子的督促下，我在城里最大的一家家具店购了一组高档的组合书柜。这组书柜长三米，六个门，整整占据了一面墙。书柜对面挂有两幅字画，一幅是著名演说家李燕杰给我的题词："宠辱不惊看庭前花开花落，去留无意望碧空云卷云舒"；另一幅是我的朋友写的"藏中外教育，聚古今思想"。书房中间摆着写字台和老板椅，在鲜花的映衬下，室内显得格外青春、典雅。我经常在书柜间逡巡摩挲，在走动中整理思绪，换得自豪和快乐。

岁月奄忽，一晃，2008 年，我退休了。这一年，我离开了魂牵梦绕的教师进修学校，家也由双城搬到哈尔滨。经历 40 多年，像鸟儿衔草絮窝那般，我有了一万余册藏书，亟须再添置一组书橱。妻子说："家具城卖的书橱质量差，款式俗，不如咱们自己量身定做。"在妻子的建议下，我把木工请到家里，选了上乘木料和顶尖油漆，亲自设计图纸，亲掌绳墨规矩。两周后，也就是在第 23 个教师节那天，一组紫檀色的、上下直通的书橱便立在我的书房里。驻足在书橱前，我仿佛是在一扇小小的窗户里窥视浩瀚无垠的海，又好像坐在书做的船上，向那片大海的深处驶去，惬意极了。

正是置身书海，我在退休十年中，目耕心织，激扬文字，一个字、一个字地在电脑上敲出了《我为语文而来：白金声教学艺术》《小学语文教学新体系》《中国语文教育五千年》《讲台上的智慧：跟名家名师学语文》《相伴语文》五本书。这 140 万字的正式出版物，展现了我对语文教学多方面的深入思考和卓有成效的研究，以及一生相伴语文的热爱与自豪。

一根粉笔，两袖清风，三尺讲台，四季耕耘，50 年的教育生涯，弹指一挥间。如今，我已发苍苍、视茫茫了。每天静静地坐在窗前，在满屋书香中，咀嚼着曾经的岁月，享受着阅读的志趣。每当将一颗虔诚的心融入书中，便会真切地感受到书中乾坤大，书中日月长。

有人说，苍茫的天空中，鹰是最美的风景；有人说，广袤的旷野上，树是最美的风景。我这个退休的白头翁说，人世间，书是最美的风景。书籍可以嫁接人生，阅读的最大的意义和价值就是改变。读书不能改变人生的长度，但可以改变人生的宽度；读书不能改变人生的起点，但可以改变人生的终点；读书不能改变人生的物象，但可以改变人生的气象。让我们以书为友，天地长久！

后 记

··········

这本书稿是我退休后写的，陆陆续续写了十年。书中的那些语文人，既有教语文的人，也有研究语文的人，同时，还有和语文及语文教学有关的人。

有人问我，为什么要写这样的书？我说："人以群分，物以类聚，因为我们都是语文人。"书中，有讲述，有回忆，有评论，有细节，有一文一人的，也有一文多人的。在众多的语文人中，既有语文界的大人物，也有语文界的小人物，当然也包括我自己。在写作时间上，有人早一点，有人晚一点。总之，50 篇，林林总总，大大小小，前前后后，近百人，他们都是我所敬仰的语文人。

十年磨一剑，一不小心这本书稿杀青了。这样的书稿有人爱读吗？我做了一个验证。从 2019 年 7 月 14 日始，我把书稿挂在网上，每天一篇，结果出乎我的意料，访问者、评论者铺天盖地而来，其中大部分是语文人。

举两个例子：

北京师范大学出版社策划编辑伊师孟留言说："白老师早。每天早上最大的期待就是阅读您的《那些语文人》，这让我摇摇晃晃的公交车时光变得格外美好，也丰富了我作为后辈对中国语文教育的认识，谢谢您！"

网友永丰发表评论。他说："2019 年这个暑假，我过得非常充实，收获满满。每天看中央电视台王崧舟教授讲《爱上语文》，12 集，一集不漏，有时还看重播。此外，每天在网上读特级教师白金声写的系列文章《那些语文人》，50 篇，一篇不漏，有的文章我不止读一遍。看《爱上语文》，我懂得了教语文就是以文化人，立德树人，当教师的应当有深厚的文化底蕴，王崧舟堪称榜样。读《那些语文人》，我认识了那么多的名师，他们的道、他们的术、他们的故事、他们的人生，启迪了我，并鞭策我前进。同时，我特别欣赏白金声老师的文笔，他的文章有趣、有料、有情，非常耐读，不管是叙事，抑或论说，语言干净利索且老道轻快。开学了，又迎来了教师节，迎来了又一拨新同学。在这里，我祝全国同行们节日快乐！祝祖国繁荣昌盛！祝我的学生健康成长！也祝王崧舟教授和白金声老师学术研究层楼更上，硕果累累！"

感谢大家的鼓励！

我今年七十有三。谚云：七十三，八十四，阎王不叫自己去。自我感觉良好，我暂时还去不了。既然去不了，就好好活着，每天在电脑上码字，争取为后生多留点东西。

今日中秋。海上生明月，天涯共此时。在这美好的日子里，愿天下健在的所有语文人：不忘初心使命，抖擞九重天，扶摇三万里！

白金声

2019 年 9 月 13 日于哈尔滨天地书斋（初稿）

2021 年春天于哈尔滨天地书斋（定稿）